本书系国家社科基金青年项目"美好生活视域下合理消费方式建构研究"
（20CKS022）阶段性研究成果

本书获得温州大学人文社科处出版资助
和温州大学马克思主义理论省一流学科经费资助

温州大学 学术精品文库

CRITIQUE
and transcendence of contemporary
luxury consumption

当代奢侈消费的批判与超越

吴 琼

—— 著

社会科学文献出版社
SOCIAL SCIENCES ACADEMIC PRESS (CHINA)

深化消费文化批判哲学研究，拓展美好生活理想理解视野

——由《当代奢侈消费的批判与超越》一书所想到的

刘怀玉　南京大学哲学系教授

温州大学马克思主义学院吴琼博士所撰新著《当代奢侈消费的批判与超越》一书出版在即，她再三请求我为此书作序，我思之再三，谈点感受，算不上序言，只能说是读后感言。

吴琼博士所著此书，系她在数年前答辩通过的博士学位论文基础上修改完善而成，实为不易，也可喜可贺。该书的出版，对于推进我国学术界把经典马克思主义、国外马克思主义与21世纪中国马克思主义研究视野与研究成果相统一、相结合，强化马克思主义关于消费文化哲学批判理论这个相对薄弱的领域与环节，推进新时代追求美好生活理想问题的学术理解，均具有一定的裨益与价值。

全书运用历史与逻辑相统一的方法，对奢侈消费的发展历程作了全面而细致的考察，特别是对当代奢侈消费意识形态性的深刻批判，揭示了以奢侈消费为代表的消费社会恰恰是人类文明进入一定阶段展现出的一种良莠参半的生存方式。这种围绕消费展开的生存方式在为我们的生活提供各种便利的同时，也让每个人

1

的生活内容越来越贫乏，生活形式越来越碎片化，生活世界越来越孤独。正像美国哲学家汉娜·阿伦特所说的，消费社会的来临意味着公共交往的全面物化：人们消费，只是为了维系自己作为劳动力的物性存在；人们劳动，又只是为了获得实现其生活消费的必要产品。于是，整个过程中只有物化生命的自我循环，而不再有生命体之间的对话空间。阿伦特关于人类生存状况的著名看法启示我们可以从历史性的纵向和当下性的横向两个维度对消费社会，特别是奢侈消费之由来、实质等诸问题作更为深入的审视与否思性理解。

纵向来讲，消费社会诞生于第二次世界大战之后西方发达资本主义国家的经济高涨、城市化现代化日臻完善之时。一批经济学家、社会学家和哲学家很早就敏锐地注意到这一问题，并提出各种各样的表述。比如，美国著名的经济学家加尔布雷思写过《富裕社会》一书。与此前的传统工业社会相比，他称之为"新工业社会"或者"丰裕社会"。更早的时候，作为后现代主义理论先驱的法国社会学家、哲学家巴塔耶著有《被诅咒的部分》。在这本书中他指出，消费在今天的社会和人们生活中间占据了头号交椅。巴塔耶把迄今为止的人类社会划分为三个阶段。第一阶段他称之为"浪费社会"或者"滥费社会"。在远古社会，或者说在生产力非常落后、剩余物极其稀少的情况下，人们把通过艰辛劳动所创造的剩余产品作为表达对神敬仰的最神圣的礼物。这些剩余产品具有一种神圣性，是被诅咒的，只能在特定的时刻（狂欢节）被挥霍。在不敬献神的平日，对"礼物"的占有和享用是要遭诅咒的。第二阶段他称之为"军事社会"或者"战争社会"。在古代奴隶和封建社会，人们为了争夺为数并不多的剩余物不惜发动旷日持久的战争，耗弃大量的人力、物力和生命。剩余物在远古时候是献给神的，而在此后相当长的一段时间里，古代社会通过战争军事方式进行相互掠夺，并将之据为己有。第三阶段是人类工业社会时期，也是马克思讲的资本主义工业社会时期，这一阶段主要是基于再生产和扩大再生产之需要而进行积累，是一种"积累文化"，而不是"浪费文化"。这种社会剩余价值观念塑造了相应的道德观念：劳动生产是社会的第一要务，是一种道德，而浪费是非常邪恶、可耻的事情。这也是韦伯在《新教伦理与资本主义精神》中所揭示的：每一个新教徒都要出于对神的敬仰而拼命劳动。巴塔耶进而指出，有些国家之所以发展不出资本主义，是因为他们没有形成一种节制、高效、禁欲的生活方式和道德观念，而依然保有一种懒惰、无所事事，甚至是挥霍的不良习惯，因此缺少了资本积累的文化价值基础。

"节制与积累"是第三阶段的关键词。那么，为什么在节制与积累的时代过后，会进入一种完全不同的历史境况呢？——加尔布雷思称之为"丰裕社会"，巴塔耶表述为"生活沸腾之中的剩余能量运动"，后来鲍德里亚称之为"消费社会"，还有美国社会学家理斯曼所谓的"孤独人群的社会""引导性社会"。其中一个原因是，在西方资本主义生产方式的支配下，生产力的高速发展，必然导致社会财富加快积累，以致积累过度，剩余价值无法实现，反过来引起生产力发展的停滞。然而，资本的扩张是不允许停滞的，于是它要求在"积累的文化"之外引入一种新观念，以帮助消耗过度的积累，从而为扩大再生产源源不断地创造出新的空间。如此一来，人们的文化价值观念就必须调整，从原来的禁欲、节制，走向追求消费甚至浪费。在这种情况下，"消费"又变成了巴塔耶笔下远古社会那样的"狂欢场面"。但二者又有差别，远古社会的狂欢是对神的献祭，今天的消费社会则是人们为了自己的生活需要而带有商业娱乐性的生活方式。这是两种极端：后者出现于高度发达、过度积累的历史情境，前者则是在极度稀缺的情况下，人们将节省的东西无私地献给神，作为一种豪爽的崇高。这两种截然不同的消费也说明消费在不同历史和时代的具体表现是不同的。

从节制积累向消费纵欲的反弹背后，我们看到的是资本出于对积累的需要以及消耗过度积累的需要而塑造出的意识形态；这种"压抑—反压抑"是如何作用于日常生活中的个体的？对此，就需要从第二个维度——横向的维度来考察。从表面上看，个体通过消费满足了自己的欲望，比如买一款称心如意的手机、买一双便宜的名牌运动鞋，或者买一件时髦款式的衣服，借此可以释放平时压抑的需求。从尼采权力意志的创造逻辑来讲，今天的消费狂欢具有虚假性，是人的创造力下降时代的庸俗表现。尼采讲人类文明有三个阶段。第一个阶段是骆驼阶段，他把远古人类社会中的那些先哲比作骆驼，忍辱负重，接受神或者宗教的命定。这是一种骆驼的文化，其格言是"应该怎么样"。第二个阶段是狮子阶段，到了近代社会，随着市民社会的出现，每个人都变成了孤独而追求自由的狮子，特别强调独立个性，不再是应该怎样，而是"愿意是这样"。第三个阶段是儿童阶段，在尼采心目中真正的人类生活应该是像婴儿那样，"我从来就是这样"。但是我们今天所处的这样一个娱乐化的社会根本达不到尼采心目中的具有创造性的阶段，它接受的还是弗洛伊德所说的"强制重复"的逻辑。

所谓强制重复，就是我们会不知不觉地在日常生活实践当中，重复那些记忆中的"创伤"，在消费社会的语境里，就是不断强制重复那些过去被压抑的需求。弗洛伊德告诉我们，快感的产生并不因单次需求被满足就停下脚步，它就在强制重复的行为中不断被再生产、不断被制造出来。强制重复本身成为快感的来源。消费社会中的"强制重复"已经牢牢居于人们内心世界，这种生活逻辑或许可以给人带来片刻的欢愉、快感，但这样的快乐不是自己亲手创造出来的，而是通过购买的方式获得的，不会持久，人们也不会太珍惜。娱乐化的生活是不会持久的生活。中国古人向有"对酒当歌，人生几何？譬如朝露，去日苦多"（曹操语）之哀叹。用古希腊哲人亚里士多德的话来说："幸福是灵魂的一种合于完满德性的实现活动"，也就是缺少道德含量的生活是不够幸福的。① 阿多诺在他的关于康德道德伦理哲学的演讲里面也讲过这样的话。他说今天我们的社会正生活在一种最低限度的道德之中。"最低限度"的意思不是说今天这个社会大家都不要过高大上的道德生活，有最基本的商业诚信就可以了。对阿多诺来讲它是一种贬义，"minimal"就是道德水准比较低的生活，实际上是指商业社会的道德含量太低了。对此，阿多诺博士学位论文的选题所涉及的克尔恺郭尔就曾提到人生三档选择品味问题，给人以经典启迪：人生有三个境界，第一个境界就是美学生活，第二个境界是道德生活，第三个境界是宗教生活，克尔凯郭尔认为宗教生活是最高的，而最低档的就是那种以追逐声色犬马、购物狂欢、躺平享受为特征的生活。

法国结构主义文论大师罗兰·巴特在其一本关于日常生活消费意识形态批判的散文集——《神话》中这样绘声绘色地说过，在今日之社会生活里，平民百姓像上层社会一样也可以无拘无束地尽情欣赏着明星们上演的电影，品味着半生不熟、带着野性记

---

① 〔古希腊〕亚里士多德：《尼各马可伦理学》，廖申白译注，商务印书馆，2003，第32页。

忆的带血牛排，以及惊险的冲浪，也可以像时尚杂志上名媛佳丽那样追逐流行风格……我们不需要放弃拒绝这种享受，但是享受之后就会意识到这不是一种自然的生活，而是被营造出来的。看上去像自然的，但实际上是一种神话。我认为这就是巴特对大众文化的最精辟的解读，它是一种好像看上去是很自然的满足人们七情六欲的生活，实际上却是被各种各样的符号营造出来的现代性的神话。这种神话的最大特点是它以符号的方式脱离实际生活的意义，而把原始的语言变成二次生成的符号或者语言，是一种可以无限繁殖的再生产过程，充斥着各种各样商业的内涵。巴特将这种人造的语言称之为"元语言"，也即第二种语言。这种作为商业意识形态的修辞语言把原本第一自然的语言符号变成无所指称的、可以自由滑动的、空洞无物的所谓大众文化。比如，由于旅游消费业的操纵，世界万物不再是神圣的神造物，不再是我们所深情依恋的，并与之融为一体的大地母亲，而是一种由工业机器体系与市场体系所控制的资源、图像、符号。世界万物变成了和我们没有距离的、没有历史的、没有神魅灵光的、赤裸透明的自然物，或者自然符号。

鲍德里亚称为符号的符号政治经济学，或者说符号价值，其实说到底我们就生活在对符号价值的追求中。人们常常买个包，买个箱子一定要看是什么牌子的。商品的品牌好像体现了它的使用价值，但更多的是符号价值，跟实际上带给我们真实的使用价值的需要没有多大关系，可能仅仅是对符号的需要而去购买，似乎符号就是人们身份地位或者财力的象征。正像吴琼在书中所揭示的那样，奢侈品从古代帝王将相的独享物发展到今天普通人也可以随意购买，似乎不再那么"奢侈"了，但不变的是，它仍然构成人们炫耀的资本，是特殊人群身份地位的象征。

在数字化和自媒体时代，人们的炫耀行为表现出新的特征。一方面，人们据以炫耀的内容更加多元：消费者不再是单纯地"炫富"，而更注重炫耀日常平凡的消费点滴。人们并不试图完全模仿或者超越邻人或朋友的生活方式，而是从这种对他人生活的观照中，去修补和打磨贴合自己个性的美好生活。在这种情况下，与他人的社会交往实际上变成了以他人为镜像，实现自我认同的个体化过程。这也带来另一个方面的新特征，人们只愿意向特定群体展示他们的生活。炫耀性消费日益团体化，以至最后围绕着某种特定产品形成自我炫耀、自我感动的各种圈子文化，这尤其表现在以某些文化产品、明星艺人所形成的诸多"饭圈"中。传统的人际关系在极大程度上受到消费圈子关系的侵蚀与重塑，美好生活也日益变成参与特定消费圈才能共享的一种生活方式。总而言之，消费主义不仅排斥着除消费以外的其他社会再生产环节，而且也在不断限缩消费环节自身的内容。这是限制人们美好生活想象的双重桎梏。

即便该书立足于西方的"消费社会"批判理论，揭示了奢侈消费背后虚假的意识形态性，我们也不能完全理智地就拒绝去接受或者说去参与，只是在参与的过程中，还要学会其他不同的、差异化的生活。如德波提出"异轨"，德勒兹提出"逃逸"，就是说我们还可以在大众之外做一些小众的事情，在一些差异的、个性化事物中拒绝大众文化营造的影像。不去简单地从众，而是做一些"独乐乐"的事情。

总之，该书对奢侈消费的批判所带来的启发是，不能止步于商家利用营销策略欺骗消费者的层面来指责消费主义的虚妄，而要深入人们生活观念整体盲目性的层面来剖析其社会根源。在消费主义的裹挟下，人们错误地把提高消费水平视为追求美好生活的根本方式，因而又表现出生活目的上的总体非理性。消费主义正是这样一套行为合理性和目的非理性并存的意识形态，只有厘清消费活动、消费主义与美好生活三者间的关系，才能跳出它的深层陷阱，从而认识到消费活动是美好生活的组成部分与重要表现形式之一，但不是美好生活的唯一表达方式。除了购物这种快乐以外，还有很多朴实的乐趣，不是通过交换，而是通过接触大自然，和家人在一起，和熟人在一起的面对面的交流等等。

最后，该书围绕展开的是由消费社会所建构出的虚假的美好生活意识形态批判问题，这也是近些年来国内学术界普遍关注，但研究还不够充分的方面。而如何摆脱异化的意识形态幻象，建构真正的美好生活理想，是该书尚未展开的方面。这是新时代为解决我国社会主要矛盾，弘扬社会主义核心价值观，马克思主义哲学研究义不容辞要承担起的学术使命，无疑也是一项十分艰巨而又重要的任务。目前，吴琼博士正在承担国家社科基金青年项目"美好生活视域下合理消费方式建构研究"，可以进一步深入系统地研究这一问题，希望她能继续努力，取得更多更大更好的学术成就。

目　录

1

导论　奢侈消费何以成为研究对象

一

在当今这个全民消费的时代，越来越多人的消费水平超出他们的收入水平。奢侈品不再是传统贵族阶层的专属物，而是打破森严的等级壁垒，成为人人都欲求的对象。总而言之，奢侈消费在今天作为一种普遍的社会现象，已经成为社会学、经济学、心理学、人类学、政治学、传播学、历史学等的主要研究对象，但却在哲学的研究视野之外。张一兵教授曾在《反鲍德里亚》一书中不无遗憾地指出：在今天的哲学研究领域，对消费"异化"的批判是整体缺席的，而从哲学层面对奢侈消费现象的反思更是凤毛麟角。[①] 置身于消费的时代，书本、思想乃至对消费社会的批评本身都面临着成为消费物的危险，我想，这应当是人们不愿从哲学角度审视奢侈消费问题的原因吧。此外，还存在一个客观事实，即从不同的学科视角出发，对奢侈消费的看法也存在极大偏差。经济学家主要是从销售量出发，考虑奢侈消费对 GDP 的贡献，以

---

① 张一兵：《反鲍德里亚：一个后现代学术神话的祛序》，商务印书馆，2009，第36页。

及消费指数等；历史学家主要侧重对奢侈消费自身发展史的梳理；心理学则侧重研究人们消费奢侈品的心理动机；等等。这就导致对奢侈消费问题的研究五花八门，要么学科性太强，过于片面；要么大而化之，过于笼统。总之，在很多问题上都存有争议，至今难以达成对奢侈消费的普遍共识，以及从学理层面对这一现象的准确把握，而这恰恰需要我们站在马克思主义哲学的高度，寻求问题的根本解决之道。

早在古希腊时期，苏格拉底、柏拉图等哲人就对奢侈消费有过重要论述。近、现代学者曼德维尔、桑巴特、加尔布雷思等人对这一问题的阐释也颇为深刻。而在今天，在奢侈消费大行其道之时，哲学史上论述奢侈问题的经典却被束之高阁，没有对相关研究进行集中、系统的梳理工作，这不可不说是当代哲学研究的一个重大缺口。尤其是关于马克思对这一问题的论述几乎被忽略了，似乎经典马克思主义根本不屑于讨论奢侈消费问题。但如果我们认真阅读马克思的经典文本就会发现，马克思虽然没有为我们提供对奢侈消费的具体分析，仅简单得出奢侈是资本家的消费特权，工人阶级无权也无钱消费奢侈品的结论，却为我们提供了审视当代奢侈消费现象的资本批判视角。奢侈品在今天作为商品形式的一种，仍然符合马克思政治经济学批判对资本主义生产形式的分析。对奢侈消费问题的审查仍应遵循马克思对一般商品的分析逻辑，尤其是在今天资本无限扩张的过程中，奢侈消费所起到的特殊历史作用仍值得我们认真探究。总之，对经典马克思主义有关奢侈消费问题的忽视是马克思主义哲学研究的重大失误。本书将从文献史和文化史的角度对奢侈消费的含义和意义变迁做一个历史性的梳理，以期从哲学层面形成对奢侈消费的全面认知，从而深度理解当代资本主义时期奢侈消费的意识形态性这一特殊表征。

国外学者对奢侈消费的理解具有时代性和历史性的特点，他们对奢侈消费的不断变化的"角色"一直有追踪研究，并且形成了多样性的理解。相比之下，国内学界对奢侈消费的理解就显得落后了，从古至今，我们对奢侈消费的解释比较单一，那就是奢侈意味着"挥霍、浪费和炫耀"，对奢侈消费基本持否定性态度。在今天，亚洲成为奢侈品最大的目标市场，据《2019年中国奢侈品消费报告》，中国奢侈品消费能力已跃居全球第一，占全球奢侈品支出总额的33%。人们对奢侈品越发狂热，奢侈品在中国的发展也越发畸形。在这样的特殊时期，如果我们对奢侈品的理解仍停留于过去的阶段，未免不现实，角度不够辩证，观点也不够多样化，这将带来严重后果。

在寻求中西学术交流的今天，我们应该花更多的时间、精力，专注于对奢侈消费的当代理解。对此，西方已有的诸多相关研究成果颇具学术价值，值得借鉴。若能在整合大量相关研究资料的基础上结合时代特征以及中国的实际情况进一步对这一问题进行深入思考，我坚信一定会取得这方面的学术进展，弥补相关理论的不足，尤其是有益于推进理解和发展马克思主义的方法论。

二

进入当代资本主义阶段，奢侈消费已经不再单纯是孤立的个人行为或人们为满足享乐而进行的购买行为，而是在履行其社会性功能。以往以血统、出身等作为社会等级区分的标志在今天退场以后，迅速由消费取而代之。奢侈品作为传统贵族阶层的独享之物就是所谓"上层人士"的标签，资本逻辑利用这一点赋予其

"优越、成功、品味、高人一等"的符号意涵，并通过广告媒介的全方位宣传以及鼓吹信用卡消费等多种手段成功地把人们拉入消费的泥潭中。人们无不渴望拥有奢侈品，一旦经济条件允许，必定消费奢侈品，当今社会也因此呈现出了人人争相购买奢侈品的景象，甚至有些人为买奢侈品而整天吃泡面、挤公交。在今天，奢侈消费不仅创造了巨大的生产力，而且由它所蕴含的新的阶级区划标准以及平等的意识形态受到大多数人的认可。这使得当代资本主义社会看似铁板一块，运行良好，但是其中的生产和销售各环节无不暗含着资本统治的阴谋。换言之，人们对奢侈消费近乎疯狂的追逐背后实际上是受到了资本主义政治秩序与权力系统的控制。奢侈消费正成为当代资本主义意识形态统治的最显在处。

然而遗憾的是，以往对奢侈消费的分析仍然停留在对相关社会现象的简单描述，或者局限于经济学上的数字统计等粗浅层面，始终不够深入；或者仅从道德层面谴责奢侈消费对人们身心造成的腐蚀。面对这种来势汹涌的新的资本统治方式，我们也无法直接从马克思主义的理论中找到应对策略。对于马克思的商品拜物教而言，奢侈消费的意识形态性问题确实是其尚未充分论及的议题。可以说在马克思的时代，奢侈消费还是尚没有完全进化成人的"猴体"，而在今天它已经变成了资本主义生产体系中最发达的"人体"，这迫切需要我们来面对这一问题。

以鲍德里亚为代表的西方学者充分迎合了今天资本主义消费社会的全新改变，意识到"自马克思之后，生产力，或者更准确地说，政治经济学已经延伸到如此宽阔的领域（作为符号、需要、知识、性欲生产的消费，直接被规定了，或者作为生产力处于整体化的途中）。简言之，许多事情都在'下层建筑'中爆发出来，以致基础—上层建筑的区分消失了，矛盾在各个层面产生出来"①。对此，鲍德里亚发展并运用罗兰·巴特的符号学方法从消费者的心理基础、微观结构层面，以及资本逻辑的运作等多角度对当代资本主义的消费社会现实进行了系统而全面的考察，并提出颇具原创性的符号政治经济学批判理论。从他的这一理论入手，分析奢侈消费问题，有助于我们在理论深层全面把握奢侈品在今天生产、分配、交换、消费各环节的具体情况。

　　鲍德里亚将奢侈消费纳入符号政治经济学的视角加以批判，认为一旦使用价值乃至交换价值都被符号价值所压抑，符号消费成为社会组织结构的主要力量，人就会在空无的符号世界中丧失自我，盲目追求这种由资本生产制造出来的新的意义，从而臣服于资本的统治，这正是奢侈消费成为资本主义统治现实的重要原因所在。他的理论不仅系统揭示了奢侈消费在当代资本主义的获利机制，而且成功解蔽了其中的意识形态性，具有重要的理论价值和现实意义。特别是进入后工业社会，鲍德里亚的这一理论产生了广泛效应。

　　但在理论的最后，他却把这种资本主义统治的最新形式孤立化、片面化了，以一种神秘的方式直观发达资本主义社会的意识形态统治现实。"鲍德里亚的问题在于，其对理想社会、伦理社会的构想其实是以原始社会为参照，在本质上是一种非历史的观点；其对理想社会、伦理社会的理解，以倡导社会性，排斥物质性、现代消费为特征，割裂了物质性、社会性与精神性三者之间的关系；当鲍德里亚倡导以突发性的社会事件、社会行动改变消费社

---

　　① 〔法〕鲍德里亚：《生产之镜》，仰海峰译，中央编译出版社，2005，第102～103页。

会、解决消费社会问题时,忽视了社会发展中的连续性、积累性,片面强调了社会发展的突发性、断裂性。"① 鲍德里亚自认为捕捉到了当代资本主义社会的运行逻辑,即随着大众媒介的广泛普及,原本只处于经济领域中的拜物教已经扩展至社会生活的各个方面,并且进一步地把马克思的拜物教理论发展为符号拜物教,却又走向了另一个极端,导致他最终无法寻得解放的出路。

三

就资本主义生产发展整个过程而言,奢侈消费对现代社会的压迫还只是一种实现形式,或者说是具体的微观表现,根本不足以构成支配性逻辑。鲍德里亚的错误就在于他把奢侈品的使用价值完全去除了,只留下空无的符号价值,并且直接在符号层面完成人们身份地位的象征性功能。符号作为无内容纯形式的能指,将所指排挤没了以后,能指本身成了所指,最后只能以能指为基础,这样能指本身就无法包含扬弃的所指,最终导致鲍德里亚无法找到理论的突破口。可以说,他把一个并不难理解的事实问题变成了符号学上的把戏,其实只是空能指的魔术而已。就此而言,鲍德里亚把低级的东西扬弃了,而直接将高级的东西确立为物质存在的基础,不免太本质主义了。对奢侈消费问题的解答,最终还应该回到政治经济学批判,特别是马克思著作中的基本方法论是我们首先要学习的,同时还有一些偶然的、具体方法论,或者说基本方法论具体化为一些现象研究的东西,本身又启发我们去

---

① 陈忠:《现代性的消费幻象及其发展伦理制约——对鲍德里亚消费社会理论的一种建设性批判》,《天津社会科学》2012 年第 2 期。

思考今天的现实问题。

　　在经典马克思主义的视野中，资本主义社会主要是一个以生产占支配地位的整体，或者说逻辑结构，而消费通常被看作个别的、偶然的、次生的因素，因而没有受到足够重视。特别是作为消费领域的极特殊部分——奢侈消费问题更是长期以来始终处于马克思主义哲学研究的边缘。但在今天，正是消费促使资本主义一次又一次获得再生产的能力，从而拓展了资本主义的发展空间，尤其是奢侈消费，它已成为当代资本主义丰富的现实景观。本书意图在对当代资本主义奢侈消费现实进行批判分析的基础上揭露出其潜藏的意识形态性，对鲍德里亚批判马克思的消费文化方法论进行反批判，强调回到马克思主义政治经济学批判"穿透"经济的研究方法，从而彰显马克思政治经济学批判方法论的时代价值和现实意义。马克思主义的辩证法认为，资本主义在腐朽没落的同时也体现出它的进步性，就是资本主义的进一步发展将在形式上逐渐缩小两极对立的差距。马克思在资本再生产总公式里把消费品分为两大类，第 I 部类是生产资料的生产，第 II 部类是消费品，包括奢侈品和生活必需品这两个方面。一旦人们对生活必需品的需求基本上能够得到满足，就会有越来越多的人进行奢侈品的消费。资本主义时期的消费就是资本主义扩大了人的多种需求，它本身是两重性的：一重是人们整体生活水平的提高；另一重是加大人们在消费品上的差别。人类的消费行为就是随着历史的发展而不断发生改变的，在资本主义所改变了的消费结构当中，既有进化的方面，又有异化的一面，对此应该辩证地看待，而不能按照以鲍德里亚为代表的消费社会批判理论的逻辑，只看到异化的一面，从而将之全盘否定。当然，光看到进化的方面也是不对的，这样又会走向自由主义或者资产阶级的逻辑之中。

　　此外，国内外学界对奢侈消费问题并没有深入到经济基础与上层建筑关系的内在逻辑维度，他们的一个普遍共识是：奢侈消费并不适用于马克思的政治经济学批判。本书就欲着手解决这些问题，首先从解读当代法国著名后现代理论家鲍德里亚对消费社会的批判思想入手，一方面研究当代资本主义社会奢侈消费的现实形成机制，另一方面又对奢侈品在当代社会日常生活中占据重要地位的意识形态原因进行深入反思。仅此而论，本书在鲍德里亚研究方面有一定的新意，而此文更值得重视的并可继续展开的研究是，从更广阔的历史角度，比较马克思与鲍德里亚在消费意识形态问题上的异同，并指出传统马克思主义理论在奢侈消费意识形态批判上失语的成因与表现，同时也相应地指出鲍德里亚消费社会批判理论的局限性。本书将突出对奢侈消费在当代资本主义社会成为一种被鼓吹的生活方式，进而在社会中占统治地位这一现象的研究，从而纠正把奢侈消费与美好生活相等同的认识误区，这具有一定的学术价值和现实意义。

　　具体而言，全书共分五个部分。第一章从广义和狭义两个方面对奢侈品进行概念界定，指出当代奢侈消费具有文化想象、资本运作以及意识形态统治等特点，以拓清研究地平，同时对奢侈消费从少数贵族阶层的专属物发展到今天就成为人们生活方式本身这一历史过程进行梳理，以呈现当代奢侈消费批判的时代背景。第二章涉及从经典马克思主义在上层建筑层面对意识形态的理解，到以列斐伏尔、德波、巴特等人为代表的西方马克思主义者对日常生活逐渐科层化、理想化与商品化的过程，再到今天对奢侈消费成为占统治地位的意识形态这一现象所进行的揭示以及其中内在逻辑的演变。第三章具体分析鲍德里亚的符号政治经济学如何演绎出对当代奢侈消费意识形态的批判逻辑。本书认为鲍氏的解析经历了三步走的过程：第一步贬低奢侈品的使用价值；第二步升华其符号价值，正是人们对奢侈品符号价值的追求才构筑起当代资本主义新的阶级区分结构，奢侈消费不仅要符合一般商品交换的等价原则，还要符合资本逻辑的运行结构；第三步以非功利性的象征价值消解奢侈品的符号价值。第四章探究与鲍德里亚同时期或其后的当代西方左翼学者对奢侈消费的多维批判，包括鲍曼、霍尔、杰姆逊等人对奢侈消费的资本逻辑批判；以阿苏利、豪格等为代表从审美品味维度对奢侈消费的批判；以莱斯、福斯特、柯布等为代表的生态马克思主义者对奢侈消费的诘难。第五章对当代西方学者从文化批判角度对奢侈消费展开的研究进行反思，以马克思主义的科学方法论为参照，不仅对马克思的奢侈消费批判思想进行深入挖掘，而且从马克思的劳动价值论、剩余价值理论与奢侈消费之间的关系，马克思的阶级分析理论实质，马克思的革命道路选择等方面对他们的理论做全面回应，以彰显马克思政治经济学批判的方法论意义。

第一章　奢侈消费批判的历史溯源

奢侈消费历经从古典、中世纪到现代的社会变迁，其内涵和外延都发生了巨大变化。不同学派、不同学者均从各自角度出发对奢侈消费的作用和地位进行了历史定位。但遗憾的是，绝大多数学者都是单就某一阶段来谈的，而要想作有关奢侈消费这方面的专题研究，硬性地将之切割为几个阶段是不合理的。这种断代史的做法无法给我们展示出奢侈消费的历史变迁过程。总之，关于奢侈消费的历史仍有待撰写。通过考察相关方面的史料，并借鉴古往今来一些学者就这一问题展开的论述，笔者认为奢侈消费的发展并非一以贯之的，而是大致经历了如下三个阶段。首先是在古典及基督教和早期近代思想中，奢侈消费是古代文人骚客、哲学家谴责、诅咒的对象。原因就在于他们认为：一方面，在物质并不丰裕的年代，对奢侈品的享用一定是以占有他人的财富为代价的，也就是使用奢侈品的人是搜刮社会财富之人，所以必须从道德上加以谴责；另一方面，沉浸于奢侈享受会消磨人们的斗志，滋长阴柔之气，这样不仅腐蚀个人身心而且会毁灭整个家园。到了18世纪，人们开始从贸易的角度重新认识奢侈消费。由于奢侈消费极大地促进了贸易的发展而受到一定的肯定，这种新的理解和古典时期的观念形成大碰撞，由此引发了关于奢侈的意义及其承载价值的大辩论，此时可以说人们对奢侈消费的态度褒贬不一。进入 20 世纪资本主义飞速发展阶段，对奢侈品的肯定性呼声则越来越高。因为此时文化被看成经济发展的最主要动力，不管在肯定意义上还是批判意义上，学者们普遍认为，奢侈消费成为当代资本主义最主要的利润增长点。此外，奢侈品生产是社会技术进步和经济水平提高的表征，不仅促进艺术的发展，激发人的发明创造，而且给更多人创造了工作机会，由此对社会产生一定的有益影响。本书接下来将沿着苏格拉底、柏拉图、古罗马哲人、基督教早期以及现代思想家斯密、康德和休谟、巴尔本、曼德维尔、梅隆、卡莫斯等人有关奢侈消费的论述这条线索展开对其社会地位变迁的思想史分析，并努力做归类处理。而在此之前，对奢侈消费进行概念的澄清是尤为必要的。

一　何为奢侈消费

（一）概念：广义与狭义

现代汉语中所说的"奢侈品"，其实是一个舶来概念，它对应于英文"luxury"。"luxury"的前缀"Lux"为拉丁文中的"光"，依此推断，奢侈品应该是闪光的、明亮的。现代牛津高阶辞典将其解释为：既昂贵又具有享受性的东西，但不是人们的必需之物（a thing that is expensive and enjoyable but not essential）。剑桥高阶辞典则将其解释为：拥有这一昂贵之物会使人感到愉悦，但却是不必要的（something expensive which is pleasant to have but is not necessary）。韦伯斯特辞典的解释是：能增加人的愉悦感或者舒适感之物，但却不是绝对必需的（something adding to pleasure or comfort but not absolutely necessary）。综观这三本在当今学术研究中具有权威性的辞典释义，"luxury"一词的含义有三个重点：好的、贵的、非必需的。大多数研究奢侈消费问题的学者就围绕这三个方面对奢侈进行界定。比如有种观点从质和量两个方面来定义奢侈，认为数量上的奢侈就等同于挥霍无度，质量方面的奢侈就是追求高品质的物质享受。奢侈的关键主要在于品质上的精美而非数量的多少。① 奢侈品"具有丰富的艺术内涵，是精心的工艺杰作，也是国际性的产品，……是精致的时尚产品，经过品牌大厂的精心设计和规划，在自营门市、百货公司和多品牌商店销售"②。对此，有学者将这一强调珍贵原料、稀缺物资等纯物质内容的定义归类为旧经济的奢侈概念，而"新经济所说的奢侈概念一方面指非物质价值，但另一方面也指含非物质成分的奢侈品。这些奢侈品及非物质的奢侈从政治上、经济上及道德上似乎都不是非正当的，而且对大多数人来说是值得追求的"③。与此相似，有学者提出"新奢侈品"的概念，认为它具体指这样一些产品和服务，"比同类商品中的其他产品和服务质量更好，品味更高，也更让消费者们心驰神往，这些商品价格不菲，但是还不至于昂贵得让人可望而不可及"④。这种观点强调了新奢侈品对人们情感需求的满足，只要中意，即使价格不菲也毫无怨言。对奢侈品进行新旧划分的定义法不免会让人们产生疑问：新奢侈品与旧奢侈品要从何时开始界定？为何要提出这样的区分，有何意义？遗憾的是，我们对此并未找到答案。

---

① 〔德〕桑巴特：《奢侈与资本主义》，王燕平等译，上海世纪出版集团，2005，第86页。

② 〔法〕米歇尔·谢瓦利埃、卢晓：《奢侈中国》，国际文化出版公司，2010，第3页。

③ 〔德〕沃夫冈·拉茨勒：《奢侈带来富足》，刘风译，中信出版社，2003，第11页。

④ 〔美〕西尔弗斯坦等：《奢华，正在流行：新奢侈时代的制胜理念》，高晓燕译，电子工业出版社，2005，第2页。

　　还有一种普遍的定义法就是对奢侈品和必需品进行比较，认为奢侈品是冗余之物。因为奢侈品存在于提供感官享受的物品之中，而感官享受就是对这些物品的实际享用，一旦过度则意味着对这种享受的滥用。如今，国际上也是将奢侈品定义为"一种超出人们生存与发展需要范围的，具有独特、稀缺、珍奇等特点的消费品"，又称为非生活必需品。针对这一相对于必需品而言的定义，有学者反驳道，首先，这赋予"必需品"一种固定的、一成不变的含义，但实际上这种固定含义是无法一成不变的；其次，这样想当然地把需要放在了欲望之前，并不符合人的生物本性。[1]豪华香车和普通客运车虽同作为一种交通工具承载了将人和物运送到某地的功用，但豪华车能给人带来舒适和速度的体验，这是普通汽车所无法比拟的。奢侈品的本质含义就是享受资料，因此消费奢侈品是必要的和有益的，而并非毫无必要。最后，既然是不必要之物，那就意味着奢侈是一个贬义词，奢侈消费就是挥霍浪费钱财，这种评价否定了奢侈消费的积极意义，因此显得过于激进。因为奢侈品的可炫耀性、可享受性、可标志性都需要商品和服务精湛再精湛、精美再精美，只有不断推出极致商品才能满足日益提高的市场需要。所以奢侈品产业的发展最有助于鼓励创新和增加就业，同时奢侈消费还能促进货币的流通，提高国家福利，改良人们的举止，有利于知识和艺术的进步，增强个人的幸福和国家实力。[2]就此来看，单就奢侈消费的弊端或者优势某一方面而论都是不对的。

　　虽然奢侈品在今天的新闻媒体乃至日常生活中都是一个出现频

---

[1]　〔美〕克里斯托弗·贝里：《奢侈的概念：概念及历史的探究》，江红译，上海世纪出版集团，2005，第10页。

[2]　参见〔德〕沃夫冈·拉茨勒《奢侈带来富足》，刘风译，中信出版社，2003。

率颇高的词语，且越来越作为一个常识性概念被大多数人所接受，但奢侈品自身的一些特殊性——历史性、暂时性和时效性，使得不同时代不同时期对奢侈品的界定有显著差异。比如过去人们所认为的奢侈品在今天却有可能微不足道；在某些国家是奢侈品，在另一些国家却有可能不是奢侈品。对于一些人来说是奢侈品的东西，对别人却也有可能只是生活必需品。奢侈品的界定会根据不同的环境、经济发展水平等因素的变化而不断发生改变，而这些因素的存在，导致要想像数理逻辑一样对奢侈品、奢侈消费做出严格限定，似乎困难重重。所以大多数研究奢侈消费问题的学者都像曼德维尔一样模棱两可地以为："从某种意义上说，一切事物均可以被称作奢侈；而从另外一种意义上说，世上根本不存在奢侈。"① 总之，目前学术界对这一问题争议颇大，这就给奢侈消费问题的整体性研究带来了理论难题。如果不能首先明确奢侈消费的内涵和特征，那接下来的研究势必就缺少了根基性的东西，很容易受到质疑。

本书尝试从广义和狭义两个方面来定义奢侈消费，所谓的广义奢侈消费概念是立足于整个社会历史过程进行界定的。在任何时代，奢侈品一定是既昂贵又稀有之物，且主要注重自身的品质，所以它可以被定义为"因其稀缺性和对产品质量与服务的完美追求，以及对科技创新、历史文化内涵的极致发挥而具有远高于一般商品使用价值的附加值，所以它是超出维持人们基本生存需要范围的昂贵享乐品，并且只有少数特权阶层才能拥有"。而狭义的奢侈消费概念特指当代资本主义时期奢侈消费的独特性。它因服务于资本主义获取高额利润和维持自身统治的目的而呈现出这一

---

① 〔荷〕伯纳德·曼德维尔：《蜜蜂的寓言：私人的恶德，公众的利益》，肖聿译，中国社会科学出版社，2002，第94页。

阶段独有的特点。此处结合马克思对一般商品交换的论述，从社会结构、文化想象、资本运作及获取利润三个方面对狭义的奢侈消费概念做一界定，它是当代资本主义垄断差异和意义生产的承载物，具有象征身份地位以及个人财富的文化符号功能，这一功能在信息媒介以及网络的运作下被广泛推广开来，使得只有少数人才能从事，而大多数人却可遇而不可求，以此最大限度地为资本谋求利润，进而维持资本主义的统治秩序。本书接下来的讨论主要是围绕狭义的奢侈消费概念展开的。这一清晰的概念界定有助于我们理解奢侈品与普通商品的差别所在，从而避免二者在使用范围上的含混不清。

目前学界普遍认为，要想将奢侈品与一般的大众消费品清楚地区分开来几乎是不可能的，面临重重困难，尤其是整个社会的生活越富足，这二者之间的界限就越模糊。西托夫斯基试图对经济学家所划分的必需品与奢侈品这两者之间的区别进行概括："经济学家们将必需品定义为这样一种产品和服务：消费者对它们的需求，或者不随着其收入的增加而增加，或者其增加的幅度小于收入增加的幅度。奢侈品则是这样的产品和服务：消费者对他们的需求的增加幅度，或者与收入的增加幅度相等，或者高于收入增加的幅度。使用经济学家的语言，对必需品来说，需求的弹性收入等于1（无弹性的）；对奢侈品来说，需求的收入弹性收入大于或等于1（有弹性的）。"[1] 这种划分法是单纯就满足于人们的生物性需求而言的，奢侈消费是非必需的消费，只有在收入增加的情况下，人们才有实力、有条件消费奢侈品，而必需品则不同，

---

[1] 〔美〕提勃尔·西托夫斯基：《无快乐的经济：人类获得满足的心理学》，高永平译，中国人民大学出版社，2008，第92页。

它是对人们基本生物性需求的满足，比如吃、穿、用等方面。毕竟求食果腹和遮衣蔽体是人活着的两项基本机能，在此前提下才能从事其他各项活动。因此，人们对必需品的需求总是在开始时极为迫切，一旦得到满足就不会需求更多，也就是说这种需求停留于物质层面，是有限的，会在适当的时候达到一个饱和状态。而奢侈品是对人们更高的精神层面的满足，是无限的，随着经济实力的增强，人们只会需求更多，而永远不会达到饱和状态。

这种划分法为我们提供了一个可供参照的视角，但是不能说是二者之间根本性的差别所在。类似的还有从价格方面进行的区分，认为奢侈品价格昂贵，一般的大众消费品相对而言价格低廉；还有从制作工艺上的比较，奢侈品制作工艺烦琐、考究，而必需品的制作就没那么讲究了；"日常消费品追求实用效益，奢侈品牌追求象征效益，而且越来越追求所谓的'体验性'效益，即顾客追求某种经验和十分特殊而强烈的激情"①，也就意味着奢侈品更注重炫耀性，它本身能给消费者的心理带来优越感，而必需品则更加注重使用价值等。这些划分标准均不够彻底、全面，只反映了问题的某个方面，奢侈品和必需品之间的这条界限归根结底是由社会经济发展水平所决定的，并且在不同社会、不同人群中表现均不相同。本书倾向于从以下方面阐述该问题：奢侈品和一般商品的不同之处就在于它制造了特权的感觉。单就这一方面不仅能够解释奢侈品与必需品在自身品质、价格上的差异，同时也能够解释人们购买这二者时存在的心理差别，亦能说明为什么在表现社会秩序及社会身份的观念方面，奢侈品较一般的生活必需品具有独特优势。

---

① 〔法〕吉尔·利波维茨基、埃丽亚特·胡：《永恒的奢侈：从圣物岁月到品牌时代》，谢强译，中国人民大学出版社，2007，第143页。

但此处不得不向读者做一澄清：这种区分方式也只是给解决这一难题提供了一个视角，而并非说依此人们就能一劳永逸，毫无障碍地辨别出是奢侈品还是日常生活必需品。毕竟这个问题受多方面复杂因素的影响，对它的回答完全可以写出一篇博士学位论文来。

由奢侈品所制造出来的特权感与人们强烈地想和他人区分开来的心理需求紧密相连。每一个个体作为生物性的人的存在本无大的差别，都需要吃饱穿暖，但是就有一部分人，或者说每个人心里都有这样一种冲动——想高人一等。于是，人们的这种愿望就通过奢侈消费的方式被固化到奢侈品身上。奢侈品昂贵的价格使得少数人买得起，而把大多数人拒之于千里之外，这就使买得起奢侈品的人产生一种心理上的假象，认为我买得起就说明我比别人更有钱，我就理所当然地有权利拥有别人无法拥有之物，因此较之于其他人就会更有优越感。所以奢侈消费的逻辑就是，它首先创造出某种特权，而这种特权也仅仅是被创造出来的。奢侈品卖的根本就不是产品本身，而是人们内心的虚荣，是想要得到人们的仰望这样一种内在冲动。奢侈品牌不断地制造消费壁垒，使能够识别出奢侈品牌的人与实际拥有奢侈品的人在数量上形成巨大反差，从而让大多数人产生可望而不可即的感觉。"只有特权阶层有权利将典范变成为现实。其他人则只有跟着已经变化了的典范行动的份儿了。"[①]

奢侈品永远不是大众消费品，它超越了物质本身，变成具有象征意义的符号，给人带来身份上的特权感。而一旦高高在上的奢侈品下降为大众消费品，相信也不会再有那么多人愿意为之买单了。如今，人们就表现出对一些日益庸俗、渐失传统的奢侈品

---

① 〔法〕鲍德里亚：《符号政治经济学批判》，夏莹译，南京大学出版社，2015，第 40 页。

大牌嗤之以鼻的态度。奢侈品和一般的大众消费品虽然在理论上难以做出区分，但却能在感觉上让平常人毫不费力地捕捉到奢侈与大众的差别所在，所以感性经验层面的判断更容易让我们对奢侈品与大众消费品作出区分。

（二）特点：古代贵族阶级特性、近代商业特性、当代的意识形态性

如果我们对整个社会文明变迁中的奢侈品发展过程进行一个历史性的梳理，不难发现它经历了不同的发展阶段，并且在各个不同的阶段表达出不同的含义和意义。对于什么是奢侈品，什么不是奢侈品并没有一套亘古不变的统一说辞，而是因时、因地、因人而异的。这意味着奢侈品的地位是暂时性的，一件奢侈品不是静止不动，而是动态发展的，归根结底取决于社会经济实力的发展水平。在生产力发展水平相对低下的时期，奢侈就等同于浪费，是对物质生活资料的极大破坏，因为一旦一些人沉迷于奢侈品的享受就意味着一些贫苦人获得基本生活资料的权利遭到了侵占。这时奢侈与权力紧密相连，只有拥有特权的皇权贵族才能毫无非议地享用奢侈品，而随着生产力进一步得到解放，大多数人已经脱离了温饱忧患年代，从而衍生出对更加丰富的物质生活和精神生活的追求，奢侈也自然而然地成了一种全新的生活方式，在社会上受到广泛认可。尤其是从福特制向后福特制生产方式的过渡①，使得大多数人追求奢侈消费成为可能，以至列斐伏尔称奢

---

① 福特制是指 20 世纪 20 年代在工厂车间里广泛普及的流水线作业方式。福特制分工细化，它使工人们作为机器的附庸，成批量地生产出标准化产品，从而极大地提高了生产效率，增强了企业市场竞争力。后福特制是指 20 世纪 70 年代，市场的进一步饱和使得生产方式向个性化、定制化的小规模生产方式转变。

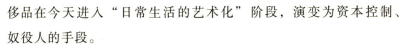

侈品在今天进入"日常生活的艺术化"阶段，演变为资本控制、奴役人的手段。

1. 古代社会奢侈品的贵族阶级特征

在森严的等级制度下，奢侈与政治紧密相连，只有少数特权阶层才有权享受。

他们在服饰、住所、日常饮食等方面无不体现出极度的纵欲享乐和奢侈靡费，普通百姓则既无权也无钱享受奢侈生活，基本上满足于自给自足。

服饰

俗话说"衣贱使人贱"，服饰上的差距最明显地体现了等级区分。布罗代尔就曾在《15 至 18 世纪的物质文明、经济和资本主义》中指出："在西方，社会地位最细微的上升都要反映在服装上"[1]，具体体现在衣服质地和产地的不同。弱势阶级需整日劳作，忙于脏乱且繁重的体力劳动中，这种工作条件就决定了他们不便穿着华丽的服装，简洁的短款上衣和休闲长裤由于便于劳作又便宜而成了他们的最佳选择。在那样的年代，贵族阶层是不事生产活动的，劳动意味着软弱无能和对主子的臣服，是卑下的标志，会被有身份地位的人不屑。凡勃伦在其成名作《有闲阶级论》中对此作了详细考察，并首度将这些经济上拥有财富，无须自己劳动，而是通过雇用他人来服务于自己的贵族阶层称为"有闲阶级"。他发现："劳动是和软弱无能及臣服主子相连的。因此，劳动是卑下的标志……休闲的生活不论是就其本身及其后果而言，在所有文明人眼中都是美丽的、显示高贵的。"[2] 上层人士明显过

---

[1] 〔法〕费尔南·布罗代尔：《15 至 18 世纪的物质文明、经济和资本主义》（第3 卷），顾良、施康强译，生活·读书·新知三联书店，1993，第 367 页。

[2] 〔美〕凡勃伦：《有闲阶级论》，李华夏译，中央编译出版社，2012，第 36 ~ 37 页。

着舒适而享受的日子，只有奴仆阶级才从事"卑贱"的苦役，这已经成为一项"其理自明""不容置疑"的古老传统。由于有闲阶级无须劳作，所以大可使其服饰复杂，甚至看起来有些笨重，比如领口、衣袖、衣缝各处用金线绣成镶边；佩戴念珠、宝石、翡翠、珍珠、玛瑙等昂贵饰物；胸前挂有各式徽章，头戴礼帽，披羊毛斗篷等。这样的穿着完全不影响他们的日常活动，反而展现出一种慵懒风情，从而证明他们属有闲阶级。可以想见，在当时，如果这类衣物穿在普通平民身上将是何种景象？一定给人极不协调之感，还极有可能产生哗众取宠之嫌。

此外，当时整个社会都处于物质匮乏状态，受到物质供应的限制，根本没有充足的奇珍、服饰供应给全体百姓，而仅有的少量上等衣料只能由贵族阶层所独享。像绸缎、金线缎、棉麻、生丝、天鹅绒以及各种动物皮毛等这一类价格昂贵的衣料完全被贵族阶层所垄断，一般民众即使有钱也无法买到。除衣料质地上乘以外，他们还会挑选手艺精湛的裁缝私人定制各种款式新颖又艳丽的服饰。桑巴特曾描述了那一时期贵族阶层颇具代表性的穿着打扮，"有一个非常出色的名叫巴松皮埃尔的人，几乎是他那个阶层最完美的代表。他穿着一身用加入了金线织物做成的服装出现在庆祝会上，衣服上还绣着棕榈树叶，缀着据他自己估算重达50磅的珍珠。这套服装花费了14000埃居，其中只有700埃居是加工费"①。由此可见，贵族人士在着装上是何等地讲究体面与奢华，下层阶级却只能自己缝制色调单一黑、白等色的粗布衣服，而且还要"新三年，旧三年，缝缝补补又三年"。总之，服饰差异成为

---

① 〔德〕维尔纳·桑巴特：《奢侈与资本主义》，王燕平、侯小河译，上海人民出版社，2000，第112页。

反映等级制社会阶层分化的一个重要方面。

住所

豪华宅第是一个贵族家庭社会地位的明确表示，也是特权阶层摆脱普罗大众追逐、仿效的最有效方式。因为修建一处宏伟壮丽的城堡所需要的建筑成本远非一般人所能承担。除去庞大的占地规模不论，建筑所用的一砖一瓦都要精雕细琢，而且装修上更是追求富丽堂皇，让今天的我们叹为观止。室内墙壁上大多围着带有图案的天鹅绒或锦缎，天花板的绘画更是出自名师之手，壁炉台由大理石砌成，花样繁多的金银器和玻璃器皿比比皆是，而其他的贵重装饰品如名画、雕塑等更是充斥在豪宅的每一个角落。所以，封建时期将不同等级的住宅，包括宅内布局都作了严格区分，以显示出最高等级不可侵犯的权威。以南京著名的古建筑甘熙故居为例，它是建于清嘉庆年间的最大私人民宅，俗称"九十九间半"。民间住宅不超百间是当时皇家的明确规定，绝不是拥有财力就可以随便僭越的。最大的官府建筑可以达到九百九十九间半，而只有宫廷建筑也就是故宫才可以建九千九百九十九间半。这半间既表示没至满的谦虚，又有仅半步就达目标的得意。甘熙故居的内外设置也是严格按照封建社会的宗法观念和家族制度来布局的，各类用房的位置、造型、面积、装修等壁垒森严，完全符合当时统一的等级规定。故居采用了具有江南特色的小青瓦屋面和白粉墙，以棕红色广漆形成的灰、白、棕三色为建筑主调，而朱、黄作为明清时期至尊至贵之色，是不会出现在这样的民宅里的。

相比之下，平民的住所就显得格外简陋寒碜。用树枝和夯土筑成的茅草屋里面，除了睡觉用的简易床铺、草垫子，装衣物的箱子，做饭用的铁锅以及几件铁、镐等工具这些仅能满足人们最基本需要的物件以外，几乎没什么家具。这样的房子与其说是住宅，还不如说是栖身之所。即使是为贵族阶级效劳的奴隶们，在偌大的豪华宫殿里也没有一处容纳他们住宿的宽敞舒适之所，大多栖身于低矮潮湿、杂乱不堪、勉强避风、难谈避雨的储藏室里。奴隶和贵族之间的差距由此可见一斑，而这两个不同阶层在住所上的天地之别鲜明地展现出贵族人士的列鼎重裀。对于他们而言，享用奢侈品实属天经地义，而一旦穷人也享用奢侈品，就意味着对他们社会威严的侵犯，即使穷人根本就没有机会享用。

日常饮食

在等级制社会，上层人士的日常饮食方面更是十分考究。不仅体现在食材选用和烹制上，包括各种肉类、饮品（啤酒、葡萄酒、白酒等）、鲜货以及制作面包所用的谷物和昂贵的调味品等，种类繁多，并且必须做到"颜色好看、品质优良、用具清洁"。此外，还体现在餐桌、餐具、桌布、蜡烛光、银器、餐巾和饭厅布置等方方面面。据史料记载，"在13世纪豪华的宴会上，匙是用金子、水晶、珊瑚或蛇纹岩制成的。有记载说，有的人在斋戒期用黑檀木柄的餐刀，在复活节用象牙柄的餐刀，在圣灵降临节用镶嵌过的餐刀"[①]。各种香料更是那个年代贵族阶层的独享之物，如胡椒、丁香、豆蔻、桂皮、八角茴香，甚至生姜、糖和盐等。这些在我们今天看来十分普遍之物在当时都来源于进口，价格十分高昂，几与黄金相当，是当时万分珍贵的物品，只出现在富人的厨房里，或成为王公们用于馈赠的高档奢侈品，远非贫民可以企及。这不仅是因为使用香料可以使食物的味道更加可口，还因

---

① 〔德〕诺贝特·埃利亚斯：《文明的进程》，王佩莉、袁志英译，上海译文出版社，2009，第66页。

为其能起到防腐杀菌、延长食物保质期的作用，被欧洲贵族视为高品质生活的象征。一些香料就和黄金白银一样，成为财富的象征，甚至被当作财物储存起来。

上层社会还盛行大摆宴席之风，他们多宴请名门贵族到自己的宅邸共享奢华盛宴。酒宴桌上摆满了各类冷盘、汤、肉食、水果、点心等。菜式种类纷繁复杂、奢侈精致，堪比满汉全席。昂贵的宴席是为了让宾客们见证主人的财富实力，从而显示主人的尊严和社会地位。总之，豪餐宴饮是只有贵族阶层才能享用的，而平民基本上满足于自给自足，甚至有些穷人食不果腹，真可谓"朱门酒肉臭，路有冻死骨"。

由手工艺人通过精心打磨制作而成的坚固耐用并且美观的物品被上层人士所钟爱。具有多年生产加工经验的手艺人对每一件物品都精雕细琢，细致的内在工艺、考究的用料、高超和严谨的手工制作水平凸显优雅与高贵。在制造过程中产生的微小差异又赋予了产品个性化特征，因此而独一无二，更能吸引人的眼球，成为名副其实的奢侈品。手工制造的奢侈品既体现贵族阶层的高雅品味，又能彰显其财力，所以倍受推崇。此外，贵族出行会乘坐豪华马车，马匹一定是昂贵的优良血统，马车外还有奢侈的镀金装饰，内有丝绸、缎子装饰。以上对社会不同阶层在吃、穿、住、用、行等方面的种种描述无一不体现了等级社会贵族的奢侈腐败和生活糜烂，同时也足以使我们意识到奢侈在等级制社会是建立在严格的阶级划分基础之上的。奢侈就是生来即富状态的独有特权，对奢侈品的享用成了上层人士的社会面具，而这一点又是建立在占有穷人的财富、剥削穷人基础之上的。"在古代社会，消费权几乎是遭受双重封锁的：第一，平民没有那个物品；第二，不许平民享用那物品。第二重封锁几乎一定是以第一重封锁为基础的，因为如果该物品太普及，权利上的封杀几乎无法执行。"①
欧洲中世纪各国诞生的"节约法令"就对一般平民的衣食住行提
出明令限制，这在表面上看来是反对铺张浪费，而实际上则是为
确保贵族阶层千金散尽的生活方式不受下层百姓的侵犯。总之，
在壁垒分明的等级制社会，贵族阶层和社会地位低下的人之间通
过消费物构筑起一道无法逾越的社会屏障，人们的消费物一定与
其所在的阶层相符合，丝毫不敢有越界的想法，否则就会受到
惩罚。

2. 近代奢侈品的商业特征

到了 18 世纪，工厂手工业开始蓬勃发展。尤其是蒸汽革命以
后，机器的规模化生产逐步取代传统家庭作坊式的生产。大批富
有实践经验的熟练工人运用先进的生产技术知识进行机器制造。
这就极大地提高了产量，使满足更多人的物质需求成为可能。相
对以往物质产品普遍匮乏的状态而言，此时已经成为一个物品泛
滥的时代。劳工阶层不再停留于自给自足的供给模式中，而是被
纷纷卷入消费市场中来。他们广泛购买各类日常消费品，从针织
袜到手套、亚麻被单和鞋帽等，从碟碗到锅等炊具。"1764 年，阿
布维尔市的经济学家们分析了城市纺织工人的收支情况：四口之
家收入 388 利弗尔，必不可少的开支 312 利弗尔，其中食物占了消
费的三分之二，只是面包就占 40%，但还余下 76 利弗尔花在其他
方面，满足'生活的乐趣'。"② 这一史料分析代表了当时受工业
化进程的冲击，欧洲国家工人阶层在收入和消费方面的普遍状况。
即使大多数人仍然买不起镜子、钟表等各类昂贵物品，但他们却

---

① 郑也夫：《后物欲时代的来临》，上海人民出版社，2008，第 22 页。
② 〔法〕达尼埃尔·罗什：《平常事情的历史》，吴鼐译，百花文艺出版社，
2005，第 77 页。

毫无疑问地统统被纳入消费经济中来。总之，各地兴起的贸易活动如涓涓细流般渗透到每一个角落，浸润着人们全新的生活方式，导致传统僵死封闭的生活模式逐步被瓦解，早期现代性之门由此开启。

工业文明也以不可逆转之势改变着人们传统的生活习俗和价值观念，贵族与平民之间的阶级壁垒不再坚不可摧。19 世纪末，王权彻底没落，资产阶级兴起，一切都成为可买卖之物，金钱就成了人们迈向权力大门的新阶梯。"人们日益不重视家庭出身。在十一世纪，贵族的头衔还是无价之宝，而到十三世纪，用钱就可以买到了。"① 席美尔深刻地指出：在金钱的作用下，"一贫如洗的学徒也可以指望将来有一天能发达……被据为己有的钱可以在数量上无限升级，这就使得一个阶层可以融入到另一个阶层，从而消除了贵族阶层与众不同的构成原则，而没有可靠牢固的分界线贵族就绝无可能存在下去"②。从此，贵族下降，平民上升，社会地位开始变得"混乱无序"。奢侈品作为专属上流社会的生活元素，成为人们经济状况和社会地位的最有力证明。拥有奢侈品就像拥有名门望族的姓氏那样让人感到荣耀。于是富裕阶层争相购买奢侈品，不仅像贵族一样出门时戴上金首饰、穿上华丽服装，而且就连咖啡、葡萄酒、茶、巧克力、葡萄干等也都成了他们的日常饮食。对于这些新贵而言，购买奢侈品已经不再仅仅停留于物质享乐层面，而是上升到借挥霍无度的消费行为来提高社会身份地位的文化层面。一时间，讲究品味、追求时尚、攀比与模仿

---

① 〔法〕托克维尔：《论美国的民主》（上卷），董果良译，商务印书馆，1988，第 5 页。
② 〔德〕格奥尔格·席美尔：《货币哲学》，朱桂琴译，光明日报出版社，2009，第 310 页。格奥尔格·席美尔即格奥尔格·齐美尔，也译为齐奥尔格·西美尔。

成风，新贵阶层在吃穿住用行和休闲娱乐等方面无一不展现出强劲的消费势头。也就是在这一时期，被现代人所熟知的奢侈品牌随之诞生，主要集中于服装、配饰、珠宝、手表、化妆品、汽车等领域，如香奈儿、百达翡丽、路易·威登、爱马仕、古驰、迪奥、普拉达、大卫·杜夫、兰蔻、卡地亚、万宝龙、宝格丽、法拉利、奔驰等。这些品牌掌握了一个聪明的技巧：在展现自身悠久的历史传统和优良品质的基础上，再将产品建立在社会地位、等级和独占性基础上，从而让人们即使多花钱也心甘情愿。

世界贸易市场的迅速发展以及国际航运成本的降低为奢侈品公司的制造和销售提供了十足的便利。首先，原材料的获取更加容易。相比于以往靠远洋运输将其他国家的珍贵材料输送到本国进行加工，现在几乎每一个公司都能做到利用国外劳动力市场就地取材，完成产品生产和装配、配送等复杂过程。这就使得奢侈品生产公司较为容易地为开发新产品吸引到投资，在最短的时间内研发出新品，以更低的生产成本生产出来，从而满足消费者不断变换的需求。当选材和制造不再成为问题，不断开发研制新品并将产品成功推向市场，切中人们对奢侈品的品味就成了最主要的问题。这就需要打造一支专业化的研发团队，在遵循品牌原则的基础上实现产品的不断推陈出新。其中首席设计师尤为重要，至少当消费者不再忠于品牌的时候，还能忠于某个具体的人。毕竟人们可以轻易抛弃一个徽标，但却不会那么随意地抛弃一个朋友，像伊夫·圣罗兰、范思哲、克里斯汀·迪、可可·香奈尔等这些知名奢侈品牌都是和闻名遐迩的设计师名字联系在一起的。

奢侈品门店成了展现品牌产品，并提供顾客体验的实地场所。著名奢侈品牌一般会选择在繁华都市中消费群体较集中的地方开设门店。"入乡随俗"，努力营造与当地的风土人情和文化氛围相一致的格调成了首要考虑因素。因此，绝大多数店铺都会侧重于融入本土文化因素，在此基础上，融合颇具艺术感的购物氛围，以达到将企业及商品的讯息透过设计巧妙传达给消费者的效果。优雅、时尚、大气是当时店铺装修设计的普遍标准，尽量减少材质的种类及复杂的装饰，以免给人"美丽的混乱"之感，显得奢侈品俗不可耐。而看似简约的装修风格实际上也是极为讲究的，到处都是学问，它特别在意材料的质感，在配饰上要求也极为严格。若在材料上节约成本或时间上仓促选材都将导致不好的效果，会使得整个空间设计不是简约风格而是简单设计，这就不免会降低整个品牌的格调。毕竟奢侈品不是靠省钱、糊弄了事来赚钱的行业。此外，每一寸的空间设计都要经过非常艺术化的考量，不仅要考虑店铺中主角跟空间的互动，更要突出空间里的主角，如果喧宾夺主就意味着设计上的失败。消费者对店铺装饰赞不绝口，而对展出的商品却视而不见该是多么让人伤心绝望啊。而在有限的空间里，清爽的风格，极简而非烦琐全面的布置是使消费者将专注力完全放在选购商品上的最佳途径，有助于推动产品销售。

　　然而，与今天各大奢侈品宣传广告泛滥成灾不同的是，起初在这些奢侈品品牌问世很长一段时间以来是根本不屑于做广告的。香奈儿前任董事长艾利·科佩曼对此解释道："推销时尚是很忌讳的，会降低品牌的格调。"[1] 他们只卖给真正的上流人士，并且保证少量生产，甚至是特别定制。奢侈品以其高傲的姿态展现着自身悠久的历史传统和优良品质，令大多数人都望洋兴叹。只是到了福特制生产的出现才使得这种情况有所改变。福特制强大的生

---

① 〔美〕黛娜·托马斯：《奢侈的！》，李孟苏、崔薇译，重庆大学出版社，2011，第 126 页。

产能力保障了人们基本生活需要的满足。而当大量的生活必需品得到供应以后，那些具有良好审美品味，同时又具备一定经济实力的人就不再满足于新奇的小玩意儿，而是开始进一步追求精致的奢侈品。在他们眼里，奢侈品不仅"质量一流、物有所值"，而且独具个性。每一个奢侈品牌都以己为荣，不断树立起专属的个性化大旗，以汽车行业为例：奔驰追求顶级质量，劳斯莱斯追求手工打造，凯迪拉克追求豪华舒适，宝马追求驾驶乐趣，法拉利追求驾驶速度。它们独具匠心，各显其能，以此创造出自己的最高境界。正因为这些高端奢侈品的个性化，才为人们的购买提供了充分理由。也正因为奢侈品的个性化才与大众商品区别开来，彰显尊贵价值。通过奢侈消费这一简单过程，人们不仅享受了高品质的产品体验，而且还获得了自身社会价值的广泛认可，所以他们丝毫不在意奢侈品昂贵的价格。奢侈消费由此变得多元化、个性化，成为富裕阶层生活态度的一种表达方式。

由福特制生产带来的大量产品供应同时也导致了剩余产品的积压。为了不影响资本运转，资本家开始在促销商品上大做文章，不再是人们需要什么就生产什么，而是有什么样的产品诞生，人们就需求什么。换言之，人们的需求是被资本家培养出来的，只有这样，原本有限的产品需求才能扩大为无限，不断生产制造出来的产品才能被消费掉，从而维持资本的良好有序运行。对此，我国著名的社会学家郑也夫感慨"19世纪驯化出工人，20世纪驯化出消费者"[①]。狡猾的资本家迅速捕捉到奢侈消费这一行业所蕴含的巨大利润空间。他们通过狂轰滥炸似的广告宣传以及网络媒介的推广等多种手段诱使更多的人投入到对奢侈品的消费中，以

---

① 郑也夫：《后物欲时代的来临》，上海人民出版社，2008，第25页。

至一些人为购买一瓶香奈儿香水或古驰手袋而甘愿整天吃泡面；为能买到最新发行的苹果手机而从香港飞到美国……总之，在资本逻辑的运作下，原本买不起奢侈品的普罗大众也都开始欲求奢侈品，一旦能力允许，必定消费奢侈品。通过这种方式，一方面保证资本家从中获取巨额利润；另一方面在消费奢侈品的过程中实现人们对资本主义统治秩序的认可，以达到资本主义制度永续发展这一最终目的，这就使得奢侈消费充满了意识形态意味。在客观方面，后福特制生产的兴起成为这一趋势的重要推手。

3. 当代奢侈品的意识形态化特征

20世纪70年代，西方发达国家生产组织方式的演进出现了一个重要趋势，即从福特制向后福特制的转变。所谓的后福特制生产是针对"目标消费群体"进行小规模、小批量生产，并且采用新的信息技术来连接生产与销售，从而大大缩短新产品投放市场的周期。同时生产商迅速捕捉不断变化的时尚和趣味，以消费者导向为宗旨进行创新生产，来满足消费者的个性化需求。这一时期，经济的平稳持续发展也使得人们的可支配性收入大大增加，新兴购买力也日渐增多，更多的人开始越来越追求精致、有品味的生活，奢侈品获得了全新的市场空间，也被重新定义为"新奢侈品"。新奢侈品也可称为民主奢侈品或大众奢侈品，是高端奢侈品制造商制造的低端市场产品和相对低价的高端配件。①

绝大多数人都信奉"一分价钱一分货"，商家也就投其所好，既然消费者如此看重产品的价格，那索性就迎合他们的心理价位，何乐而不为呢？因此才会出现价值60万美元的象棋，一条价值

---

① 参见吴志艳《奢侈品消费在中国——非炫耀性消费的兴起》，上海交通大学出版社，2017，第47页。

2.7 万美元的李维斯（Levi's）牛仔裤，价值 230 万美元镶有 28 公斤 18 克拉玫瑰金的玫瑰版电视，以及 295 美元一个的汉堡和专为阿拉伯土豪打造的黄金跑车，等等。总之，在后现代社会这些贵得离谱的东西超乎人们想象，任何物品一旦冠以奢侈之名，必定引起人们争相购买。种种因素的结合使得奢侈消费有了更广阔的发展空间，奢侈具有了创造市场的功能，开始在资本逻辑中扮演"主角"。而此时，也只有奢侈品才能真正为资本家创造更多利润，"只有奢侈品才能让你奢侈地赚钱"①，世界奢侈品教父伯纳德·阿诺特如是说。因为竞争的加剧已经使廉价商品的利润空间变得很小了，而"与大众产品相比，奢侈品的销售更能承受较大的经济波动，因为大量销售廉价物品和售出大件物品需要较长时间，所以奢侈品行业是财富迅速增长的人们的最佳投资选择"。② 那些嗅觉灵敏的资本家立刻抓住这一暴利机会，无所不尽其能地施展各种手段鼓吹奢侈消费，一场奢侈品商业大战由此展开。

每一个高端奢侈品商标都在以不同的方式叙述着自己的故事。他们鼓吹品牌发展源远流长的历史，并且努力与宫廷贵族联系起来加以大肆宣传。比如，LV 的创始人路易·威登设计的行李箱就曾是乌婕妮皇后的旅行必备，这使得消费者毫不怀疑地相信要想提升自己的地位，那就应该和乌婕妮皇后一样选择 LV。然而，在追求高利润的驱使下，奢侈品完全成了一个赚钱的行业，现在除了高级定制产品外很少有能坚持这种品质的。原来是纯手工制作的奢侈品现在普遍采用机器化的规模性生产，购买人群也不再仅

---

① 〔美〕黛娜·托马斯：《奢侈的！》，李孟苏、崔薇译，重庆大学出版社，2011，第 60 页。
② 〔德〕沃夫冈·拉茨勒：《奢侈带来富足》，刘风译，中信出版社，2003，第 23 页。

仅局限于富裕阶层，而是扩展到每一个人，那些不属真正富裕阶层的人则通过透支消费来购买奢侈品。即使买不起一件私人定制的奢侈品成衣，起码也要拥有一瓶价格相对低廉的香水，或者一支 30 美元的口红。奢侈品的品质一落千丈，然而奢侈品营销人员却对此解释道：这么做是为了实现奢侈品的"民主化"。但实际上，他们的目的十分明确，那就是如何才能赚得盆满钵满。一些商家甚至会在制作过程中特意偷工减料来降低成本，导致产品的制作成本与实际价位并非真的彼此相符合。总之，产品的品质不再是决定奢侈品的首要因素。

　　奢侈品的外观设计、包装、广告等越来越占据重要位置，成为人们购买商品的风向标。如今，一般奢侈品的包装费都要占整个生产成本的 30%～50%，而消费者之所以普遍愿意为如此高昂的包装费买单，甚至"买椟还珠"，主要还是因为精美的包装有美化功能或者体现出纪念性意义，能以此提高奢侈品的附加值，并且对消费者起到心理引导的作用。比如人们购买一块江诗丹顿腕表，体积并不大的手表要经过层层包装，最后装入比手表体积大十倍甚至不止的精致盒子里。而打开包装一看，里面不仅有手表，还可能有一朵鲜艳欲滴的玫瑰花、一个生肖吊坠。这些看似离谱、完全在购买之外的物品居然在今天的社会广泛流行，并不断蔓延开，成为产品本身的内容。商家之所以这样做就是为了让顾客收获一份意想不到的惊喜，以此传达出高端奢侈品给人们的生活添色彩的理念。

　　接下来，奢侈品公司开始利用最有效的一招，即通过广告媒介进行疯狂宣传。广告是最有助于市场营销的策略，"它从不与单个人说话，而是在区分性的关系中瞄准他，好似要捕获其'深层的'动机。它的行为方式总是富有戏剧性的，也就是说，它总是在阅读和解释过程中，在创建过程中，把亲近的人、团体以及整个等级社会召唤到一起"[1]，这就是广告的窍门和战略性价值之所在。资本家通过广告媒介给人们编织了一个美丽的梦，在唤起人们向往与憧憬的同时也就唤起了人们的消费欲望，以此达到对奢侈品牌的认可，并通过人们的口耳相传起到扩大品牌影响力的效果。在时尚圈的竞争变得越发激烈之际，要想让自己脱颖而出，请明星做广告成了最有效的手段。因为明星的一举一动都受到观众的普遍关注，那些沉浸在对明星的无限幻想中的粉丝们更是无时无刻不在模仿他们的言行举止，明星的话仿佛很容易就被人信服。一段广为流传的佳话是纪梵希和奥黛丽·赫本之间的频频合作，纪梵希为赫本量身打造的小黑裙、低胸公主裙、黑色高领毛衣以及赫本终生唯一使用的"禁忌"香水等都成了每个女人想要拥有之物。赫本的每一次亮相皆成为经典，受到人们的热捧，并影响着整个时代的审美趣味。她作为纪梵希的品牌大使，完美地将纪梵希时装设计的精髓——优雅的风格传达到世界各地，并成功地使纪梵希品牌在奢侈品界占有一席之地。

由资本主义商品生产的庞大力量制造出来的产品堆积景观使越来越多的人以为我们已经跨越了物质匮乏的年代，有条件进行奢侈享受，奢侈品就成为大多数人的梦想。就像迪奥广告语"C'est la vie"（这就是生活）一样，它隐隐植入一种"应然"的生活方式：像迪奥品牌一样追求优良品质，以及品牌成长过程中体现出的不折不挠的精神。这才是人活一世成功的体现。借此，它凸显迪奥产品无可比拟的优势，引发人们的消费欲望。在消费的

---

① 〔法〕鲍德里亚：《消费社会》，刘成富、全志刚译，南京大学出版社，2014，第45页。

文化功能愈发凸显的当下，这种广告策略成功地施展于更广泛的受众，由传统中的上层阶级向普通大众拓展，并深植于人的内心。而人天生就有的欲求本性决定了任何一个人都不会仅停留在有限的物质满足之上，并且在一定的语境下，由消费奢侈品所指涉的身份区隔能带来即时的快感，从而使人们沉沦于奢侈消费的生活中。总之，人们不再是按照自己的方式来生活，而完全按照资本逻辑的设定把自己定义出来，它剥夺了我们对日常生活过程意义创造的权利，我们关于个性、自由，关于富庶的理解全都被奢侈品的定义垄断了。奢侈消费归根结底承担了资本主义生产方式、生产关系再生产的功能，它取代了以往以消费大众消费品为主的阶段，催生出一个新的资本积累空间，理所当然地成为资本家赚取利润，进而实现意识形态统治的重要手段。

综上所述，资本主义的发展在不断地进行自我调节，以满足资本无限制地追求发财致富的欲望，并在解决自身矛盾危机的过程中，试图在无限制地提高劳动生产力这一途径行不通了以后，转而开辟奢侈消费作为新的生产力这一途径。当代资本主义正是通过奢侈消费实现对自身的调节，在这个过程中，消费性质的改变是当代资本主义最显著的变化，生产不再占据着主导地位，消费反倒成了社会生活的核心。奢侈消费一方面通过给予全球社会更多的发展动力，较大众产品而言更强烈地改变着今天的社会；另一方面这种改变也反作用于奢侈品本身，导致奢侈品在当代资本主义时期呈现出较传统社会大不相同的一些特征。奢侈品越来越倾向于以规模巨大的工厂进行机械化批量生产，并呈现出一系列不同于以往的新特征。

第一，奢侈品的质量得不到保障，不只是指机器生产的粗枝大叶，一些奢侈品牌还会出于节省成本的考虑而偷工减料。奢侈品本应是精美的、令人愉悦的，应质量和稀缺性而定的，但现在却沦落为从数量上来谈论。随着奢侈品牌的逐渐增多，奢侈品整体看来也越来越物美价廉了。第二，就目前的生产技术而言，奢侈品能够在流水线作业下成批量生产出来，但生产商却人为地严格限制产量。举一个很简单的例子——有关限量版奢侈品的问题。传统社会受技术性条件的限制，也就是传统生产工艺的限制而不可能批量生产，由于自然资源和技术条件的限制造成客观存在的匮乏和稀缺状态，所以奢侈品才能够成为奢侈品。但在当代资本主义社会商业机制和社会机制的共同运作下，限量版奢侈品很大程度上是被人为制造出来的，就物品本身而言并不足以构成奢侈品。比如，各种豪华跑车、高档护肤品、奢华电器等，生产商完全可以在已有的技术和人工设备基础之上进行再加工制造，但他们却偏偏故意给人稀缺的感觉。这在一方面的确可能因为稀缺而具有传统奢侈品的意味；但另一方面也反映了奢侈品恰恰在现代社会中是人为制造的，是虚假的。第三，特别强调采用传统的手工工艺，或者手工制造奢侈品。虽然人们每天生活在机器的轰鸣声中，但对手工工艺的情有独钟却始终无法取代。究其原因，是因为我们的美感就来源于这历史久远的高超技艺。用老裁缝的话说，手工做出来的西装穿上的感觉是衣服"随"着人，而由机器做出来的，给人的感觉是人"随"着衣服。这种体感差别虽然细微，但只要你上身一穿就能明显地感觉到。现代化大工业的组织制度与操作流程使人们在不知不觉中丧失了对追求精致的执着，丧失了尊崇工匠的传统，同时也导致由家族一辈辈传承下来的手工工艺的丧失。这就使得机械化时代的手工生产工艺显得尤为珍贵。第四，大量被生产出来的奢侈品需要源源不断地被消化掉，否则就会因为滞销而阻碍资本的循环运行，进而影响资本获利。

所以最好的办法就是在投入生产之前就对消费者的需求有所预期，以前是生产什么才能消费什么，但现在是需求什么就生产什么，不仅生产走在需求前面，而且以供给强制需求。总之，一切都是市场导向。这就导致当代资本主义的奢侈品生产变换周期快、不持久，且注重宣扬时尚性，而这一路线明显背离了奢侈品最注重的不过时性和延续性。第五，为在短期内增加销量和提高营业额，奢侈品也难逃开展促销打折活动的命运。这就为原本买不起奢侈品的人群提供了机会，尤其涉及更多的中产阶级人群。奢侈消费的族群从原本的上流社会过渡到了一般消费大众和新兴的富裕族群，甚至在世界范围内迅速成长起一群奢侈品爱好者。他们将全部的金钱和精力投入奢侈品的购买和享乐中，一个商品牵出另一些商品，一次购买之后伴随着后续的多次购买。反正人们永远不会在奢侈消费中感到饱足，而是越购买越增加对奢侈品的"饥饿感"。总之，在当代资本主义时期，资本成功地调动起一大群依靠工资生活的工薪阶层加入消费奢侈品的行列中。第六，二手奢侈品市场蓬勃发展，甚至市场上充斥着大量赝品。特别是随着电商平台的兴起，海外代购等行业异常火爆，而由于市场监管有限，很难分辨奢侈品的真假。根据世界海关组织估计，假货占时尚行业全球贸易总量的10%，这意味着每10件时尚类商品中，就会有1件是假货。

以前，奢侈品和王室联姻，显示了它的奢华尊贵；而今天，奢侈品和明星联姻，最大限度地彰显了它的大众意义。曾经只有少数人才能拥有的奢侈品，曾经专属奢侈品的个性化，如今都烟消云散了。为了规避风险，奢侈品开始越来越迎合大众口味，揭去它那高贵的面纱，走下神坛，成为有钱人唾手可得之物。而一向在价格方面曲高和寡的奢侈品牌，现在偶尔也会开展促销折扣活动，使消费者可以低价享用奢侈品，为那些原本买不起奢侈品的普通人提供了拥有奢侈品的机会。奢侈品变得更加普及，奢侈消费在为资本创造巨大生产力的同时，也将其所蕴含的全新生活理念灌输给普罗大众。在消费物的过程中获得的即时快感使人们得以暂时抛开生活中的琐碎烦恼，沉浸在自我满足之中。人们普遍在消费中收获了幸福，收获了能与资本家一样消费奢侈品的平衡感，从而在心理上认同资本主义的统治。这就使得当代资本主义社会看似运行良好、铁板一块，而其深层次上剥削人、压迫人的本质却被严重遮蔽了。换言之，在奢侈消费的生产和销售各环节无不暗含着资本统治的阴谋，人们对奢侈消费近乎疯狂的追逐背后实际上受到资本主义政治秩序与权力系统的控制。奢侈消费正成为一种意识形态统治策略的全新手段。

以上奢侈品自身发展所经历的三个阶段的梳理，概括起来分别是：古代社会奢侈品的贵族阶级特征，现代奢侈品的商业性特征，以及后现代奢侈品的意识形态特征。在这个过程中奢侈品实现了从寻求永恒到世俗化的转变过程，同时，奢侈也完成了从树立阶级形象到个人形象的蜕变。其中不难发现，生产力的发展和生产方式的变革是影响奢侈品发展的根本性因素。但遗憾的是，随着生产力水平的不断提高，奢侈品的发展却趋于流俗。奢侈在封建等级社会是少数特权阶层的专属物，普通百姓根本无权也没机会消费奢侈品，因此可以说奢侈构成等级制社会关系的符号体系，是有无的差别、质的差别。进入资本主义社会，好像一切坚固的、固定的东西都被打破了，社会关系被资本、金钱重新建构，这时候工人阶级也有机会消费奢侈品，只是在拥有奢侈品的数量上有差别。但其中残酷的现实是这只是无产阶级的消费幻象，拥有一两件奢侈品与真正的奢侈生活还相距甚远，购买力只是一纸购买权力的许可证，也是在事物范畴内成为客体的许可证。在可消费物的同一专制下，被压迫者与压迫者都在走向消亡，只是各自的速度不同而已。① 工人阶级仍然无法迈入资本的核心权力层，仍然是被资本所宰制的阶级。所以说尽管资本主义打破了很多前资本主义社会的禁令，但其统治的权力仍然被保留了下来。

二　前工业社会对奢侈消费的道德批判
（18 世纪前）

从古希腊时期至 18 世纪的政治学领域一直充斥着对奢侈消费在道义上的口诛笔伐，他们普遍认为奢侈消费助长阴柔之气，会毁灭城邦。比如苏格拉底就曾说过："知足是天赋的财富，奢侈是人为的贫穷。"当人们为奢侈生活疲于奔波的时候，真正的幸福生活却渐行渐远。他认为做人要知足，而不应对生活永不满足和抱有贪婪的态度。苏格拉底首先构造了一个满足基本生活条件的素朴城邦，在这一构造尚未完成之时格劳孔打断了苏格拉底的独白，他讥笑这是一个猪的城邦——因为苏格拉底给城邦居民配备的食物在他看来与猪食无异。随着人需求的发展，城邦也在成长，分工进一步深化和细化，一系列新的职业在城邦中产生，如诗人、舞者、乐师、医师、各种各样的工匠，甚至妓女。人的需求发展在缺乏有效自我约束的情况下必然会突破必需而进入享乐和炫耀的阶段，城邦开始由苏格拉底论述的"猪的城邦"进入柏拉图的"奢侈城邦"。柏拉图对城邦成长的前景表现出深深的担忧，因为

① 参见〔法〕鲁尔·瓦纳格姆《日常生活的革命》，张新木、戴秋霞、王也频译，南京大学出版社，2008。

如果任由人们的欲望无限膨胀，毫无限制地自由发展下去，而丝毫不受内心理智或外在法律的控制，那么最终整个社会将同类相煎，变成人吃人的世界。归根结底，柏拉图认为奢侈城邦破坏了公平正义，终将导致人类自食恶果。亚里士多德虽然没有直接论述奢侈的理论，但是他的学说却暗示了对经济生活的贬低以及对人屈从于肉体享乐和无限积累的扭曲或腐败生活的反对。由此，亚里士多德成为此后的哲学家普遍主张"奢侈生活是一种没有价值的生活"这一观念的先师。

柏拉图和亚里士多德生活的年代正是希腊城邦由盛及衰的转折性时期，师徒二人都认为导致希腊败落的原因正是人们的挥霍无度。历览前贤国与家，成由勤俭败由奢，人们一味地沉浸于奢侈生活中，需要有大量的财富做支撑，这就导致整个城邦都充斥着人们对财富的争扰，以致战火连绵，最终城邦毁灭，人们流离失所。以德谟克利特为代表的享乐哲学尽管主张快乐是人们生活追求的主要目的，但他们并非庸俗的享乐主义者，而是反对放纵情欲，对奢侈消费持反对态度，认为身体的健康和精神的宁静才是真正的快乐和幸福。斯多葛学派同样主张禁欲主义，克制人的一切欲望，反对追求快乐，而是一切听从命运的安排。之后的洛克、康德等哲学家也是在道德上谴责奢侈消费，他们坚决反对穷奢极欲的利己主义和享乐主义。但是这种抽象的道德说教根本无法深入对奢侈消费问题的本质分析，更没能在政治上发挥实践效用，对社会现实作出任何有益的改观。

古罗马时期开始有了私人奢侈和公共奢侈的区分。罗马人认为，私人奢侈意味着把财富用于服务私人欲望，是应该遭摈弃的；而公共奢侈则增进了共和国的繁荣，应该加以发扬。对此，西塞罗总结为罗马人民厌恶私人的奢侈，但是崇尚公众的奢华生活。

此外，罗马史学家们还把奢侈看作引起混乱破坏的根源。萨鲁斯特认为，就整个罗马史而言，是一个逐渐从繁荣富强、崇尚美德走向腐化奢侈堕落的过程。后来的罗马史学家也都普遍把奢侈视为导致整个共和国失败的根源。这样的奢侈观点在古典时代之后的中世纪被基督史家继承下来。圣奥古斯丁及以后的神学家显然大部分采纳了古典时代对奢侈的谴责态度。对他们而言，奢侈是对上帝的不忠以及对失落世界的迷爱。毫无疑问，奢侈还是一种罪。但是基督教的禁欲生活与世俗生活是有根本区别的，前者致力于永恒第一因或上帝完满的实现，后者则听凭肉体欲望的需要。这就给奢侈问题打开了一个缺口，乃至以后发展出把奢侈理解为沉迷于追求肉体欲望的古典模式，同时也产生了从全新角度将奢侈去道德化的可能性，为日后18世纪的奢侈大辩论奠定了理论基石。

三　工业社会对奢侈消费褒贬不一 （18～20世纪中叶）

（一）18世纪初，奢侈促进贸易的观点盛行

17世纪末至18世纪初，随着分工化的劳动生产和扩大化的商业往来的发展，奢侈贸易也逐渐频繁起来，并随之刺激了技术、生产、市场策略以及商业金融组织的革新。这就在经济学和社会学领域率先掀起有关奢侈贸易带来积极意义的讨论。巴尔本第一个登场，在《贸易论》中明确反对对奢侈大加谴责的传统片面性理解。他认为，在面对个人有限的财富时，节俭是必要的，但一个国家的财富是永不枯竭的，并不会因为浪费挥霍就有所减少。

奢侈并不完全是造成社会和个人腐败的根源，对此应全面看待，它也能对社会产生有益影响，最重要的就是促进贸易的发展，"挥霍是一种对人有损害而不是对贸易有损害的罪恶"[①]。相比于人们的日常必需品，符合时尚并能满足拥有新颖和稀有物品欲望的精神层次需求更能有效地促进贸易。巴尔本早在他那个时代就颇具眼见卓识地指出，人不应仅仅停留于对吃穿用等基本生活必需品的需求上，更应该享受精神生活的富有，而奢侈华贵正是对人们精神生活的一种满足，这是作为人的独享特权，因为这个世界上除了人以外再没有别的生物需要装饰自己了。与巴尔本生活在同一时代的诺斯随之作出回应，他同样指出："对贸易的主要刺激，或确切地说，对勤劳和才智的刺激，是人们贪得无厌的欲望……假如人们仅仅满足于生活必需品，我们的世界将是一个贫穷的世界。"[②] 他大力提倡贸易的自由发展，并且在与巴尔本著作同名的《贸易论》中写道：禁奢法令对国家财富和贸易的发展是巨大障碍。商业和贸易的流动才是财富的真正源泉，而贸易的发展还有助于激发人们的勤劳和才智。卡里在1695年的著述中也回应了这一观点，说各种时尚会让"所有人都富起来"，因为"时尚给人的发明安上了翅膀"，所以增加货币流通和贸易是十分必要的。

接下来，梅隆在《商业政论》一书中维护了奢侈概念的相对性，驳斥了奢侈导致军力虚弱的批评。他明确肯定了奢侈祛除懒惰，创造就业，并因此让国家强盛的价值，其中最后一个方面尤其重要。他把奢侈定义为"一种异常的奢华"，可以给政府带来财富和安全，奢侈其实是任何管理有方的社会的必然结果。至此，

① 〔英〕巴尔本：《贸易论》，刘漠云、陈国雄译，商务印书馆，1982，第74页。
② 〔英〕诺斯：《贸易论》，吴衡康译，商务印书馆，1982，第112页。

有关奢侈去道德化的运动就展开了，而这一立论能否持久仍面临根本性挑战。一方仍是传统主张，以李维和马基雅维利等人为代表，认为奢侈具有腐化作用，会破坏民族国力；另一方则认为，奢侈不再是罪恶，而是冒险、自由花费，它可以促进国民财富的增长，提高所有阶层的生活水平。这一挑战由下一代的曼德维尔继续下去，并在休谟和斯密这一代开花结果。

（二）奢侈和节俭大讨论

18 世纪后期，随着世界贸易的发展，一些学者开始从经济学角度阐发奢侈消费问题，代表为曼德维尔、休谟、斯密等人。他们发现奢侈消费具有强大的促进贸易发展的力量，各国贵族阶层为获取其他国家的珍贵奢侈品不惜花费高昂价钱，这就使奢侈消费有利可图，于是各国的贸易往来更加倾向于奢侈品。即使一些在今天看来并不是奢侈品的东西，如糖、八角等各种香料在当时的欧洲国家要通过远洋运输的方式从其他殖民地运输过来，因此而成为奢侈品。至于基本的生活必需品，各国内部比较容易实现自足，因此，并不是当时贸易的重点。可以说，那时各国的贸易往来主要是围绕奢侈品展开的，这不仅为各国人民创造了就业机会，而且为国家积累了大量财富，就此而言，奢侈消费具有积极意义。这一观点随着曼德维尔撰写的《蜜蜂的寓言》一书的问世而达到巅峰，曼德维尔完全摆脱道德束缚来理解人类对经济利益的追求，他认为穷人们获得的工作机会完全得益于富豪们的奢侈，也正因奢侈消费才有力地促进了较大规模工业和贸易的产生。他把奢侈同社会福祉联系起来，主张人类是靠欲望和情欲刺激的（尤其是让自己富有），所以国家繁荣的秘密就存在于公民的私人利益中。追求私人享乐的"挥霍是一种高贵罪孽；而奢侈亦在支配着上百万穷苦之士……那恶德虽说是格外荒唐万分,却在推动着贸易的车轮前进"①。针对"奢侈生活——高人一等的生活方式的欲望是毁灭的根源"的观点,他反驳道,任何这类毁灭都是愚蠢而不是奢侈的结果,因为任何无法量入为出的人都是傻瓜。与此相对应,一个人在其收入范围内可以任意挥霍,一个国家只要保证出口与进口平衡,就可以随意进口外国物品,而导致国家衰亡的主要祸根应归咎于统治者的治理不善。无论是对个人还是对国家而言,曼德维尔对"奢侈"具有固定缺陷的反驳,都具有重要意义。在同时代的人看来,他所完成的是把"奢侈"从一个神学概念转变成一个政治/哲学概念。这一观点为之后的休谟和斯密所发展。不过,这里还需要补充的是,曼德维尔之后,孟德斯鸠在《波斯人的信札》中提出如果一个国家没有享乐和幻想,就会变成世界上最为痛苦的地方。在《论法的精神》中他指出:"奢侈绝对有必要。"1739年,伏尔泰在《对世俗的维护或为奢侈申辩》中同样写出了"奢华之物必不可少"这样的名句。

总之,整个社会的繁荣完全依赖于人们的奢侈挥霍行为,而一旦减少奢侈,社会就会变得萧条,不仅劳工大众无处求生,而且一切艺术等高雅的东西也都陷于死寂。休谟基于享乐哲学的思考,认为给人带来感官享乐的奢侈是应该被接受的,换言之,他讲究生活的品味和艺术化。同时他也给奢侈限定了一个道德前提:不以损害美德如自由或仁爱为代价。正如其著作的名字《论技艺的提高》一样,休谟认为产业和艺术的日渐昌盛为人们享受奢侈提供了可能,他也极为主张人们在适度原则的前提下购买奢侈品。

---

① 〔荷〕伯纳德·曼德维尔:《蜜蜂的寓言:私人的恶德,公众的利益》,肖聿译,中国社会科学出版社,2002,第18页。

这样不仅能激发生活的活力，提高人的幸福感，而且由此带动社会生活的方方面面向前发展，从而使人类社会进入繁荣昌盛的奢华时代。斯密观点中所包含的是他意识到既然奢侈品以及对奢侈品的欲望可以激发人们内在的情感，并能自然自发地鞭策人们去勤勉劳作，那么"奢侈"就与"富强"联系在一起了。一言以蔽之，奢侈消费具有振兴一国实业的作用，所以，他认为强国的现代奢侈品模式是顺应人性的，是文明的，而古代斯巴达的节俭模式则是残暴的、拂逆人性的、野蛮的。与此同时，卡莫斯也很值得一提，因为他似乎既是最早主张用不同的生存形态对社会变化进行分类的人，又是对奢侈的罪恶进行坚定不移的揭露和谴责之人。卡莫斯以其中一整篇概要的篇幅论述了"奢侈的进步和影响"，但整本书都贯穿了对这一题目的道德讨伐基调。总而言之，他对历史方法的提倡，对奢侈的评价毫无疑问地属于道德家的思想形态。至此，古典美德观和基督教救赎观慢慢走向衰败，因为这两者都表现出对物质享乐的不耻或怀疑。

关于奢侈的这场辩论持续了一整个世纪，最终很难说到底是哪一方取得了胜利。但是主张奢侈去道德化，并且肯定它在经济贸易领域的积极意义，这一点无疑开辟了理解奢侈的全新途径。同时也证明了对奢侈的态度是由历史书写的，会随时代变迁而发生改变，这一点意义重大。进入19世纪，马克思就成为一位不可不提的思想家，在他庞大的消费逻辑体系下蕴含着对奢侈消费问题的一些分析。由于马克思立足于解决工人阶级的贫困问题，所以，他对奢侈消费持鲜明的批判态度，认为通过奢侈享乐根本无法有效地解决问题。韦伯则主张禁欲节俭，并且认为禁欲主义是资本主义起源的精神实质所在，同时也是资本主义发展的动力源泉。"对财富的无限制的贪欲，根本就不等同于资本主义，更不等同于资本主义的精神。毋宁说，资本主义更多地是对这种非理性欲望的一种抑制，或至少是一种理性的缓解。"① 新教伦理中就包含了禁欲主义的逻辑规约，旨在使信徒的行为规范化，过一种睿智的生活，而不是随心所欲，无限放纵自己，沉湎于享乐、挥霍、浪费的生活。此外，资本主义以资本赢利为目的，不断追求利润最大化，同样需要以禁欲的方式积累财富。通过这种天职观念和禁欲主义，韦伯认为资本主义把限制人们消费的行为和谋取利益的行为结合起来，不断促进财富的增长。由此，韦伯为传统的节俭、禁欲与社会发展的思想找到了合理、完满的注脚。

（三）奢侈消费成为建立社会认同的重要途径

社会转型伴随急剧的社会流动，人们的社会身份与阶层地位也随之发生急剧变动。这种变动带来了人们对身份认同的困惑和对社会认同的焦虑。在这一过程中，消费的社会交往功能日益凸显。消费是通往社会认同最直接的方式，作为最具符号价值与象征意义的奢侈品，成为新的地位获得与身份认同的媒介。

进入 20 世纪，资本主义时期的奢侈消费在机器化大工业生产模式和市场经济的共同作用下呈现出比以往任何时候都要繁荣的景象。因此，桑巴特在《奢侈与资本主义》中直接把奢侈消费看作催生资本主义的决定性因素。他的论证逻辑如下：资本主义追求高度利润化，而企业只有在高于最低限度销售额的情况下才能获利，企业的销售额又取决于商品周转速度和每次周转的交换价值；商品每次周转的交换价值则取决于单位商品的交换价值和销

---

① 〔德〕马克斯·韦伯：《新教伦理与资本主义精神》，赵勇译，陕西人民出版社，2009，第 4 页。

售量；单位商品交换价值又是由商品的集成化和精细化程度所决定的；因此，只有奢侈品具备较高的单位价值，也只有奢侈品的生产和交换才能最大限度地扩大市场。换言之，奢侈消费是财富迅速增长的最佳捷径，更适合于资本主义不断获利的组织结构，从而为资本主义的产生奠定基础。具体而言，"奢侈的发展"在作者眼中主要是基于两个维度上的变化：第一，财富的积累和资本运作模式的变化，即从封建社会农业生产到资本社会金融运作的变化；第二个维度是空间上的扩张，即从宫廷向模仿者——新贵族和新兴的资本家集体——再向家庭和城市生活的方方面面的扩张。

　　奢侈的发展与资本主义经济体系的发展这两者之间的关系是辩证的、交错的，在贸易、农业、工业、殖民地、欧洲这些各个维度的各个方面，资本主义和奢侈都是紧密关联、相辅相成的，是奢侈促进了资本主义，也是资本主义给了奢侈活跃的空间。最终，桑巴特得出"奢侈创生资本主义"的结论，他同时还认为奢侈消费来自宫廷女性，照此推论，必然得出"女性创造了资本主义"的结论，这就有些荒谬了。从中还不难发现，他明显对历史进行了重构，而这种重构在多大意义上是历史本身让人怀疑。这也是桑巴特的理论在之后招致骂名的原因所在。他所论证的资本主义早期阶段尚还受到生产力发展水平、生产模式和人们消费水平等多方面因素的限制，那一时期的奢侈消费绝没有泛滥到今天的程度。他最终的结论是一种过于理想化的理解，并不符合当时社会的实际情况。在那一阶段基本生活必需品才是人们的普遍要求，只有少部分的贵族才能享用奢侈品。奢侈消费确实可能在资本主义的早期发展阶段起到了一定的促进作用，但这种作用只是偶然的一小部分间接因素，绝不能说成是直接的主导诱因。真正促使早期资本主义形成的原因应该是多方面复杂因素共同作用的结果，其中处于支配地位的还是生产力和生产关系之间的矛盾。

基于社会学和心理学视角的研究认为，奢侈消费具有身份转换的作用，消费奢侈品成为人们获得既得体又合法社会地位的有效途径，也就是说奢侈消费是富人的决定性标帜。凡勃伦在其代表作《有闲阶级论》中提出"炫耀性消费"和"代理消费"的概念；里斯曼《孤独的人群》，布尔迪厄的《区分：判断力的社会批判》都是这方面的代表。凡勃伦考察了18世纪以后人们对奢侈品的消费，他发现奢侈成为富人炫耀的资本，因为奢侈品所具有的优质、美丽和稀少等特质决定了人们想要拥有这类物品，就必须花费大量金钱，而这是穷人无论如何都无法支付得起的，所以能消费得起奢侈品就意味着对社会财富的大量占有，也就意味着高人一等。凡勃伦继而论述道：奢侈品并非简单的实用物品，而是与社会地位相联系，并体现主人的声望和荣誉，即使妇女、仆从的消费也要与主人的身份相符合，过于节俭会被视为丢主人的脸。"为了有效提升消费者的好名声，必须进行奢侈品的支出。为了博取声誉，就必须挥霍。"① 新富阶层通过对物品的超出实用和生产所必需的浪费性、奢侈性和铺张性消费，以这种夸富式的消费方式向他人炫耀和展示自己的金钱势力，以博得社会的羡慕，从而提升社会地位与声望，获得社会性的自尊与满足。与此同时，在斗富的"炫耀性消费"过程中，金钱成为新富阶层显示自己经济力量的工具，他们不仅自己进行炫耀性消费，同时，也通过"代理消费"的方式，让侍从、家庭主妇和子女进行炫耀性消费。而且，他们不仅消费财物，也消费闲暇——这是那些每天为生计奔

---

① 〔美〕凡勃伦：《有闲阶级论》，李华夏译，中央编译出版社，2012，第76页。

波的普通百姓所没办法做到的，从而将自己与普通老百姓区分开来。因此，在凡勃伦看来，新富阶层的"炫耀性消费"是进行社会区隔的重要手段。

凡勃伦还专门论述了有闲阶级是如何把服装作为金钱、文化的表达。在他看来，人们在服装上的花费，考虑更多的是如何使自己的外表更可敬，而不是遮体。服装是显示人的财富、闲暇和地位的媒介。"要展现出某人在财力上的排行，借用别的方法也能有效达到目的，而且这些别的方法也一直无时无地不在流行着，但花在服装上的支出却比大多数别的方法更具以下优势：我们穿的服饰是随时让人观赏的，并且足以让所有旁观者在看了第一眼后就了解我们的财力排行。"①

"时尚"消费论是德国社会学家席美尔在其所著的《时尚的哲学》一书提出的。席美尔认为，时尚是一种社会再生产的区分机制，通过分化与同化的双重作用实现社会区分的功能。在时尚的舞台上展示的是社会各个阶层、群体以及社会空间分化与整合的社会逻辑，即消费的社会本质。时尚一方面"使既定的圈子和其他的社会圈子相互分离"，另一方面"使一个既定的社会圈子更加紧密——显示了既是原因又是结果的紧密联系"。时尚一方面意味着相同阶层的联合，意味着一个以时尚为特征的社会圈子的共同性；但另一方面，在这样的行为中，不同阶层、群体之间的界限不断地被突破。席美尔在论及时尚时提到了两对矛盾的辩证统一：第一对是自由与限制的矛盾，第二对是主动与被动的矛盾。所谓时尚的自由是指时尚张扬个性的一面，而限制是指个体在追求时尚、张扬个性的同时，不能无视社会的种种限制，消费者似乎总

①　〔美〕凡勃伦：《有闲阶级论》，李华夏译，中央编译出版社，2012，第125页。

是在自由与限制之间寻求某种平衡，这种矛盾也真实地反映出消费者的社会处境。

席美尔认为，在 19 世纪的西方社会，时尚变化的脚步加快，这一方面是社会流动加快的结果，另一方面则是由于第三等级（资产阶级）在社会中占据了支配地位。资产阶级和城市人口是变动不居的群体，时尚正缓解了他们的不安全感和迎合了他们极力想要变动的心理。消费时尚使消费者获得了一种"群体成员感"，使消费者认为自己具有进入"时髦社会圈"的资格，从而摆脱"落伍""不合拍""乡巴佬"等社会污名的恐惧。因此，时尚消费是对时尚符号所代表的"群体成员感"的消费，使消费者得以得到某个社会圈子的接纳而不被拒绝，表达了消费者渴望被目标群体接纳、与社会的目标形象要求同步的情感与需求，即消费者的社会认同与自我认同。

有两种情形可以使人摆脱所谓的"时尚"：一是保守主义者，一是文化自信心。那些充满自信的群体是不屑用时尚来表现自己的"社会合拍性"的；反过来说，越是没有文化自信心的人，越要与时尚保持同步，以获得自信、安慰和力量。从社会分层的角度来说，上层阶级因为其雄厚的经济实力，往往是时尚的创造者和引导者，下层阶级因为受经济条件的约束，往往不具备追逐时尚的条件；而中产阶级渴望加入上层阶级，因而上层阶级就成为他们的消费参照群体，他们也就成为时尚最积极的追求者。有观点认为，时尚是中产阶级自我展现的社会舞台，在时尚的潮流中，中产阶级找到了自我，他们成为推动时尚发展的当之无愧的主力军。也正因如此，中产阶级在客观上推动了时尚的进程及其变化。

美国社会学家大卫·里斯曼的《孤独的人群》向我们展示了三种不同类型的消费方式。在里斯曼看来，在社会发展的不同阶段会出现不同的社会性格和行为方式，他将其概括为传统引导型、内在引导型和他人引导型，与之相对应又会形成三种消费方式。"传统引导型"性格的人其行为易受其种族和社会等级的影响，顺承传统行为模式。"内在引导型"性格的人其个体导向的直接来源是内在的，即其行为方式是在早期生活中由长者灌输的，长者引导孩子走向一条普遍的却无从逃避的既定人生之路。"他人引导型"概念意味着过分重视其他人（或大众传媒代理人），这一类型的人在进行行动选择时十分注重个人的群体顺承性，并以流行文化和同侪团体倾向作为指导个人消费行为的主要途径，这种关注他人举止的过程会终其一生。"他人引导型的人的全部精力都投入不断扩大的消费前沿，正如内部引导的人把大量精力都投入于生产一样。"[①] 由于害怕受到同侪团体的嘲笑而不敢太吝啬，起码要把消费控制在一定的水平上，以符合同一团体共同的消费状况。里斯曼进而指出：从消费的角度来看，"旧的"中产阶级银行家、小企业家、技术工程师等的典型性格是内在引导型；"新的"中产阶级（包括官僚、商人、有薪职员等）的典型性格是他人引导型。伴随着消费社会的来临和社会变迁所引发的消费革命，人们的这种他人引导型特征会更加明显。同时，里斯曼还发现，随着社会经济的高速发展，人们的社会性格正逐渐由传统引导型和内部引导型逐步走向他人引导型。

　　布尔迪厄也持同样观点，他认为贵族生来就具有贵族的血统，所接受的教育和文化熏陶是贫民模仿不来的。一个人可以掩盖自己的历史，改变自己的身份，但走路的姿态、说话的口音、喝汤的样子却将他的社会出身和社会轨迹暴露无遗，"简言之，身体是

[①] 〔美〕里斯曼：《孤独的人群》，王崑等译，南京大学出版社，2002，第78页。

一个人阶级品味的物化特征：阶级品味嵌入在身体上"①。此外，社会上层阶级喜欢听歌剧，讲究着装仪态的优雅，而下层阶级忙于满足自己的日常需要，没有余裕，也缺乏必要的准备来鉴赏那些形式精妙的艺术品。这本身是既有社会阶层从思想到行动的一种内化，一个人处于什么样的社会阶层就会有相应的与之相匹配的消费活动，因此奢侈花费就将贵族与平民阶层有效地区分开了。在《区分：判断力的社会批判》一书中，布尔迪厄指出，人们的社会地位不仅仅是由经济地位决定的，还由其文化资本所决定。文化资本是人们的受教育程度和文化艺术的修养水平，那些仅有经济资本而没有文化资本的人，仍然给人以粗俗、没教养和暴发户的感觉。根据经济资本和文化资本的拥有情况，布尔迪厄区分了四种社会群体：高经济资本和高文化资本，高经济资本和低文化资本，低经济资本和高文化资本，低经济资本和低文化资本。②这四种不同群体存在于四个不同的社会空间，即四个场域。在每个场域中所习得的惯习又不同。惯习是由一系列历史关系积淀而成的各种知觉、评判和行为的图示，是一种与特定位置相适应的性情倾向。这种性情倾向在实践中获得，不断被社会结构形塑而成，并不断处在结构的生成过程之中。这种惯习通过消费活动和文化事件而体现为品味和生活风格。因此，消费是一种表现性实践，即表现人的独特的阶级品味和生活风格的实践。

在布尔迪厄看来，消费不仅仅是一种物质生活实践，也是文化生活实践。这种社会行为，首先具有区隔和标识的功能，是一

---

① 〔英〕迈克·费瑟斯通：《消费文化与后现代主义》，刘精明译，译林出版社，2000，第 132 页。

② 参见〔法〕皮埃尔·布尔迪厄《区分：判断力的社会批判》（上下册），刘晖译，商务印书馆，2015。

种阶级区隔的方式，不同地位的阶级群体通过在其独特的消费行为基础上形成的消费模式相区分开来。基于相异的惯习，不同的阶级群体在消费过程中形成不同的文化欣赏品味，从而达成本群体的社会认同，以与其他品味不合的外群体相区隔。

以上这些学者主要是从消费逻辑的视角来强调在现代社会中消费占统治地位的情况下，人们的阶级差别是严格根据个人的经济和社会条件反映出来的，换言之，人们的消费物与其所属的等级地位是相匹配的。但这种由市场制造出来的消费逻辑差别完全是功能主义的，它的虚假性通过人们的收入差别充分暴露出来。这一观点在某种意义上拓宽、丰富了消费资本主义条件下，新的社会等级观，以至被后现代理论家与意识形态、符号、文化等方面相结合，并做了进一步发挥。

四　后工业社会对奢侈消费的高度推崇
（20 世纪中叶以来）

后工业社会（post - industrial society）这一概念是由丹尼尔·贝尔率先提出来的，用于指涉二战后西方资本主义经济进入长期迅速发展的历史时期，特别是从 20 世纪 60 年代以来，资本主义生产方式呈现出前所未有的新状况。贝尔的这一分期方法受到西方学界的广泛认同，尤其是弗雷德里克·詹明信，他充分保留了贝尔对资本主义的分期框架，并进而提出后工业社会的主导因素是后现代文化。[①] 但在深入分析后工业社会时期的某些具体方面时，

---

① 参见〔美〕詹明信著，张旭东编《晚期资本主义的文化逻辑：詹明信批评理论文选》，陈清侨等译，生活·读书·新知三联书店，1997。

学者们又往往以"晚期资本主义"（曼德尔）、"知识社会"（彼得·德鲁克）、"跨国资本主义"（詹明信）、"网络社会"（曼纽尔·卡斯特）等名称来予以概括。无论其具体的名称是什么，这一时期的主要特征大体可概括为两个方面。

第一，直接生产过程"退隐"，再生产总过程"显露"。阿尔文·托夫勒提出"产消者"（prosumer）[1] 这一新的概念，意指人们在消费时，同时参与着生产（为资本主义创造利润）过程。我们每一个人的生活都被裹挟于资本主义的营利过程里，私人领域已然完全为资本主义所俘获。贝尔更主要的是从直接生产过程的"源头"来予以分析。他认为当代资本主义社会的知识型劳动已经成为剩余价值的主要来源，劳动力创造剩余价值之前需要经历一个知识获取的阶段。知识的获取不仅为劳动者提供必要的劳动技能，而且为其提供了相应的政治地位。[2] 比起托夫勒，贝尔把资本主义再生产的内容拓展到人的一生。从呱呱坠地开始，从孩提学语发端，人一生的命运就是被培养成为资本主义创造剩余价值的合格劳动力。知识分子难以价值中立地担当起批判使命，知识本身就是劳动者所属的社会阶层的象征。

第二，资本周转速度呈指数性增长，资本帝国"向死而生"。《共产党宣言》曾提到资本主义强大的革新力量，即对封建社会和宗教意识形态的瓦解，而后工业时期的批判者则把资本主义理解为具有内在反思能力和自我革新能力的强大主体。不仅瓦解前资本主义的旧传统，而且瓦解它自身创造的新传统。正如奈格里和哈特所言，资本主义帝国可以说是败落的，或者说是崩解的，但

---

① 参见〔美〕托夫勒《财富的革命》，吴文忠译，中信出版社，2006。

② 〔美〕丹尼尔·贝尔：《后工业社会的来临》，高铦等译，新华出版社，1997，第48页。

是它又依靠这种崩解来维持生命。[①] 哈维具体地分析了资本主义自我毁灭的经济逻辑，它瓦解新的传统，是为了把旧有的固定资本重新转化为可投资的流动资本，从而寻找利润更为广阔的新行业和新领域。这一任务是双重的，资本既要加速实现旧的固定资本的价值，又要加速寻找或创造新的利润空间，可是新的利润空间离不开新的固定资本（基础设施、生产设备等）的投入。[②] 如此一来，资本就青睐于鲍曼所谓的由"轻快"的固定资本所构成的世界，数字化形式构成其理想模型。"软件世界的无实体的、虚幻的瞬时时间，也是一个不连贯的、不合逻辑的时间。'瞬时'意味着直接的、立即的'当场'实现和完成——但是它的重要性也是在直接的、立即的枯竭和衰减。"[③] 这其实是说，晚期资本主义理想的固定资本，是建立在非实体的符号之上的，它所要竭力投资以获利的新领域，也是不占据实体空间的虚拟场所。毕竟推倒一座飞机场重建一座商业大厦，比起删除几行代码重建一座新网站，后者的轻快性和便捷性总是更容易得到资本的垂青。资本的加速主义将后工业社会带入一个数码时代，或者说一个符号政治经济学的时代。

这一时期的重要代表人物巴特、德波、巴塔耶、鲍德里亚等从社会运行的整体角度出发看待纷繁复杂的奢侈消费景观。他们认为奢侈消费是当代资本主义通过文化、符号、媒介等的炒作，是实现对人的意识形态控制的一种策略。其中尤以鲍德里亚的理

① 〔美〕哈特、〔意〕奈格里：《帝国——全球化的政治秩序》，杨建国等译，江苏人民出版社，2003，第202页。

② 〔美〕戴维·哈维：《资本社会的17个矛盾》，许瑞宋译，中信出版社，2016，第77页。

③ 〔英〕鲍曼：《流动的现代性》，欧阳景根译，上海三联书店，2002，第186页。

论最具代表性，他认为当代资本主义的奢侈消费成为象征成功人士或有钱人的符号，通过消费奢侈品体现出人们迫切凸显等级的欲望。不同于以往人们对奢侈品的购买，今天，吸引人们去消费的不再是奢侈品本身的功用性，消费过程中再三权衡的也不再是奢侈品的实际用途，而是某种被制造出来的象征性符码意义。这一意义是借由广告、媒体、网络等多种现代化途径广泛传播开来的，给人制造了一种感觉、一种意象，让人们认为奢侈品就是高贵的象征，是将拥有者与其他人区别开来的独特符号，以最大限度地激起人们对物化社会的神话想象，蜂拥购买奢侈品。

"消费社会"是一个物质极大丰富的社会，无休止的消费使人们不堪其苦，消费的重要性前所未有地表现出来。在鲍德里亚所描述的"消费社会"中，在其光鲜亮丽的外表之下潜藏着的是巨大的社会隐忧——"人类社会重新进入到了那种贪恋不舍的预言性话语之中，陷入了物品及其表面富裕的陷阱之中。在其背后滋长着人际关系的空虚、滋长着物化社会生产力的巨大流通的空洞轮廓"①。在一个不是人人都能购买得起奢侈品的年代却偏偏要勾引每一个人都去消费奢侈品，这恰恰又给人们带来了另外一种痛苦。换言之，"丰裕"是进入奢侈消费社会必须具备的首要条件，问题最终回到当代资本主义究竟是不是真正的"丰裕社会"上来。

"丰裕社会"是美国学者加尔布雷思最先提出来的。他意识到工业科技水平的高度发达对人们惯常生活方式的巨大改变，市场上充斥着大量消费性商品，而广告对各种五花八门的新产品的大肆宣传又不断地冲击着人们的感官和视觉，激发人们强烈的消费

---

① 〔法〕鲍德里亚：《消费社会》，刘成富等译，南京大学出版社，2008，第30页。

欲望，同时引导着人们的消费方式和消费习惯。奢侈消费已经进入到日常生活的各个领域，就像以往人们对一般商品的需求一样，现如今，奢侈品也成了大多数人轻易就可以拥有的囊中物。曾经只有真正的贵族妇人才能佩戴得起的钻石，现在明星也都戴得起；曾经只有富人的女儿才能穿得起的华丽服饰，现在工薪阶层的女儿也可以穿……无疑，20世纪上半叶的美国从私人用品的角度看是富裕的，但加尔布雷思指出：与此形成鲜明对比的却是公共事业的贫困，看似物质丰裕的社会背后实则隐藏着一系列的贫困问题。对此，他有过一段精辟的论述："全家开着内饰桃木、装有空调、使用动力转向和具有机动刹车功能的汽车出游，穿过路面不平、垃圾横飞、房屋破败、广告牌东拉西扯、电线横七竖八架在空中的城市，到达充斥商业艺术的乡村。他们拿出便携式冰箱里包装精美的食物在被污染的河边野餐，然后在不符合公共卫生和道德的停车场里过夜。他们置身于腐烂垃圾的恶臭中，躺在尼龙帐篷下的充气床上，睡前可能会反思自己的幸福有如此反差。"①

　　不仅如此，加尔布雷思又从现代经济的全新系统出发，指出现代经济是由大型企业操纵的。不再是消费者的需求和偏好决定生产什么，而是由生产自身创造出消费者各式各样的需求，"据我所知，在现实世界中，生产过程与创造需求的生产方式紧密结合在一起，并受到时尚、社会期望和简单的模仿所推动。别人做什么或者拥有什么，自己就应该做什么或者拥有什么。产品供应者的广告和推销是消费需求最重要、最明显的来源。这些人先是制

---

　　① 〔美〕约翰·肯尼思·加尔布雷思：《富裕社会》，赵勇、周定瑛、舒小昀译，江苏人民出版社，2009，第181~182页。

造商品，然后创造市场"①。奢侈消费的确打破了传统森严的等级界限，现在每一个人都有权去追求、去梦想购买奢侈品，但真正的事实却是：并不是人人都能买得起奢侈品。所以，只要不是社会的每一个成员都能承担得起购买奢侈品的高昂费用，只要不是奢侈品完全取代普通商品而成为人们每日的必需品，那就不是真正的"丰裕社会"。今天的丰裕盛况实为资本家大势鼓吹的结果，因为资本主义社会就允诺整个经济发展的目标是给人类提供更加舒适的物质生活，相对平均的财富分配以及持久的和平。但资本主义时期把一切都转化为商品形式，最终导致这一目标无法通过市场逻辑获得实现的时候，它就又通过意识形态的方式制造了丰盛社会的景观，让人们沉迷于奢侈消费的享乐之中。然而资产阶级通过剥削工人阶级的劳动获取剩余价值，因而能够实现奢侈消费，但作为被剥削对象的工人阶级也要去消费奢侈品，进而支撑起整个资本主义社会获利系统的良好运行，这就不现实了，实际上在这个过程中工人阶级遭受了二次剥削。

其实，早在 20 世纪初期，作为西方马克思主义创始人之一的卢卡奇就深刻指认了工人阶级的这种物化现象。他认为工人阶级的物化是发生在自动化水平较高的机器大工业生产时期。这一时期，人在劳动中的角色发生了巨大转换，工人只需在流水线作业链条上重复着同一个动作，发挥辅助、监管作用即可，相比于机器而言，工人的劳动变得可有可无。总之，工人的直接劳动不再像之前的手工作坊时期那样成为生产的决定性条件。以往的手工作坊式生产要求工人具备娴熟的技能和自觉的创造性意识，因此

① 〔美〕约翰·肯尼思·加尔布雷思：《富裕社会》，赵勇、周定瑛、舒小昀译，江苏人民出版社，2009，第 2 页。

工人在劳动中能够充分体现出自身的劳动性质和特点。但现在，机器高度发达的自动化将人本身的个体创造性完全抹杀了，人在不自觉中成为和机器一样的按指令工作的"机器人"。并且受资本主义体制的控制，工人被迫压抑人的个性与自由，"不断变革的现代生产技术——在它起作用的任何一个个别阶段上——作为固定的和完善的系统同个别生产者相对立"[①]。人失去了成为人的特性，就企图通过消费来寻找迷失的自我，然而，生活在被物包围，被控制的社会里，人终究无法挣脱出来，反而在充斥着琳琅满目商品的世界里进一步迷失自我。对物的追求丧失了工人阶级的革命热情，作为工人阶级主体力量的无产阶级沦为无意识状态，在不断消费的过程中不知不觉地成为资本家的共谋，维护了资产阶级的统治地位和现存状态的永恒化。卢卡奇的物化理论意在恢复无产阶级的阶级意识，虽然有些悲观，却也反映了人们处在消费社会中异化的生存状态。

　　以上从加尔布雷思关于"丰裕社会"的探讨和卢卡奇对技术统治下人的奴役问题这两个方面的论述，我们就可以看出今天的人们面临着更加难以解决的困难，当代资本主义距离真正的"丰裕社会"还很遥远。为了追求奢侈消费，人们身心俱疲，"收入、购买奢侈品和超工作量形成了疯狂的恶性循环"[②]。我们的这个社会生产的越多，越表现为丰盛社会，就会越与平衡人类生产和人类目的性的实际丰盛相疏离。确切地说，今天体现出的昌盛在人们没有察觉的深处掩盖了更为可怕的瑕疵、危害以及罪恶，它所

[①] 〔法〕卢卡奇：《历史与阶级意识》，杜章智等译，商务印书馆，2004，第165页。

[②] 〔法〕鲍德里亚：《消费社会》，刘成富、全志刚译，南京大学出版社，2014，第53页。

隐藏的正是资产阶级的意识形态统治策略。因此,当代奢侈消费就体现出了独属这个时代的一些基本特征。

从语言学角度分析,奢侈品在以往更加注重"品",既可以被理解为品质,也可以被理解为物品,但进入现代时期,奢侈品则主要注重"奢侈"。可以说,"奢侈"本身就成了人们重要的购买价值。对此,有必要在上文中已经论述过的几点基础上做一补充。首先,消费者是被迫购买或者是追风消费。奢侈消费不再像以往一样是真正的贵族才消费的东西,而是受到资本逻辑的支配,在蛊惑之下发生的购买行为。人们购买了奢侈品并不会感到真正的幸福,而是会越发觉得生活空虚。其次,对奢侈品的需求不再是对具体物的需求,而是对它承载的符号意义的需求。这也就可以解释为什么尽管有些奢侈品很丑且很快就会被淘汰,但依然有人愿意买;拥有一件还不够,同类奢侈品拥有越多越好等问题。[①] 再次,奢侈消费的地点是日常生活领域,而原本在日常生活中必须消费的普通商品正在被奢侈品所取代,导致"日常消费品的社会地位愈来愈低"[②]。奢侈品正从宫堂圣殿遍及千家万户。而如果说宫廷生活代表了奢侈消费的盛况,那在资本主义的不断发展过程中,普罗大众对奢侈品的追逐一方面推动了商业社会的形成,但另一方面商业社会的结果恰恰是奢侈品降为大众消费品。实际上就某种程度而言,就是海德格尔所说的,在整个现代性成长过程中,奢侈品在大众平庸化这样一个最基本的趋势中是反资本主义

---

① 关于这一结论可以参考张筱薏《消费背后的隐匿力量:消费文化研究》,知识产权出版社,2009。书中将现代消费的发展走向呈现出的基本特征概括为三个方面,分别是从侧重使用价值的消费走向对符号和象征意义的消费,消费的受操控特征越来越明显,消费模式日益成为社会区隔与认同的基础。
② 〔法〕鲍德里亚:《消费社会》,刘成富、全志刚译,南京大学出版社,2014,第42页。

的。而这只是现象之一，它更是大众试图走出资本主义平庸状态抓住的一根救命稻草；在某种意义上来说，它又是资本生产得以维系的现代生产和消费机制，这是一个极深刻的资本主义颠倒过程。换言之，奢侈消费问题本身就是一个辩证的过程，至少大多数人都认可奢侈品，但它恰恰是要去对抗现代消费社会所导致的与大众生产相伴随的平庸化，这个机制又被资本生产巧妙地运用于克服自身利润率倾向于下降的规律，也就是说克服自己在大众生产过程中所导致的生产结果这样一个内在机制之一。由此，资本主义社会的奢侈消费就是一个矛盾的存在。

通过以上分析，我们能够意识到："奢侈品有它自己的历史，它经过了各个不同的发展阶段。"[①] 在整个以消费为代表的社会生活过程中，奢侈品的地位、性质和意义经过了以上三种主流形态的变化，这正是由社会生产过程自身的发展所导致的。同样我们还会发现奢侈消费问题只是整个西方哲学发展史的冰山一角，它始终处于哲学研究的边缘地带，而非主要被关注的对象。这一点在我国尤甚。千百年来，我国一直受中华民族勤俭节约这一传统美德的深刻影响，这就导致奢侈始终被当作与之水火不相容的铺张浪费行为被对待。这种极端的态度严重干扰了国内学者对奢侈消费的深层理论认知。在很长一段时间以来因为无法突破这一观念的限制，并未从全球范围的视角对奢侈品进行历史性研究，最终造成学术界对奢侈消费的研究始终局限于一种形态上，坚决加以批判、否定。这对于奢侈品发展势头异常凶猛的今日中国而言，未免角度不够辩证，也不够多样化。理论研究的滞后会带来难以

---

① 此处模仿了马克思在《哲学的贫困》中的语气，"交换有它自己的历史。它经过各个不同的阶段"。参见《马克思恩格斯全集》第 4 卷，人民出版社，1958，第 79 页。

预想的严重后果，所以从哲学层面对奢侈消费的批判性分析迫在眉睫，否则奢侈品在我国的进一步发展将更加扭曲。此部分的写作权当抛砖引玉，希望接下来有更多学者踏足这片还未深耕过的土地，并作出有探索性的研究。具体而言，本书主张：（1）在今天，奢侈消费理应成为马克思主义哲学研究中新的生长点所在，深入挖掘这一长期以来被忽视的重要思想资源尤为必要；（2）不仅仅将奢侈局限于经济问题的考量，而是将其作为现代社会核心的政治问题，从整体角度、历史角度对奢侈消费问题展开研究，并将其纳入资本寻求无限扩张的过程中加以审视，从而发掘它在当代的意识形态性。

第二章　经典马克思主义如何
面对奢侈消费

　　正如马克思所言，"资本主义生产方式占统治地位的社会的财富表现为'庞大的商品堆积'"①，20世纪六七十年代法国左派社会批判理论界曾把这个社会称为消费品堆聚或景观世界，而当代社会日常生活已然演变为一个庞大的奢侈品堆积物的世界。我们是在何种意义上指认当代资本主义社会已经完成了由一般意义上的商品世界或消费品世界向奢侈品世界的过渡？经典马克思主义如何看待这样一个从商品到消费品又到奢侈品逐步升级的过程？这似乎并无现成的答案可寻，但马克思还是给我们提供了一个历史与逻辑统一的方法论。在《哲学的贫困》中，马克思就给我们提供了历史地理解奢侈品现象形成的方法论，他指出"交换有它自己的历史。它经过各个不同的阶段"，首先是"交换的只是剩余品，即生产超过消费的过剩品"；其次是二次方的交换价值，也就是"一切产品，整个工业活动都处在商业范围之内，当时一切生产完全取决于交换"；最后发展到这样一个时期，"人们一向认为不能出让的东西，这时都成了交换和买卖的对象，都能出让了……一切精神的或物质的东西都变成交换价值并到市场上去寻

---

　　①　〔德〕马克思：《资本论》第1卷，人民出版社，2008，第47页。

找最符合它的真正价值的评价的时期"①，也就是三次方的交换价值时期。概括而言，交换活动在人类历史的发展中经过了"剩余产品交换——物质产品交换——一切东西都进入交换"② 这样三个阶段。鲍德里亚认为这三个发展阶段之间都发生了"断裂"，当代资本主义社会已经从第二阶段跨入第三阶段的交换活动中，他在《消费社会》的开篇就指出："今天，在我们的周围，存在着一种由不断增长的物、服务和物质财富所构成的惊人的消费和丰盛现象。它构成了人类自然环境中的一种根本变化。恰当地说，富裕的人们不再像过去那样受到人的包围，而是受到物（Objects）的包围。"③ 这是与以往时代完全不同的一种根本性变化，由马克思所集中关注的不太发达的资本主义商品生产一般形式到鲍德里亚主要论述的奢侈消费社会的来临，直接导致资本主义的意识形态统治策略发生根本变化，由原本比较容易看穿的拜物教性质演变为越发明显、耀眼的文化霸权。这期间，经典马克思主义关于奢侈消费的论述，意识形态理论的发展流变以及西方"消费社会"批判理论的兴起构成一个问题域，是我们思考当代奢侈消费的逻辑起点和归宿。

一 马克思奢侈消费批判的逻辑演变

长期以来，学术界一直热衷于对马克思消费逻辑的探讨，

---

① 《马克思恩格斯全集》第 4 卷，人民出版社，1958，第 99~100 页。
② 姚顺良：《鲍德里亚对马克思劳动概念的误读及其方法论根源》，《现代哲学》2007 年第 2 期。
③ 〔法〕鲍德里亚：《消费社会》，刘成富、全志钢译，南京大学出版社，2014，第 1 页。

而在其消费逻辑中涉及的对奢侈消费问题的论述却始终没有受到应有重视和系统研究。究其原因：一是他对这一问题多是零散论述，并未形成一套完整理论体系；二是在历史上，奢侈消费并没有成为消费领域的支配性现象。而在今天，世界奢侈品市场的不断膨胀迫切需要我们对这一发展趋势展开理论质询，尤以中国为甚。总之，当下无论是从理论层面还是现实层面考虑，对马克思的奢侈消费批判理论作全面梳理都尤为必要。本书在这一部分将遵循马克思自身思想由不成熟走向成熟的过程，分三个阶段来窥探其奢侈消费批判思想的发展路径，即处于人本唯物主义时期的马克思在尚没有完全摆脱国民经济学道德判断的思考方式情况下，初步观察到奢侈消费作为交往异化的一种代表形式的事实；随着马克思思想的不断深入，逐步去掉道德批判，承认奢侈是内在于资本主义的原始雏形，它和原始积累一样是推动资本主义向前发展的动因之一；进入政治经济学批判时期，马克思深入资本逻辑内部，并且将其和剩余价值的生产结合起来，进一步揭示奢侈消费作为拜物教再生产的特殊形式，其内在的运行机理问题。以此窥探马克思对鲍德里亚的理论影响。

（一）青年人本唯物主义时期：交往异化的特殊形式

1. 国民经济学有关奢侈和节俭问题的讨论是个假问题

在马克思早期著作《1844年经济学哲学手稿》的第三手稿"需要、生产和分配"一节中有大段关于奢侈问题的论述。由于马克思此时已经开始揭示工人的异化问题，所以针对资本家一味地盘剥工人劳动而抑制其需求的做法，他认为是不人道的。国民经济学这门关于财富的科学其原则就是为资本家进行辩护，认为资本就应该节制需要而对工人的劳动进行无止境的剥削。工人就是劳动的奴隶，他们的任何奢侈对于资本家而言都是不可饶恕的，"一切超出最抽象的需要的东西——无论是消极的享受或积极的活动表现——在他看来都是奢侈"①。工人只要拥有能维持他们生活下去，继续进行劳动的那么一点儿必需品就够了，"而且只是为了拥有［这么一点］他才有权要活下去"②。此时，马克思站在人本主义的立场上，指责国民经济学为资本家残酷压榨工人以满足自己的穷奢极欲的行为进行辩护，这是可耻的。而对于国民经济学内部掀起的奢侈与节俭之间的争论，马克思一针见血地指出这和所有其他争论一样是无关紧要的。因为以罗德戴尔和马尔萨斯等为代表的一方提倡奢侈以促进工人的劳动，另一方以扎伊尔和李嘉图等为代表则把奢侈痛斥为财富之敌，这一争论本身就是建立在错误的二分法基础之上的。奢侈和节俭本是一枚硬币的两面，"挥霍和节约，奢侈和困苦，富有和贫穷是等同的"③，无论奢侈还是匮乏，均是资本主义私有制导致的结果。对奢侈品的欲求和消费是人性的本能使然，能够激发出人们内在的情感，鞭策人们勤勉劳作，从而给整个行业带来生产的活力，同时也带动技术、市场策略以及商业金融组织的革新，这样"奢侈"与"富强"就自然而然地联系在一起了。而国民经济学所谓的节约是指对于工人而言节约劳动力资本，对于资本家而言节省预付资本。这样不仅能使有限的资源得到充分利用，而且节约的财富将直接转化为资本，资本的积累又是推动生产增长的主要力量，最终必然会促进就业和财富的增长。但这其中的问题是：国民经济学将私有财产

---

① 《马克思恩格斯全集》第 42 卷，人民出版社，1979，第 134~135 页。
② 《马克思恩格斯全集》第 42 卷，人民出版社，1979，第 135 页。
③ 《马克思恩格斯全集》第 42 卷，人民出版社，1979，第 136 页。

看作天然合法和不可动摇的，而不去揭示私有财产导致的工人阶级赤贫，以及资本家享受奢侈是建立在对工人阶级财富占有的基础之上等这些根本性问题。总之，奢侈和节俭都是从资本主义私有制这片土壤中生发出来的萌芽，最终的果实必然将全部被资本家享有，而资本家在发财致富过程中导致的工人阶级劳动异化问题却被深深遮蔽了。所以马克思说国民经济学和资本主义的道德是一致的，二者是一丘之貉。

2. 奢侈消费是交往异化的典型表现形式

马克思站在工人阶级的立场上深刻体察到了资本主义生产过程带来的工人同自己的产品的异化、劳动过程的异化、类本质的异化以及人与人之间关系的异化。"工人生产的财富越多，他的产品的力量和数量越大，他就越贫穷。工人创造的商品越多，他就越变成廉价的商品。物的世界的增值同人的世界的贬值成正比。"所以马克思始终致力于工人阶级的解放问题，他要从根本上否定私有制存在的合理性。而针对资本家阶级的奢侈、挥霍，马克思持坚决的否定态度，他痛恨资本家阶级不把工人当人看，只将工人的生存维持在最低生活水准上，以最大限度地节约劳动力成本的做法。在与写作《1844 年经济学哲学手稿》几乎同时进行的《詹姆斯·穆勒〈政治经济学原理〉一书摘要》（以下简称《穆勒评注》）中，就穆勒有关奢侈问题的论述，马克思进行了如下摘录："至于加速资本的增长，则立法拥有反奢侈浪费法这一手段，立法可以把节俭提上议事日程而认为浪费是可耻的。"[①] 虽只简单一句话，却明显表现出马克思此时和穆勒一样站在人本主义立场上对奢侈所持的批判态度。《穆勒评注》在国内外学术界被视为马克思

---

① 《马克思恩格斯全集》第 42 卷，人民出版社，1979，第 10 页。

思想发展中具有重要转折性意义的著作，因为他从工人劳动异化的逻辑中脱退出来，进一步理解交换过程中人与人之间关系的异化，这也是马克思关注国民经济学的结果。"我们看到，国民经济学把社会交往的异化形式作为本质的和最初的、作为同人的本质相适应的形式确定下来了。国民经济学——同现实的运动一样——以作为私有者同私有者的关系的人同人的关系为出发点。"①

在交往异化理论中，马克思是从货币、商品、交换、价值等角度来分析人与人之间关系问题的。首先，私有财产发展为货币成交往异化的前提。一旦货币被确定为商品交换过程的载体，就意味着它能购买到任何东西，这就导致金钱成了绝对的、核心的价值，人们对任何事物的评价都以值多少钱为标准。资本主义时期的一切行为最终都被归结为金钱可以计算的，久而久之，人完全拜倒在货币面前，金钱成了受人顶礼膜拜的神。人的一切交往都建立在对金钱的拥有基础之上，然后不断地用金钱来消费物，并且沉浸在由这一过程所带来的即时快感之中。货币这一原本是人们用以交换物的手段，但在资本主义条件下却异化为人们活动的终极目的。其次，人与人之间的关系颠倒地表现为物与物之间的关系，成为交往异化的具体表现形式。资本主义时期采取了市场等价交换的形式作为自组织方式，对物的私人占有是排他性的，只有通过交换这一环节才能实现将自身占有物转移到他人手里，也就是私人财产的外化。这样一来，物与物之间的交换就变成了人与人之间联系的直接纽带，人们之间的交往就单纯表现为物品买卖关系。由此，人与人之间的关系异化为物与物的关系，而非真正的社会联系。最后，人格的丧失成为交往异化的结果。分工

---

① 《马克思恩格斯全集》第42卷，人民出版社，1979，第25页。

的出现一方面扩大了生产力，使交换行为得以普遍化；另一方面却使人成为机器制造过程中附属的、官能性的人的存在。在配合机器生产的过程中，人的劳动失去了创造性，成为纯粹的谋生活动，这就使同一生产线上的人抹杀了彼此不同的人格特性，劳动不是自我享受，更不是自身天赋异禀的实现，而是一种强制，是应社会需要不得不进行的生产活动。至于不同生产线上的人虽然从事的劳动有所不同，但性质都是一样的，那就是获取工资。人的劳动通过工资这一形式变得合理化，而其背后资本家对工人阶级剩余价值的无偿占有却被掩盖了。人活着的意义就是变成社会需要的奴隶，最终同自己固有的本质相异化，成为失去自身人格特性的孤立存在。

以上就是马克思对私有财产导致的人与人之间交往关系的异化进行的深刻批判。虽然他没有直接论述奢侈消费这个环节，但这一同样作为商品交换买卖行为的内容是涵括在以货币为中介的交换过程中的。简单而言，穷奢极欲是交往异化的极端表现形式，在根本上服务于资本主义财富增长这一目标。所以在马克思眼里，借助于奢侈消费，以私有制为前提的交往就是异化的，严重压抑了个体独立人格的发展。

（二）初创历史唯物主义时期：资本获利的高级形式

初创历史唯物主义时期的马克思逐渐意识到只有研究现实的生产过程本身，而非停留于抽象的观念说教上，才能真正认清历史过程的真相，所以他要对以往的一切哲学信仰做彻底清算。在这一过程中，他不仅在研究对象、研究思路上转向唯物主义，更重要的是在研究方法上从抽象的人本主义转向科学的历史唯物主义分析法，这一转向肇始于《德意志意识形态》一书。

1. 马克思对资本主义享乐哲学虚假性的批判

在写作《德意志意识形态》时期，马克思已经抓住了生产力与生产关系的矛盾运动这条线索来分析资本主义的现实问题，所以他也开始从这一点出发来看待奢侈消费问题。他指出："享乐的方式和内容始终是由社会的整个制度决定的，而且要受社会的一切矛盾的影响"①，进而马克思展开对资本主义享乐哲学虚假性的批判。"在欧洲，宣传享乐的哲学同昔勒尼学派一样古老"②，昔勒尼学派是小苏格拉底学派的重要一支，它试图明确苏格拉底"美德就是知识"这一命题中"德"的具体所指，认为"德就是快乐的寻求"③。德行之所以有价值，是因为它能给人带来幸福，不能给人以快乐的德行是毫无价值可言的，快乐是衡量一切价值的尺度。因此，昔勒尼学派又被称为快乐主义，成为享乐哲学的鼻祖。这一学派的主要创始人亚里斯提卜主张"只有现实的、眼前的、感性肉体的快乐才是真实的快乐"，寻求肉体感官快乐是人的本性，更是人的天职。但人应主宰快乐，有分寸地追求快乐，不能被快乐所支配，尤其要摒除那种会使人沦为奴隶的虚假快乐，比如受人的雄心、喜欢炫耀，以及权力欲等动机的驱使而盲目追求、攀比所带来的快乐。一言以蔽之，昔勒尼学派强调纯粹的感官快乐，也就是只有使眼、耳、鼻、喉、身切实感到愉悦才是真实的享乐。封建等级制社会中上层人士的奢侈生活正是对这一学说最恰切的现实诠释。在森严的等级制度下，奢侈与政治紧密相连，只有少数特权阶层才有权享受，他们在服饰、住所、日常饮食等方

---

① 《马克思恩格斯全集》第3卷，人民出版社，1960，第489页。
② 《马克思恩格斯全集》第3卷，人民出版社，1960，第488页。
③ 李萍：《"快乐"是一种善吗？——试论古希腊后期快乐主义伦理学》，《学习与探索》2004年第3期。

面无不体现出极度的纵欲享乐和奢侈靡费，普通百姓则既无权也无钱享受奢侈生活，基本上满足于自给自足。

但在资本主义社会，这一严格的等级界限被打破了，以前上层人士所能使用的东西现在大家都可以用，只要有钱就行。就像马尔库塞在《单向度的人》中指出的：工人和他的老板可以看同样的电视节目，去同一个旅游胜地游玩，打字员和她雇主的女儿一样穿漂亮衣服。实际上它给人一种假象，"一旦享乐哲学开始妄图具有普遍意义并且宣布自己是整个社会的人生观，它也就变成了空话。在这些情况下，它下降为道德说教，下降为对现存社会的诡辩的粉饰，或者变成自己的对立面，把强制的禁欲主义宣布为享乐"①。工人阶级的富有并非表明资产阶级和无产阶级之间阶级对立的真正消除，相反，它变成了资本获利的高级形式。资本主义无限制地追求生产力发展水平的提高造成大量剩余产品的堆积，这就迫使资本家为消化掉剩余产品而以工资的方式使工人阶级也有钱进行消费。表面上工人过上了富足的生活，而实际上仍然是资本为实现剩余价值采取的促销手段。这才使工人阶级（它们的全部后备军现在都积极参加进来）也暂时加入他们通常买不起的各种奢侈消费中来。对此，我们还应结合《哲学的贫困》和《经济学手稿（1857—1858年）》等马克思接下来所写的著作来更加全面地看待这个问题。

2. 奢侈消费在资本主义商品生产中具有天然的垄断地位

在写作《哲学的贫困》时期，马克思"在阐明物质生产发展的客观规律方面前进了一大步"，此时，他既能够从资本生产的自身发展过程出发，又能站在阶级立场上来面对奢侈消费问题。普

---

① 《马克思恩格斯全集》第3卷，人民出版社，1960，第489页。

鲁东先生认为"社会总是先从最轻便的生产部门开始；然后才逐步地'转到生产那些化费劳动时间最多并适合更高级需要的东西'",针对这一点，马克思批评道："如果硬说所有劳动者的一切需要都已满足，所以人们才能创造更高级的产品和从事更复杂的生产，那就是撇开阶级对抗，颠倒整个历史的发展过程。"[①] 不是每个人都买得起奢侈品，"产品的使用取决于消费者所处的社会条件，而这种社会条件本身又建立在阶级对抗上"[②]。在贫困社会，广大群众只能首先满足于对粗劣产品的需求，而进入繁荣时期，阶级本身的性质最先发生了改变，挣脱了身份限制，成为变动的、不稳定的。无产阶级能享用奢侈品只能说明奢侈品本身的性质意义发生了变化，必需品和奢侈品之间的对立正随着生产力的发展而不断发生改变。"当文明一开始的时候，生产就开始建立在级别、等级和阶级的对抗上，最后建立在积累的劳动和直接的劳动的对抗上。没有对抗就没有进步。这是文明直到今天所遵循的规律。"[③] 这恰恰说明了资本主义发展的两重性，既有进步的一面，又有对抗的一面，"大工业由于它所使用的工具的性质，不得不经常以愈来愈大的规模进行生产，它不能等待需求。生产走在需求前面，供给强制需求。在现代社会中，在以个人交换为基础的工业中，生产的无政府状态是灾难丛生的根源，同时又是进步的原因"[④]。消费活动本身是随着资本主义发展的两重性而来的，资本主义的发展不仅把人的自然需要变成社会的自然，也就是形式的改变，用爪和牙吃生肉变成了用刀叉吃熟肉。同时还创造出新的

---

① 《马克思恩格斯全集》第 4 卷，人民出版社，1958，第 104 页。
② 《马克思恩格斯全集》第 4 卷，人民出版社，1958，第 104 页。
③ 《马克思恩格斯全集》第 4 卷，人民出版社，1958，第 104 页。
④ 《马克思恩格斯全集》第 4 卷，人民出版社，1958，第 109 页。

需要，包括科学探索、社会交往，也包括了奢侈品的体验等，奢侈品向生活必需品的转化正是资本运行自身所推动的。这也是随后马克思在《经济学手稿（1857—1858 年）》里深入论述的方面，资本发展的趋势就是把以前表现为多余的东西转化为必要之物，"转化为历史地产生的必要性"①。

　　资本主义的进一步发展以及世界市场的形成使消费从生产的笼罩下独立出来，成为一个纯粹的部分，一些人虽然不是工业资本家，但他们自己并不生产，就专以消费他人产品为业。而在物质产品相对丰裕的情况下，粗陋的消费形式总是有限的，"所以有一部分产品必须以较为精致的形式，作为奢侈品供他们取用"②。真正的丰裕一定不只是对生活必需品的充分享用，而同时也能够享有奢侈品这类广泛引起人们兴趣之物。这时，节约就不再等同于禁欲主义，"贮藏货币的活动是英雄主义的癖好，是禁欲主义的狂热"③。只有将成熟的庄稼收割完，一部分消费掉，一部分用于出售，换回货币，转化为资本，购买新的种子，重新播种，才能有望收获更多的庄稼，而不是将庄稼全部烂在地里。同样道理，"资本吃掉这个果实后，可以重新结出果实"④，过度的节约会限制货币转化为资本，投入再生产的环节中，反而是不断地将货币投向市场，使整个市场永续运行，才能让"死"的资本"活"起来，孵化出更多的资本，这也就是资本自行增殖的功能。发展人们的消费能力成为进一步促进生产的有效手段，"消费的能力是消费的条件，因而是消费的首要手段，而这种能力是一种个人才能的发

---

① 《马克思恩格斯全集》第 46 卷（下），人民出版社，1980，第 20 页。
② 《马克思恩格斯全集》第 46 卷（下），人民出版社，1980，第 109 页。
③ 《马克思恩格斯全集》第 46 卷（下），人民出版社，1980，第 477 页。
④ 《马克思恩格斯全集》第 46 卷（下），人民出版社，1980，第 278 页。

展，一种生产力的发展"①。

消费主要是在以下两个层面的意义上促进生产：一是产品只有卖出去才能实现其价值，这是给商品所有者带来利润的首要任务；二是会不断地引起人们对新产品的需求。由消费创造出的新生产的需要成为生产的目的，而生产的目的又决定了生产的内在动机，是生产的前提。本来意义上的生产就是生产出产品，是单纯的物质生产，是消费对象的生产，但随着生产的发展，消费又生产出人们对新产品的渴望。这种生产不再是剩余资本的投入，而是消费本身成为新的投入，成为新投入的动机。它实际上反映了人本身的生产越来越成为生产的盈余，整个生活领域越来越成为生产的一个重要方面。这正是被鲍德里亚充分发挥的方面。他认为在"消费社会"时代，消费者购买的并不是具体物品的功能，而是要获得商品被赋予的意义（及意义的差异）。一个明显的例子是，很多女性喜欢不断地买包包，特别是对名贵的新款LV包的追逐更是乐此不疲，即使花再多的钱也在所不惜。这已经不再是对包包本身功用性的追逐了，而是将其"当作舒适和优越等要素来耍弄"。他们实际上所消费的是商品的符号价值，是通过对附加了特定象征意义的商品的购买和独享，以达到对自身身份地位的标示和认同。这时，奢侈品就不再只是贵族阶层的消费特权，凡是有钱人都可以购买，并且人人都渴望拥有奢侈品。

此时马克思已经意识到：奢侈消费是资本主义发展的必然阶段，这是由资本不断谋求自身增值所决定的。在这一时期，马克思对奢侈消费的分析已经跳出了笼统的日常生活内部直

---

① 《马克思恩格斯全集》第46卷（下），人民出版社，1980，第225页。

观，上升到社会历史，上升到资本主义生产过程中来，也就是从交往的异化提升为总生产环节中的一个环节，消费在某种意义上也就是生产，马克思已经把重点放在消费层面来言说了。奢侈消费就是资本主义实现剩余价值或者说财富分配的一种新的方式。但遗憾的是，无论就从阶级立场上彻底批判奢侈消费方面还是从整个资本生产逻辑中解构出奢侈消费的一般逻辑方面而言，他都没能深入进去，而这些工作是随着他之后思想的不断成熟才逐步解决的。

（三）政治经济学批判时期：拜物教再生产的全新表现形式

《资本论》是马克思一生最伟大的两个贡献之一，在其整个思想发展历程中是一个里程碑式的著作。在这一最重要的理论成果中，马克思将已经发展完善的历史唯物主义方法论灵活运用于资本主义经济分析中，由此把握住了资本主义私有制社会生产总过程中内在矛盾的展开过程，从而更加深刻地论证出资本主义的必然灭亡。此时，马克思对待奢侈消费问题也是从科学的历史唯物主义方法论出发。在写作《资本论》第 2 卷时，涉及从简单再生产出发论述社会生产两大部类的生产与交换，特别是在论述第Ⅱ部类内部的交换时，马克思对这一问题进行了集中分析。具体如下：

1. 获取剩余价值是奢侈消费的前提

奢侈品一定是资产阶级消费的，凡是在使社会再生产，包括扩大再生产能够充分进行的劳动力再生产过程当中，工人阶级需要的都不能叫奢侈品。"我们这里考察的价值产品的整个部分，即Ⅱb（v + m），是以奢侈品的实物形式存在的，就是说，这种奢侈品，同以生产资料形式存在的商品价值Ⅰv一样，工人阶级是无法购买的，尽管这种奢侈品和那种生产资料都是这些工人的产品。"①
奢侈品就是资本家的消费特权，"只能和花费的剩余价值交换，而
剩余价值是绝对到不了工人手中的"②。这里马克思深刻地指出剩
余价值是奢侈消费的前提，而奢侈消费又会反过来进一步促进剩
余价值的获取，"奢侈是得到剩余价值和更多地攫取剩余价值的必
要的功课"③。因为奢侈消费对社会再生产起到重要作用。任何一
种消费都会促进社会再生产，更何况奢侈品了。比较而言，奢侈
品以品牌、创新、文化传承等为依托的大量附加值，能够带来更
高的增值，从而使资本获利。奢侈消费越多，就越需要更多的劳
动力投入奢侈品生产，而这些劳动力所需要的必要消费资料也要
进行不断的社会再生产，"因而在 IIb 中就业的那部分工人阶级要
生产和再生产，——他们的必要消费资料的供给，——也就越是
要取决于资本家阶级的挥霍，越是要取决于这个阶级的剩余价值
的很大一部分转化为奢侈品"④。此外，对奢侈品的享用还能给头
脑带来冲击，刺激产生新发明，从而不断推动产品的革新，为整
个社会的再生产注入新鲜活力。可见，只有奢侈消费才能更好地
创造剩余价值，资本家获取剩余价值后用于奢侈消费，由此形成
资本家消费奢侈品的循环过程，而工人阶级则被排除在这个循环
过程之外。因为工人阶级是创造剩余价值的手段，在剩余价值的
实现中是被剥削的对象，他们无法获取剩余价值，自然就不能消
费奢侈品了。针对工人阶级消费奢侈品的假象，马克思开始从工

---

① 〔德〕马克思：《资本论》第 2 卷，人民出版社，2004，第 448 页。
② 〔德〕马克思：《资本论》第 2 卷，人民出版社，2004，第 448 页。
③ 刘旭友、何炼成：《〈资本论〉的奢侈思想及其现实意义》，《学术论坛》2008
年第 3 期。
④ 〔德〕马克思：《资本论》第 2 卷，人民出版社，2004，第 456 页。

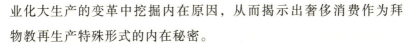

业化大生产的变革中挖掘内在原因，从而揭示出奢侈消费作为拜物教再生产特殊形式的内在秘密。

2. 奢侈消费成为资本生产物化的更加直接和明显的征兆

在《资本论》中马克思从广义和狭义两个不同的层面来谈论生产关系，所谓广义的生产关系就是包括了生产、交换、分配和消费四个环节各方面的关系。狭义的生产关系是指直接生产过程中人与人之间的关系。在生产力发展不足的情况下，生产处于主导地位，如何加快生产成为首要任务，而随着生产力水平的不断提高，维持我们个体生命所需要的对物的社会需要问题足以被解决。在这个背景下，资本生产仍然要维持在利润最高方面成长，消费在整个社会的流通中逐渐取代生产处于主导地位。奢侈消费作为马克思意义上狭义生产关系的一个重要环节在资本逻辑中越来越发挥重要作用，成为资本主义生产方式扩大再生产的润滑剂。通过象征等各方面的区隔，奢侈消费将早期直接的、具有尖锐政治因素的分配不平等问题转移到个人品味和个性差异上的不平等。这就导致我们现在面临的问题不再是商品的垄断性生产，而是差异和个性的垄断性生产，其中特别定制、手工制作成为有效推动奢侈消费的噱头。

在手工业经营条件下，单个工人的特殊技能对于产品的质量发挥着重要作用，所以奢侈品在历史上尤其注重手工打造、精雕细琢。精通技艺的师傅不仅要在制造过程中全身心投入自己的精力，而且要不断发挥创造性，这样才能诞生出完美的产品。虽然由手工打造的奢侈品制作烦琐、历时长久，但每一部作品都具有原创性，且蕴含人的生命体验于其中，从而使作品弥足珍贵。可是在资本主义的生产条件下，庞大的机器体系具有规模巨大的生产能力，个体性劳动因生产效率低下，无法满足日益扩大的需求而被逐步淘汰掉。所有世界著名的奢侈品牌都开始普遍采用机械化流水线作业进行生产制造，然后在全球范围内进行发行销售。越来越多的有钱人可以进行奢侈消费，纯手工打造的限量版奢侈品就成为人们的个性化需求。但这其中吊诡的是机器制造明明相比于手工制造更加精致，甚至工艺品的手工生产都无法达到机器制作的完美性。那是什么因素导致人们普遍对手工奢侈品的欲求呢？其背后是资本为提高物品剩余价值的取得，人为制造出来的需求。这就是马克思所言的，随着生产力的发展，财富如泉水般喷涌而出的时候，每一个人都处在奢侈消费过程中，每一个人都在消费上出现匮乏，且不仅仅是基本消费，而且这主要是由人为因素所造成的匮乏。手工打造的奢侈品通过个性化的享用将所有者与他人区别开来，因此而成为制造人为匮乏的最典型方式，同时也成为资本生产物化的更加直接和明显的征兆。

　　3. 拜物教再生产的机制：奢侈消费成为等级性社会差异的象征

　　在马克思的《资本论》中蕴含着奢侈是资本的交际费用的观点。资本家通过奢侈消费得到身份认同，而这种身份认同又成为从银行获取信贷的保障，进而取得一定资本，并从中获取剩余价值。也就是说奢侈品成为人的身份地位象征的标志，这是后来被凡勃伦、布尔迪厄、鲍德里亚等人大做文章、浓墨重彩之处。20世纪 30 年代以美国为代表的大众生产兴起，带来了新的民主化问题。福特制大规模商品生产的广泛普及使大多数人满足基本的物质需求成为可能，人们有机会享有同样品质的商品。这样一来，原本在物质占有方面的差异好像被拉平了，而且工厂内部的组织方式也发生了改变，传统森严的等级制管束一下子被打破了。阶级划分的标准也从对生产资料的占有转向对消费的占有，阶级意识的养成被人为的社会差异制造机制所取代。奢侈消费就承担起资本主义生产方式扩散的最重要环节，在当代社会形态中扮演起标志社会等级的角色，乃至成为当代资本主义意识形态统治的最新策略。资本主义社会的生产已经从商品生产转嫁到对差异、意义的生产上，"因此当代垄断性生产绝不仅是物质财富的生产，而一直也是关系和差异的（垄断性）生产"①谁来生产已经不重要了，重要的是意义、差别、个性的体现。我们就追求这样一种意义，而意义又是由整个工业生产体系在定义的，资本主义在今天就每个角度而言都已经把意义、象征性价值发挥到极致了。它让人们相信一个神话：好像我们已经处在一个物质极大丰富的"丰裕社会"中，人们的基本生活需要已经得到满足，从而转向更高级的奢侈品享受，奢侈品再也不是资本家阶级的享受特权，普通的工薪阶层都可以拥有一部苹果手机，或者是一辆奥迪汽车。

进入政治经济学批判时期的马克思开始建立在科学的资本主义生产方式分析基础上来谈奢侈消费问题，并且在走向对象化和物化理论时，成功地去掉了道德批判。奢侈成为剩余价值生产的重要环节，这一点和我们今天面临的现状完全一致。总之，奢侈消费是在资本对雇佣劳动的关系中，劳动生产力对它自身的条件和对它自身产品的关系所表现出来的极端异化形式，是从一定的生产力基础出发向下一个历史阶段过渡必然要经历的阶段。"它已经自在地、但还只是以歪曲的头脚倒置的形式，包含着一切狭隘的生产前提的解体，而且它还创造和建立无条件的生产前提，从而为个人生产力的全面的、普遍的发展创造和建立充分的物质条

---

① 〔法〕鲍德里亚：《消费社会》，刘成富、全志钢译，南京大学出版社，2014，第 72 页。

件。"① 资本主义时期的奢侈消费只是历史的暂时必然性，终将被更高级的生产力发展所克服。

通过以上分析，我们发现，马克思关于奢侈消费的直接论述并不多，客观而言，他对这一问题的阐释始终没有达到像其对资本主义一般商品消费的批判一样的科学高度。尽管他也像解决其他问题如对所有权概念、交换价值等的理解一样，对奢侈消费的解读经历了从简单到复杂、从浅显到深化、从"抽象"到具体的过程，最终也为以后的学者涉入对奢侈消费的批判提供了"一种断代史的新素材"②。但马克思关于奢侈消费仅有的一点儿论述也只有应用于今天的消费社会现实才有实际意义，而并非在马克思主义理论形成的时代。正如他自己所言"在从工艺上比较各个不同的生产时代时，真正的奢侈品在一切商品中意义最小"③，在人们的劳动活动还处于谋生阶段时，一定是大量的、基本的物质生活资料的生产起主要作用，而绝不是作为生产冗余部分的奢侈品。资本主义的历史使命就是不顾一切地发展生产力，进行资本积累，虽然它的最终目的是进一步剥削工人的剩余价值，但却在客观上推动了社会的发展。随着剩余价值率的大幅度提高，奢侈消费成为一种必然，在当代资本主义发展阶段，原本尚处于蛹化阶段的奢侈消费如今已经变成发育完全的蝴蝶飞舞起来。只有透过马克思的这面棱镜辩证地看待这一现象才能全面把握其本质所在，并提出面对奢侈消费现实行之有效的策略。

---

① 《马克思恩格斯全集》第 46 卷（上），人民出版社，1979，第 520 页。
② 唐正东：《历史唯物主义的方法论视角及学术意义——从对西方学界的几种社会批判理论的批判入手》，《中国社会科学》2013 年第 5 期。
③ 〔德〕马克思：《资本论》第 1 卷，人民出版社，2004，第 210 页。

二　早期西方马克思主义的意识形态理论

马克思主义的政治经济学分析了资本主义市场经济中，市场对资源配置起决定性作用，生产什么是由货币所决定的，而非意识形态。正是在这一意义上，经济成为政治的主宰，在社会权力中发挥关键性作用，而作为上层建筑的意识形态仅处于从属地位。意识形态是统治阶级施加于被统治阶级身上，用来维持自身的统治，并通过阶级和政治的双重包装呈现出来的一种统治方式，在马克思主义传统中作为一种社会强制力量仍只是一个表面现象。在接下来的研究中，一些学者拓宽了意识形态的研究范围，将其纳入文化这一更广阔的讨论领域中，并且赋予意识形态以各种煽动性和情感性的象征内容，从而严密地遮掩了资本主义无限追求利润，剥削被统治者的事实，这就使意识形态问题变得异常复杂难辨。特别是阿尔都塞超越西方马克思主义的创始人——卢卡奇、葛兰西等人，率先明确了作为社会现实的意识形态问题，他关于意识形态的补要机制就是把个体作为主体给质询出来。意识形态的功能就是通过培养新人的方式，通过生产这样一个主体——我们每一个个体自觉地去背负、去维持、去扩大资本主义生产关系的义务和责任，从而再生产出自己的统治权力，不断地维持资本统治。但是，到底这个质询的机制是如何进行的，特别是人类个体从我们的行为和心理机制这一角度而言是如何自觉转化的？对此，阿尔都塞并没有全面展开。尽管如此，他的意识形态理论也是非常重要的，乃至构成后来全部意识形态研究的出发点。鲍德里亚就经由葛兰西、阿尔都塞等人意识形态理论的中介，才得以跨越马克思将意识形态作为上层建筑的考量，洞悉到当代资本主义奢侈消费的统治现实，并把对当代社会基本生存方式的异化消费之考察带到了意义、符号、景观、媒介等领域，首创从奢侈消费这一特殊的角度来分析资本主义的意识形态性。

（一）马克思意识形态是上层建筑的重要组成部分

马克思主义的意识形态问题在马克思主义理论的形成过程中，以资产阶级社会的分析作为一个特定的话题被提出来，实现了从一般意识形态到特殊意识形态分析的过渡。我们知道，马克思历史唯物主义最核心的观点是对特定的、一定的、具体问题的具体分析，而不是打开社会历史发展一般进程的万能钥匙，是体现为从抽象上升到具体的总的方法论原则。马克思是在对社会历史的具体分析，特别是在分析资产阶级社会的形成和发展的机理中来研究意识形态的特殊作用。他发现，不仅资产阶级意识形态的机制与前资产阶级社会、前现代社会不一样，而且在资产阶级内部也存在了一个从低级到高级、从简单到复杂的过程，而这个过程马克思虽然没有明确告诉我们，却真实地蕴含在他全部的讨论中。

1. 马克思对意识来源于现实的深刻认识

马克思以前的哲学，尤其是以黑格尔为代表的唯心主义哲学观普遍主张思想是独立的、先验的，但马克思意识到思想实际上都是由它所处的环境"分泌"出来的，只不过是人们自己使这种思想在人们的心理上产生了烙印。以往德意志哲学的一个特点就是它总是通过对意识诸形式历史演化过程的说明来解释世界，也就是说马克思以前的哲学仅仅停留于观念的层面，认为是思想统辖下的世界，而他们所开出的拯救世界的药方也是停留于人的头脑中，始终没能实现对世界的积极改造。其中，黑格尔通过对意识的经验史进行一系列缜密的思辨性分析所确立的"真理"成为德意志意识形态的理想类型，或者说原型，甚至后来被一群为德意志的命运进行思考的有志青年——青年黑格尔派奉为标签。这些人（以费尔巴哈、鲍威尔和施蒂纳为首要代表）在面对整个欧洲工人运动的巨大变迁，以及正在转型中的德意志时，仍然按照黑格尔所提供的精神现象学思路进行思考，认为黑格尔的意识哲学是适合各个时代的药方或者普遍公式，是观念、思想、宗教、概念等抽象物统治着这个世界，导致他们一直都在同意识的幻象进行斗争，没能最终回落到现实的大地上来，更没能从他们自身所处的物质环境出发思考德国哲学问题。但马克思在对照实证科学与他所说的一般意识形态思考中发现，黑格尔在研究意识形态的变化过程中所要解决的这个一般公式根本无法实现，因为黑格尔逻辑学所描述的意识不断从低级向高级运行的过程就是一个假象。思想的发展、思想的内容、思想的一切都是建立在现实物质关系基础之上的，"如果在全部意识形态中人们和他们的关系就像在照相机中一样是倒现着的，那末这种现象也是从人们生活的历史过程中产生的，正如物象在眼网膜上的倒影是直接从人们生活的物理过程中产生的一样"①。是人们的社会存在决定人们的社会意识，而不是相反。对马克思来说，观念的作用本身一定以具体的社会历史背景为基础，换言之，现实社会关系的发展水平决定了人们思想的自由程度，思想的落后性跟物质生产关系的落后性直接相关。不是观念创造现实，而是观念是对现实的一种反映；不是观念能动地创造世界，而是对现实世界中人的工业社会活动、工业历史活动这个能动现实的一种颠倒的反映。任何一个社会如果停止了物质生产或者不持续地进行物质生产的再生产活动，连

---

① 《马克思恩格斯全集》第 3 卷，人民出版社，1960，第 29~30 页。

一年都维持不下去。发展出自己的物质生产和物质交换的人们在改变自己的现实的同时，也改变着自己的思维和思维存在的产物。社会意识的产生总要以社会物质生活条件为基础，离开了物质生产实践活动，人和人类社会就无法存在，也就无所谓人的社会生活、政治生活，乃至精神生活了，所以社会存在是社会意识产生和存在的基础。意识形态没有独立于人的社会实践活动之外的发展历史，但反过来又不可能只有社会存在而没有社会意识，意识形态问题是社会历史变迁过程中必然会产生的一个部分，其中更重要的是，意识形态是不断改变的，它随社会存在的变迁而发生改变。

马克思的意识形态问题要解决费尔巴哈或者青年黑格尔派停留于主体与主体之间意识层面的讨论，指出了人与人之间的关系在资产阶级社会不得不通过物的方式来呈现的事实。只有通过对物的结构、物的形式的分析才能解决意识形态问题，也就是说，马克思对意识形态的分析转向了对对象的分析。马克思和恩格斯把意识形态视为伴随着人类的实际生活过程所形成的人自身对自己与环境之间关系的一种体验，而他们又将这种体验称之为"误认"，是一种虚假的存在。而马克思恩格斯又如何能在这个意识形态中穿越意识形态的幻象达到科学？对此，他们根据自己所处的时代条件提出了一个具有普遍维度的方案。

马克思在表述无产阶级的革命解放时，承认了一个很重要的问题：无产阶级受占统治地位的资产阶级思想的影响，他们必须要清醒地意识到这种思想的存在，才能为解放打开空间。但是在归根结底意义上，它不是思想问题，最终解决的方案也不可能在思想内部。因为不改变统治结构就不可能改变占统治地位的思想。消灭资产阶级统治不仅仅是寻找一种更加普遍的观念，因为历史的经验已经证明，形成每一个新阶级自己的统治基础总比它以前所依赖的基础要宽广。无产阶级面临的问题是：资产阶级的历史形态恰恰在某种程度上接近了普遍的维度，但即使它再宽广、再普遍，仍然是统治阶级的意识形态。对此，马克思、恩格斯从历史科学的角度提出消灭阶级统治的口号其实就包括了克服意识形态难题的方案。因为解决意识形态问题的方法恰恰不在意识形态内部，而在于改造社会。在意识形态内部寻求解决意识形态问题方案的做法恰恰是最深刻的意识形态。马克思说无产阶级不仅仅要消灭资产阶级，而且要通过人类历史上的最后一场阶级斗争来消灭阶级，以及阶级斗争得以产生的条件，只有这样才能彻底解决意识形态困境。生产力的发展跟社会关系的发展紧密结合，而私有制作为一种制度形式就是社会关系的表现。在私有制时期，个人与个人之间的交往关系透过阶级利益成为一个普遍的利益，而这个普遍利益又是以阶级利益的身份形式表现出来的，它对于个体而言构成交往形式的异化。但这一异化的性质并不表现为交往形式阻碍生产力的发展，而是表现为在当时生产力发展的特殊阶段，透过阶级关系的中介表现出来的普遍的交往形式对于每一个个体而言构成的物化作用。由此，马克思进一步把意识形态问题引向对资本主义内在矛盾的探索，同时也为其以后走向对观念拜物教的意识形态分析埋下了伏笔。

2. 意识形态是认识论上的虚假意识

马克思是在《德意志意识形态》中首度将意识形态作为一个专门问题展开讨论的。正是在这一标志着马克思的唯物主义历史观走向成熟的著作中，他试图用"德意志意识形态"作为一个堡垒来对抗长期以来以黑格尔为代表的德意志哲学。

德国哲学家之所以擅长用思想来解释现实，把复杂的物质现实关系通过思想矛盾的形式解释出来，主要是由德国落后的经济现实所决定的。当时的德国经济正处于衰落期，异常混乱的现实关系无法为德意志的统治作合理辩护，所以他们就只好通过编造美好的想象性关系来为德意志自身的意识和公正性作辩护。按照经典马克思主义所讨论的意识形态形式，比如宗教、普世观念、普世伦理等，这些都只是为人们提供一个完美的、至善的社会模型，然后承诺给人们一个美好的新世界，使人类社会借助于这个理性不断地向前迈进。但我们知道，既有的普适理想是荒谬的，是对社会历史的颠倒的、歪曲的反映，意识形态的许诺永远都不可能实现。而它之所以能够作为支撑现实的幻觉框架，原因就在于正是这些美好的理念促使大家产生为理想目标而奋斗的行动，进而在人们积极的行动过程中维持现实的发展。所以归根结底，意识形态就是统治阶级的意识诉求。一个阶级要上升为统治阶级，不仅要首先推翻既有的统治阶级，确立自身统治的合法性，而且要在此基础上把自己的利益打扮成普遍的共同利益，并使人们在观念上加以接受，由此才可以确保自身统治的不断持续。因为每一个独立的个人都在努力争取自己特殊利益的最大化，"这些特殊利益始终在真正地反对共同利益和虚幻的共同利益，这些特殊利益的实际斗争使得通过以国家姿态出现的虚幻的'普遍'利益来对特殊利益进行实际的干涉和约束成为必要"①。在此，马克思指出一个阶级是社会上占统治地位的物质力量的同时，也是占统治地位的精神力量，支配物质生产资料的阶级也支配精神生产资料。任何统治阶级都是基于自己的特殊利益来进行统治的，并把自己的特殊利益在意识形态上普遍化。统治阶级作为意识形态的建构

---

① 《马克思恩格斯全集》第3卷，人民出版社，1960，第39页。

主体，同时将其灌输给被统治阶级，使人们在观念上把它当成真实的东西来加以接受，这时，被统治阶级面临的局面就是望梅止渴、画饼充饥。

总之，《德意志意识形态》中马克思所认为的意识形态就是观念对现实的反映，但这个反映不是真实的，而是颠倒的、歪曲的。正是在这一意义上，马克思说意识形态是一个幻象，是虚无的，必须穿越意识形态才能洞悉历史的真相。也是在这一层面上，经典马克思主义回应了黑格尔哲学所代表的历史不可能是科学的原因所在——意识形态就是占统治地位阶级思想的反映而已。可以说，正是马克思、恩格斯才真正命名了意识形态这一事物，开始在理论上把这个问题作为社会历史发展过程中非常重要的一个方面提出来，并将其转化为知识学上的真理。但此时，由于马克思、恩格斯缺乏足够的社会经济史知识，对社会历史的经验史还没有深入研究，在这一背景下，他们只是从逻辑上产生了对历史的科学认识，还没有从社会历史事实的角度对这一问题作具体描述。所以，在《德意志意识形态》中，马克思和恩格斯对意识形态还只是认识论的表述，他们所能做的也只是在历史观层面揭露、批判意识形态的虚假性，并没有深入到意识形态的作用机制和权力分析上。但马克思站在历史唯物主义角度的思考使他初步意识到了意识形态作为一种虚假的想象性关系，其背后隐藏着特殊利益关系。

3. 意识形态在政治上就是统治阶级的意识诉求

历史唯物主义是建立在社会关系主体和阶级层面上的，社会历史就是通过对抗的方式，通过阶级斗争的方式不断展开的过程。马克思、恩格斯论述道：意识形态就是一个阶级压迫另一个阶级的工具，以往统治阶级一旦掌握国家政权以后，都会通过军队、警察、法律等镇压性国家机器让自己的统治变得更加有效。所以，传统的镇压性国家机器都是由统治阶级来进行的，它的运作方式也是高度集中统一的。马克思进而指出：无产阶级绝对不能简单地适用现有的国家机器来达到为自己服务的目的，而必须彻底打碎旧的资产阶级国家机器，建立无产阶级国家，代之以完全不同的无产阶级国家机器，只有这样，才能在随后阶段进入彻底的国家消亡过程。关于这一点，马克思在《1848年至1850年的法兰西阶级斗争》、《路易·波拿巴的雾月十八日》，以及《哥达纲领批判》等著作中都多次强调过，"只有反资本主义的无产阶级政府，才能终结它们在经济上的贫困和社会上的衰落……这种社会主义就是宣布不间断革命，就是实现无产阶级的阶级专政，把这种专政作为必经的过渡阶段，以求达到根本消灭阶级差别，消灭一切产生这些差别的生产关系，消灭一切和这些生产关系相适应的社会关系，改变一切由这些社会关系产生出来的观念"①。无产阶级的阶级觉悟必然要按照意识形态的结构从自己的地位出发，因为阶级意识就是对本阶级社会经济地位的无意识。"这个意识形态，在社会主义社会形成以后，必然上升为占统治地位的主流意识形态或意识形态主流。但是在马克思看来，由于无产阶级是大工业本身的产物，是真正革命的阶级，无产阶级的运动是绝大多数人的、为绝大多数人谋利益的运动，它没有任何私利要维护，……因此，对于这个阶级的思想观念、这个阶级的自觉意识，马克思一般称之为'共产主义意识'。"②

马克思曾预言资产阶级社会发展到第三阶段的时候必然要发

---

① 《马克思恩格斯全集》第7卷，人民出版社，1959，第98、104页。

② 杨河：《马克思主义的意识形态理论与实践》，《北京大学学报》（哲学社会科学版）2008年第2期。

生革命，理由之一是资产阶级社会越来越发展到这样一个状况：劳动成为不堪忍受的过程，而这就会导致阶级斗争激进化的形式出现。在这样的激进化形式中，工人的觉悟会不断提高，他们斗争的方式也不断地趋于成熟，最终会成为联合起来的、铁板一块的历史主体。马克思逝世以后，恩格斯对这个问题做了很深刻的反思，尤其是在1888年左右，德国社会的民主党社会斗争取得了非常重要的胜利，这时候大家重新去讨论无产阶级斗争策略，以及工人阶级斗争步骤，就把语言斗争与暴力革命问题摆在了明面上。恩格斯在辩证法意义上肯定了议会斗争作为日常斗争以及罢工的有效性，同时他又深刻地指出：有必要通过合并斗争的方式不断扩大无产阶级队伍，为将来无产阶级队伍与资产阶级的最后决战保留一支大军。马克思在1845～1848年提出了意识形态问题，但却没有把这个问题，而且也不可能把它作为一个中心问题来看待，在马克思主义理论那里，意识形态问题终归只是解放事业中微不足道的一个方面。因为马克思强调，解放运动归根结底是由生产力发展所提供的社会历史条件，以及这些社会历史条件所展开的工业实践、商业实践等方面实现的。意识形态问题的最终解决不是通过意识本身，而是通过社会革命，随着斗争的进一步发展，意识形态问题终将得到解决，这一点至关重要。在意识形态问题上，马克思主义是彻底的，因为马克思主义的意识形态不是简单的说教，而是动员人们真正去改造这个社会。

4. 意识形态在资本主义经济关系中表现为观念拜物教

马克思后来把研究焦点从哲学、政治学转向对具体的经济问题研究以后，尤其是在《资本论》中研究资本主义的经济运行机理时，他发现资本主义意识形态问题变得更加复杂，更加狡猾。因为资本主义的生产和交换环节本身就掩盖了对工人的剥削，以及对剩余价值的榨取。工人在生产过程中一方面成为机器的附庸，进行异化劳动；另一方面又从资本家那里获取工资，沉沦于现实的商品消费之中。商品化大潮侵略了所有领域，使人们在消费中失去了清醒的、独立的自我。在这个过程中，工人本身既是被掩盖的内容，同时又参与了资本掩盖剥削的整个历程，成为其中的重要力量，因此而遁入观念拜物教之中。但马克思对此并不抱有悲观态度，而是认为历史的实践活动会给人们的观念提供新的动力。随着资本主义经济危机的出现，现实在产生矛盾的时候，无产阶级也能意识到被掩盖起来的斗争性、矛盾性，以及资本剥削的本性，最终仍然会起来参加革命，取得无产阶级革命的全面胜利。此外，在资产阶级社会中，既然商品生产形成了与这个商品结构相一致的意识形态概念，那么在其中资产阶级和无产阶级两个阶级都不能避免这个结构。资产阶级和无产阶级的差别就在于在结构上无产阶级有自己特殊的地位，将来注定要走出商品的拜物教结构。也就是说无产阶级较之资产阶级的特殊性就在于它虽然受到资产阶级意识形态的影响，但最终还是能够从中走出去，并且无产阶级能够从自己的地位出发形成无产阶级意识形态。马克思主义的无产阶级意识形态理论与资产阶级意识形态有着根本性的差别，无产阶级意识形态在阶级没有成熟之前就已经变成了自觉的意识，并且运用这一自觉意识来推动无产阶级从自发的阶段走向自为的阶段，标志是无产阶级政党的建立。马克思主义主要不在于描述共产主义是什么，而是在于对资本主义的批判，并且在批判性力量中生发出真正促使人们去实现未来图景的有效力量。就此而言，马克思主义是科学性和价值性的完美统一。

在《资本论》中，马克思认为物质生产劳动创造剩余价值，正是物质生产决定了社会发展的方方面面，而非物质生产只是一个次要方面，也是由物质生产所决定的。关于非物质生产劳动的问题，马克思在剩余价值学说，也就是《资本论》第 4 卷中作了专门研究。所谓的非物质生产劳动主要包括了那些能够满足个人某种想象的或实际需要的劳动，诸如作家、艺术家、医生、律师等的活动，马克思当时认为这些活动不属于资本主义创造剩余价值的来源，在科学理论中是属于非剩余价值的创造活动。资本家之所以能获取利润，不断地积蓄资本，原因就在于出售生活必需品所赚的钱大于他们的个人支出，但艺术类的创造活动只是卖给那些为消费而消费的人，他们不生产产品，这样就没办法获取剩余价值，马克思将这些人称为非生产劳动者。"非生产劳动者为买者生产的只是使用价值，想象的或现实的使用价值，而绝不是商品。非生产劳动者的特点是，他不为自己的买者生产商品，却从买者那里获得商品。"① 马克思当时出于各种各样的考虑，认为艺术家们的创造活动并不带来剩余价值。这在今天看来是不可思议的，尽管马克思还是承认精神生产这个概念，并且认为精神生产是人类社会高度发展的表现，同时也是自由创造活动的具体体现。

马克思还指出：在未来社会发展中，非物质生产越来越成为社会发展的最主要的组成部分，"那些和创造物质财富没有直接关系的生产领域实际上也日益依附于资本，——尤其是在实证科学（自然科学）被用来为物质生产服务的时候"② 。非物质生产与物质生产之间的联系将更加紧密，日益变成生产物质财富的手段。这不仅充分说明了马克思承认精神生产是人类的基本活动之一，而且意味着它有可能成为新的改造世界的不可忽视的重要力量之

---

① 《马克思恩格斯全集》第 26 卷（第 1 册），人民出版社，1972，第 151 页。
② 《马克思恩格斯全集》第 26 卷（第 1 册），人民出版社，1972，第 169 页。

一。这是马克思自身理论完成的又一次提升，同时也为以后的理论家从社会生活的方方面面来研究意识形态问题打开了窗口，尤其是在阿尔都塞那里，多元主义的结构主义概念表明人的意识形态、政治活动都有相应的社会结构或者都牵涉到社会现实的存在。生产实践不仅是物质生产实践，也不仅是社会关系的再生产实践，还是社会的、政治的、文化的、上层建筑的实践。资产阶级真正的国家政权也不是仅仅存在于官方的表面上的镇压性机器，而是存在于市民社会内部，存在于家庭、学校、个人的教育等微观管理机制中，也就是资产阶级国家存在于民心之中，而不是存在于高悬在上的空架子上。要想真正战胜资产阶级就必须战胜市民社会的国家机器。这种国家机器并不是马克思原来特别强调的资产阶级统治镇压的国家机器，而是存在于市民社会私人生活内部的意识形态的国家机器。就此而言，仅把意识形态问题当作上层建筑的所属部分来对待是有缺陷的。

马克思只是提出了在现代性的早期阶段，工人作为一个阶级在成长过程中所面临的政治问题，并且他认为，意识形态问题只是解放事业中一个微不足道的方面。因为马克思强调，解放运动归根结底是由生产力发展所提供的社会历史条件，以及这些社会历史条件所展开的工业实践、商业实践等方面实现的，意识形态充其量也只能算作其中的一个部分，这个部分只有在反对权力斗争过程中才发挥了动员和组织作用。简而言之，在马克思恩格斯那里，他们确实没有围绕意识形态这个术语发展出一套专门的理论，更没有把意识形态批判作为他们最主要的任务。

（二）葛兰西意识形态在文化层面的全方位布展

进入 20 世纪，以葛兰西为代表的早期西方马克思主义者开始以发达资本主义商品经济结构为出发点来分析意识形态问题。他们发现，在资本主义生产方式当中，资本主义的意识形态统治已经渗透到资本日常循环的每一个毛细血孔里，不只是资产阶级具有资产阶级意识形态，而是被压迫阶级本身所具有的意识同样是被物化的意识。正如布尔迪厄所指出的那样，这种意识形态统治方式"以诱惑代替压迫，以公共关系代替国家暴力，以广告代替权威，以温和的方式代替强硬的方式，期待通过需求的强制规定而不是规范的灌输达到被统治阶级的象征一体化"①，这就构成了马克思主义意识形态理论中的一个缺失点。社会历史的发展在不断地扩大阶级统治的基础，今天任何一个国家的统治阶级都不是直接地表现为某一个狭隘的集团利益，而是充分照顾了最大多数人的利益，资本主义的意识形态统治就发生在日常生活当中，由生产布展到所有的社会现实方面，以更加温和的方式把每一个成员都纳入资本组织结构中，从而轻松地化解了阶级矛盾。总之，意识形态问题已经超越了马克思所分析的意识形态作为上层建筑的表达这一狭隘层面，就像丹尼尔·贝尔在《意识形态的终结》中所作出的判断那样：意识形态的驱动力不再只是为了实现最广泛意义上的平等和自由，而是为了发展经济和民族强盛。② 葛兰西依托既有的马克思主义表述，认真研究了马克思所要研究的问题，并从中发现其内在的矛盾所在，在此基础上深化对意识形态问题的讨论，这就为同时期兴起的大众消费社会的意识形态批判理论铺平了道路。

---

① 〔法〕布尔迪厄：《区分：判断力的社会批判》（上册），刘晖译，商务印书馆，2015，第 244 页。
② 〔美〕丹尼尔·贝尔：《意识形态的终结》，张国清译，江苏人民出版社，2001，第 463 页。

1. 文化被意识形态化的社会现实背景

20 世纪 20 年代福特制大规模商品生产模式的广泛普及导致生产过剩而消费不足，为维持资本的不断运行，消费成为剩余资本通过转移和再投入，以创造剩余价值的全新领域，资本主义也由此迈入"万物商品化"阶段，一切都成为可消费物。尤其到了 20 世纪 70 年代，由福特制向后福特制生产机制的进一步迈进，更是使人们追求高品质的物质享受成为可能。因为后福特制生产的特点就是针对目标消费人群进行小规模生产，生产商不再仅在生产商品上下功夫，而且还会花费大量精力来捕捉不断变化的风尚，在商品包装、设计和广告等方面大做文章，以引领潮流，从而使自己的品牌在社会上占有一席之地。文化在这一过程中也从最初对人的高尚情操起到涵化和陶冶功能沦落为建基于商品生产的精神满足，"商品的逻辑得到了普及，如今不仅支配着劳动进程和物质产品，而且支配着整个文化、性欲、人际关系，以至个体的幻象和冲动"①。而一旦文化进入市场，按照市场原则进行交换，就导致了要想使艺术作品在市场上有销路，文化创造就必须接受来自市场原则的规训，艺术家们的艺术创造则需符合"文化消费者"阶层的审美品味，而非天马行空的自我想象。

资本不断地通过广告、电视、网络、信息宣传等各种文化手段和文化形式向大众推销适合资本增殖的生活方式，在这个过程中，文化不断地被权力化、资本化、符号化，最终演变为现代社会统治大众的意识形态机器。换言之，资本主义生产方式以一种更灵活的、深刻的调节能力将以往反对它的文化力量归并到自己

---

① 〔法〕鲍德里亚：《消费社会》，刘成富、全志刚译，南京大学出版社，2014，第 197 页。

的体制中，并使之成为剥削剩余价值的重要来源，同时使文化成为引导、统领、控制社会的压迫手段。从经济学层面来讲，消费文化已经成为一种症候、一种理论，受到众多学者的关注。对此，安德森在其著作《西方马克思主义探讨》"主题的创新"一节中深刻地指出：西方马克思主义作为一个整体，全力研究的是上层建筑而不是经济基础，而这种上层建筑已经不再是政治、国家与法律，而是文化。① 其中，葛兰西最先喊出了"争取无产阶级文化领导权"的口号。

2. 葛兰西夺取无产阶级文化领导权的呼唤

葛兰西继承了马克思经济基础决定上层建筑的论断，但同时他又认为上层建筑对经济基础的作用绝不是简单的决定与被决定关系，而是十分复杂的。首先，他将社会分为政治社会和市民社会两个构成部分，认为政治社会主要靠军队、法庭、监狱等代表"暴力"的机构进行强制统治；而市民社会则由在野党、工会、教会、学校、各种团体，也包括媒介在内通过制造同意来实现其领导权。葛兰西意义上的政治社会主要指涉马克思主义哲学中的上层建筑，但他认为政治社会只起到了有限领导权的作用，因为他发现国家在通过意识形态对社会进行强制统治的同时，还在市民社会层面与大众进行着斗争、协商和谈判，而一旦国家的意识形态和被改造、被引导中的市民的意识形态达成一致以后，统治阶级也就完成了其文化霸权的建立和推广过程。换言之，市民社会通过报纸杂志、大众传媒等公共领域对自己的价值观进行包装，不露声色地"灌输"给市民社会，以获取市民社会的认同，进而

---

① 〔英〕佩里·安德森：《西方马克思主义探讨》，高铦、文贯中、魏章玲译，人民出版社，1981，第97页。

稳定其统治地位。所以葛兰西大声呼吁无产阶级要争夺自己的文化领导权，因为他意识到，无产阶级就处在资产阶级的文化之中，包括他们所受的教育等都是资本主义的，这就意味着无产阶级不仅仅是简单地受到资产阶级意识形态的影响，而且他们恰恰还有可能在资本主义意识形态实际运行的过程中为其提供论证，而这才是最为危险的，会销蚀掉无产阶级全部的革命热情。

葛兰西的文化霸权理论为意识形态研究注入了新的启示意义，改变了人们长期以来对大众文化要么褒扬，要么贬抑的极端看法，一方面肯定文化具有的创造性价值，另一方面又指出它是资本主义文明的新的拜物教形式。文化就是一种意识形态，它虽然受到现实物质发展的制约，但同时又对经济基础产生重大的影响和反作用。在葛兰西看来，意识形态就是一种"在艺术、法律、经济行为中，以及在所有个体和集体生活中含蓄地显露出来的世界观"①。资产阶级不再是一味地进行强制性领导，而是隐晦地将其对艺术、法律和文化的意识形态通过大众传媒机构潜移默化到大众生活中去。文化的生产、传输和阐释过程就是意识形态的生产过程，而这些公共机构就成了最重要的意识形态国家机器。尽管葛兰西提出了无产阶级的文化领导权问题，但对其内在的运行机理研究得并不透彻，只是在面临其所处的革命斗争环境中得出一个实证性结论，用以解释社会现实中的状况，而没有将其放在整个人类文明的发展史中进行深入研究。真正展开这一点的是阿尔都塞，"在《意识形态和意识形态国家机器》中，阿尔都塞继承了葛兰西对意识形态物质载体的强调，明确提出'意识形态国家机器'（Appareils

---

① Antonio Gramsci, *Selections from the Prison Notebooks*, London: Lawrence & Wishart, 1971, p. 328.

Idéologiques d'Etat，以下简称 AIE）的概念，进一步深化了马克思主义国家理论；阐发了 AIE 的社会功能与运行机制，强调 AIE 对主体的建构作用；重新理解意识形态的本质，并试图建构一般意识形态理论"①。

（三）阿尔都塞意识形态是资本主义生产方式再生产的重要手段

阿尔都塞对意识形态问题的讨论开始于马克思主义理论中的一个最基本概念——再生产。马克思告诉我们：任何生产从来都不是一次性的，不是直接的，而是要不断地投入到再生产循环之中。尽管一个简单的生产活动在表面看来可能是直接的、单独进行的，但归根结底还是再生产的表现与组成部分。所谓的直接的、个别的生产，反倒是偶然的、虚假的，尤其是在资本主义条件下，任何生产其实都是社会关系的生产，都是与别的生产联系在一起的连绵不绝的循环与重复过程。阿尔都塞顺着马克思的思路续说道，既然整个资本主义生产过程就是一个再生产过程，当再生产过程发展到某一个阶段或某一个层次时，就要把自己的条件再生产出来，那么上层建筑也将不再是由经济基础所决定的，而是资本主义再生产发展的一个环节。包括作为马克思意义上上层建筑重要组成部分的意识形态也将成为资本主义生产方式的一个局部表现，或者说是再生产条件的一个构成部分。

阿尔都塞告诉我们，物质生产过程本身就是意识形态的生产过程，在这一过程中不仅生产出了产品，生产出剩余价值，"生产"出资本家与工人之间的关系，而且"生产"出了工人对资本

---

① 王凤才：《文化霸权与意识形态国家机器——葛兰西与阿尔都塞意识形态理论辨析》，《马克思主义与现实》2007 年第 3 期。

主义制度下意识形态的忠诚或臣服。对于阿尔都塞而言，"生产"
已经不再是直接指向物质生产这样一种传统概念，甚至也不再是
简单的社会关系的生产概念，而是政治的、文化的、意识形态的
各种各样的活动与生产结构。总之，生产概念在阿尔都塞这里已
经被泛化为多种多样社会结构的形而上学创造过程。他进一步延
伸"生产"概念，甚至认为所有的社会现实存在，所有的人类活
动在最微观、最具体的表现上都是一种意识形态的生产。人们把
通过自己的认知所形成的对外部世界的理解当作外部世界本身，
反而忘记了这个外部世界自身呈现着的、生成着的主观的、有限
的认识论的前提或者社会历史的前提条件。人们对自己所认识的
外部世界起源的、边界的非反思性就是意识形态。这就意味着我
们平时所看到的社会现实存在都是一种意识形态化了的生产活动
的表现，都是受到意识形态生产这个中介过滤以后才生产出来的。
简单来说，所有的现实的社会存在归根结底就是一种意识形态的
存在。意识形态不再是马克思所说的虚假的意识、主观精神的意
识，不再是对现实颠倒的表现的社会意识，而是整个社会现实本
身就是颠倒着的物质化了的意识形态。所有现实的我们认为是物
质性存在的东西，恰恰是一种被神秘化的意识形态，所以阿尔都
塞说意识形态都有一种物质载体，"是一种物质性的存在"。这里，
他强调意识形态是个人跟其生存条件之间的想象性关系，而不是
一种实在的反映关系，其中涉及这种想象性关系的客观存在方面，
正是基于这一点阿尔都塞强调意识形态是一种物质性的存在，进
而他认为意识形态是永恒的。

这一论断代表了阿尔都塞就意识形态问题的最重要贡献之一，
表现在他把个人的意识形态、个人认知方面的观念跟外在的客观条
件联系起来，而不再把意识形态仅仅理解为人的观念。当阿尔都塞

在讲意识形态是永恒的以及意识形态是一种物质性的存在这样一种观念的时候，较为深刻地阐述了想象性关系的真实性，但这还不是《意识形态和意识形态国家机器》中最为核心的内容。意识形态在创造现实的同时也创造了我们每一位主体。意识形态不仅生产出了现实，而且也生产出了我们每个人。单个的人都变成了一般的、普遍的人中的一个，而不再是孤立的人，这个人就成了主体。所以主体不是让我们每个人意识到我们自己存在的、能动的、自为的状态，而恰恰是让我们每个人从原本飘忽不定的、自发的、分裂的状态进入一个仿佛是统一的、自律的，然而却是被构成的、被奴役的位置上来。换言之，我们每个人正因为有意识形态的存在才成为社会中的人，才从原来不确定的偶然状态中进入一个非常理智的，有抽象能力的，并且可以看到事物本质的主体状态中。这才是阿尔都塞意识形态理论所要表达的最核心的意思，就是把每个人都规训为、培训为、传唤成为主体，"没有不利用特定主体和排除个别主体的意识形态"①。用马克思的唯物主义语言来讲，就是通过社会生产劳动，通过社会关系，把每个自然的人变成社会的人，所以没有脱离开社会而单独存在的自然人，所有的人在现实性上一定是社会关系的总和。但当阿尔都塞在讲意识形态把个人质询为一个主体的时候，他是从观念的角度来谈的，而历史唯物主义的角度则认为是资本主义在发展过程中有意地在对主体掩盖事实的真相。社会发展自身会对主体、对社会过程里的人们掩盖事实真相，就像阿尔都塞讲的教会、学校等团体、组织把个人询唤为主体一样，意识形态在对个人构成一种想象性关系时，资本主义的现实发展也会

---

① 〔法〕阿尔都塞、李讯：《意识形态和意识形态国家机器（续）》，《当代电影》1987 年第 4 期。

在主体间构成一个想象性关系，把现实颠倒地呈现出来。在这一意义上，我们可以说资本主义的现实具有意识形态的功能。

到此为止，阿尔都塞就把经济基础决定上层建筑的难题通过"再生产"这个概念给否定掉了。所有的国家机器不仅要运用镇压，也要运用意识形态的方式来发挥作用，以适应生产关系再生产的需要。而在大多数情况下，镇压性国家机器的运用频率要低于意识形态国家机器。换言之，资产阶级国家机器的运转绝大多数情况下不是靠上层建筑而是靠市民社会；资产阶级统治的根本力量不在议会、政府、司法等这些国家机构，而是在经济生活，在生产过程中。用马克思的话说就是在资本主义日常的生产、生活领域里起作用，工人形式上对资本的隶属已经转变为实质上的隶属。马克思主要论述的商品和生产领域在今天已经变得不那么重要了，现在重要的恰恰是在早期阶段看来与商品生产最远的领域。其实关于这一点，我们在今天很容易理解，就是教育、家庭等所有潜在地与文化联系在一起的领域成为商品生产最重要的领域。总之，不管是在肯定意义上还是在批判意义上，他们都认为，文化已经成为当代资本主义经济发展的最主要增长点。正如杰姆逊用通俗的语言告诉我们的：今天，文化与经济的界限已经被彻底打破了，文化变成了经济，经济变成了文化，这二者之间越来越一体化了。美国学者丹尼尔·贝尔也有过类似的表述，"资本主义是一种经济—文化复合系统。经济上它建立在财产私有制和商品生产基础上，文化上他也遵照交换法则进行买卖，致使文化商品化渗透到整个社会"[①]。

---

① 〔美〕丹尼尔·贝尔：《资本主义文化矛盾》，赵一凡、蒲隆、任晓晋译，生活·读书·新知三联书店，1989，第60页。

（四）奢侈消费成为资本主义意识形态的全新表达

正如哈维所指出的那样："资本主义是扩张性的和帝国主义的"，① 它要把无限多的领域统统纳入资本流通逻辑与现金交易关系的掌握之中。在这种野心下，当代资本主义社会的意识形态表达就显得比以往任何时候都更为迫切。"它把曾经秘而不宣的东西公开宣布为自己的意识形态"，② 并且按照资本主义生产关系所要求的，把每一个人培养成成功人士，培养成独立的资本主义阶级主体。恰恰和资本主义商品生产最遥远的领域可能直接成为最重要的领域。当代资本主义正通过各种意识形态的幻术成功操弄着社会不同利益集团的活动，从而以一种温和的方式，而非传统粗暴、强硬的方式完成意识形态霸权。而作为植根于资本日常循环之中的奢侈品生产以及日益频繁的奢侈消费活动无疑成了意识形态的主战场。今天，人们消费奢侈品已经不单纯是为了追求其使用价值，而是体现出迫切凸显等级的欲望，"为了有效地增进消费者的荣誉，就必须从事于奢侈的、非必要的事物的消费。要博取好名声，就不能免于浪费"③。奢侈品从原本纯粹的审美创造物变成被彻底商品化了的存在，为铸就个人身份提供了标准框架，人们就被牢牢地纳入这一框架中，疯狂追逐奢侈消费，以期得到社会的认可。一言以蔽之，奢侈消费作为当代资本主义按照资本的差异化生产方式把自己的生活方式扮演出来的最新策略，已经成为意识形态的一种全新统治策略。与马克思所处

---

① 〔美〕戴维·哈维：《后现代的状况》，阎嘉译，商务印书馆，2003，第426页。

② 〔美〕丹尼尔·贝尔：《资本主义文化矛盾》，赵一凡、蒲隆、任晓晋译，生活·读书·新知三联书店，1989，第99页。

③ 〔美〕凡勃伦：《有闲阶级论》，李华夏译，中央编译出版社，2012，第73页。

的物质匮乏时期完全不同，在物质产品极大丰富的今天，奢侈品已经从尚没有完全进化成人的"猴体"变成了资本主义生产体系中最发达的"人"，且以一种文化统治方式成为当代资本主义最重要的特征。

鲍德里亚借此对当代奢侈消费意识形态性展开批判，虽然他的这一理论努力在方法上难以实现对马克思的超越，但却为我们提供了对当代社会进行认知的不同维度、不同看法，这对于从微观角度补充马克思有关意识形态理论的宏观叙事颇有裨益。鲍德里亚对当代资本主义意识形态性的批判在什么意义上深化了马克思的意识形态理论，同时又打开我们理解现代社会的空间视野，使我们能够把握奢侈消费这一话语权是如何确立起来的，进而理解鲍德里亚是在什么意义上批判和挪用了马克思的意识形态理论。这个问题是需要我们着重去回答的。

三　西方马克思主义的"消费社会"批判

马克思在阐释资本逻辑时，将生产视为起决定作用的必要环节，决定着消费、分配、交换等其他环节，而消费反作用于生产，对生产具有一定的反作用。但发展到 20 世纪，随着社会生产力的进一步提高，资本主义的商品生产由刚刚从手工业生产时期挣脱出来的资本主义机器化生产初级阶段迈入了全面机械化的社会化大生产阶段，源源不断的产品供应使得人们不再仅仅满足于基本的生活需求，而是在基本需求之外有着无限的对物质产品的欲求，越来越多的人陷于赚钱—花钱—赚钱的怪圈之中。在这种情况下，一些思想大师，以法国的列斐伏尔为先锋，率先指认了消费社会的来临，随后包括居伊·德波、罗兰·巴特等人如火如荼地展开了对消费社会的批判。进而，鲍德里亚经由这些人的理论中介重点分析了符号在现代消费社会中的存在与意义，他意识到奢侈品作为消费领域中的高端部分，用于解释符号价值最具说服力。由此，他将西方马克思主义的大众消费社会批判理论进一步推进到以奢侈消费为代表的符号政治经济学批判平台上，从而成为当代奢侈消费批判领域的领头羊。

（一）法兰克福学派对异化消费的批判

鲍德里亚曾提出，消费社会是一个"在需求和满足原则面前人人平等，在物与财富的使用价值面前人人平等"① 的社会。从大众消费者的角度来反观商品生产，并据此分析全民消费诱惑策略的有效性，其源头可追溯到法兰克福学派的文化工业批判理论。在《启蒙辩证法》中，霍克海默和阿道尔诺揭示了文化工业生于大众又反过来对大众实施操纵，仿佛是能够自我创生的主体。这构成鲍德里亚后来所展现的能够生产和操纵人们消费欲望的象征体系的先驱。文化工业的作用场所是人们可"自由支配"的闲暇时间，由此为人们营造出一种自由的幻象，这一点又同鲍德里亚后来所说的不劳动不过是劳动之镜像遥相呼应。可以说，法兰克福学派对以"美国"为代表的"文化与娱乐工业"缓和了阶级对抗意识，掩盖了阶级的对立和矛盾，并逐渐使工人阶级变得麻木，从而丧失革命意识的描述，开启了鲍德里亚消费社会批判的理路。

在 20 世纪中叶，电视机、广播等大众媒介已经普遍进入人们的生活。既然是大众媒介，那么其商业逻辑的核心就是遵循大众

---

① 〔法〕鲍德里亚：《消费社会》，刘成富、全志刚译，南京大学出版社，2000，第 34 页。

的喜好。"公众的态度，在名义上和实际上都支持着文化工业体系，因此它也是这个体系的一部分，并没有被排除在外。"① 例如电视新闻的选题如果不能抓住大众的眼球，就会无人问津，无从赢利。霍克海默和阿道尔诺并没有简单地停留在肯定大众喜好重要性的层面，而是反过来深刻地指出，公众并不是抽象的，它们的喜好它们的态度，其实是通过技术手段统计出来的。女性偏好哪款产品，男性偏好何种设计，针对消费者喜好的统计学在20世纪中叶已经成为屡见不鲜的现象。在今天这个大数据智能化的时代，统计方式、统计深度无疑变得更为精明。也就是说，所谓的"公众的态度"，并不是简单的公众个人的态度，而是这些个人偏好所集合的数据。文化工业并不是同活生生的个人打交道，而是同统计数据打交道。这样，通过技术处理过的数据就成为个人与文化工业的中介，变成不以个人意志为转移的客观存在。就其客观性而言，鲍德里亚后来提出的象征体系也是一种处于个人和社会之间的客观中介；就其表现性而言，鲍德里亚则进一步指出，这些大众消费者的偏好数据归根结底是符号的堆叠。

符号之所以为符号，就在于它承载着特定的社会意义，否则同大自然中寻常石头树叶的形状就没有区别了。既然承载了一定的社会意义，那么当人们遭遇符号时，符号就能够引导其作出相应的社会反应。当人们看到一款名牌衣服，下意识的反应是拥有这件衣服的人有一定的经济实力，那么同这个人交往的时候也将采取相应的方式。这种反应意味着对社会符号所承载的象征意义的认可，并进而遵循其符号逻辑来规范自身的行为。霍克海默和

---

① 〔德〕霍克海默、阿道尔诺：《启蒙辩证法》，渠敬东、曹卫东译，上海人民出版社，2003，第136页。

阿道尔诺的统计数据也具有同样的功能。统计数据勾勒出一个"常人"的世界，如果不遵循这一逻辑，就变成了一个不正常的人。在这个意义上，文化工业变成了法西斯极权主义的逻辑延伸，如果不按照这一约定俗成的标准来生活，就极有可能被排除到共同体之外。[1] 这样一来，本身源于消费者偏好的统计数据，反过来成为规训消费者的戒尺。这种现象在今天的粉丝圈文化中尤为凸显。比如某歌星出了数字专辑，按照正常的道理，只要购买一份就可满足听音乐的需求。面对普遍购买二三十张专辑的粉丝，那些买一张专辑、单单追求其使用价值实现的粉丝就变成了假粉丝，并因此遭受排斥。在统计数据或者象征秩序面前，商品的使用价值不再是人们消费的动力，真正的动力变成试图挤进某个文化圈子、获得一种身份认同的社会交往欲望。

一方面，技术数据源于公众；另一方面，技术数据又能引导公众。在霍克海默和阿道尔诺的分析里，技术数据和公众的能动性是不相匹配的。公众相对而言处于自发的位置，而并非有意识地创造或修正技术数据。情况恰好反过来，是技术数据在引导着他们进行消费，这些消费行为又构成了新的技术数据的一部分。今天这种现象已然司空见惯。人们看到"网红店"门口排起长队，便忍不住跟着去排队，结果越排人越多，店里的人气也越旺。《启蒙辩证法》指出了这一过程里被资本操纵的一面。数据即便不能被窜改，运用广告的手段也能暂时地营造出一种"红火"的表象。在这里，霍克海默和阿道尔诺又引入了第二个后来被鲍德里亚归为符号体系的内容，亦即广告。准确地说，并非所有的消费者都

---

① 〔德〕霍克海默、阿道尔诺：《启蒙辩证法》，渠敬东、曹卫东译，上海人民出版社，2003，第167页。

愿意去阅读艰涩的数据和专业的统计，人们更青睐于语言生动、形式丰富的广告。广告技术和宣传策略由此成为标准的数据代言人，就如同皇帝身边的传令太监高举着"如朕亲临"的金牌。广告的可操作性造成了人们认识当中的误区，仿佛广告说的就是数据本身，就是一种合理的生活方式。这么一来，社会正常人的标准就成了由商家广告所操纵、所宣扬的标准，这也就是文化工业体现出的异化方面："外部祛除真理，内部重建真理。"① 当然，后一种真理是人为操纵的意识形态。

同政治的强制性规范不同，文化工业所因循的心理机制是柔性的。它极少直接地在人们视为苦役的劳动领域发挥作用。相反，它抓住人们贬抑劳动的心理，把劳动之外的闲暇时间当成占领的目标。"辛苦了一天，下班对自己好一点。"在类似的广告语的煽动下，仿佛下班之后对自己"更好"，消费得更多，才能填补工作的"辛苦"。从个体方面来看，劳动之余的消遣娱乐，是对自己完整人格的修复；从社会再生产的视角来看，这只不过是劳动力再生产的一部分。"晚期资本主义的娱乐是劳动的延伸。人们追求它是为了从机械劳动中解脱出来，养精蓄锐以便再次投入劳动。"② 200 多年前马克思的《论犹太人问题》就已经预见到这种二重性和分裂性："人不仅在思想中，在意识中，而且在现实中，在生活中，都过着双重的生活——天国的生活和尘世的生活。"③

马克思也好，法兰克福学派的批判理论也罢，其着眼点不在

---

① 〔德〕霍克海默、阿道尔诺：《启蒙辩证法》，渠敬东、曹卫东译，上海人民出版社，2003，第151页。

② 〔德〕霍克海默、阿道尔诺：《启蒙辩证法》，渠敬东、曹卫东译，上海人民出版社，2003，第152页。

③ 《马克思恩格斯全集》第1卷，人民出版社，1960，第428页。

于这个二重性当中哪一个才是最本质最真实的，而在于揭露这种二重性本身就是虚假的。如果劳动不是一种苦役，如果人们能够在劳动过程中找到幸福，他们也不会把上班视为磨难，进而把下班后的闲暇时间寄托在消费狂欢中。在霍克海默和阿道尔诺的理论里，我们找到了鲍德里亚"生产之镜"这一比喻的由来。镜像的意思不是说镜子里的是真实的，镜子外面是虚妄的；生产是虚假的，只有享受和浪费才是真切的。鲍德里亚所要批判的是镜子成像的原理本身，生产是镜子本身，镜里镜外都是"生产主义"的意识形态，无论是劳动还是消费，无论是工作还是闲暇，都是资本主义体系的诡计。而躲避到消费或者消遣的领域，并没有摆脱这个吊诡的镜像，反而加强了它的存在。

　　法兰克福学派的另一位重要代表人物马尔库塞对于现代社会以及其中人的异化心理的描述，也对鲍德里亚产生了极为重要的影响。马尔库塞认为，理性压抑欲望的哲学论断古已有之，但只有通过马克思和韦伯，才能认识到理性的真实面目。社会理性表现为社会分工体系的合理性，在其中人们被固定到自己的岗位上，因循着这个分工体系的整体来作出"合理的"反应。我们知道，这个观点不是马尔库塞的首创，卢卡奇的《历史与阶级意识》已然开创将马克思的分工与韦伯的合理性思想相汇聚的先河。[①] 马尔库塞的增补之处在于，他发现分工体系不仅制造出人们的合理性标准，还为人们创造出虚假的快乐之源。分工体系告诉人们，当你完成某项工作的时候你所获得的成就感会使你快乐。如果说弗洛伊德的"快乐原则"指向人们试图满足欲望的冲动，那么分工

---

①　参见〔匈〕卢卡奇《历史与阶级意识》，杜章智等译，商务印书馆，1996，"物化与阶级意识"一章。

体系就把快乐原则给内化了。分工体系为人们树立了虚假的欲求对象，再进而把实现这一对象当作人们的原欲本身。[①] 更为直接地说，"我劳动，我快乐""我劳动，我光荣"的口号反映出彻彻底底的人的异化状态。人不是生来就热爱劳动的，之所以热爱劳动完全是因为误认了自己的欲望，是由于意识形态的蒙蔽。这一点，无疑启发了后来鲍德里亚对马克思主义劳动观的诘难。

由于把劳动完全视为社会分工体系所带来的苦难和压抑，马尔库塞自然而然地设想出一幅非劳动的解放蓝图。非压抑性的文明一定是免于劳动苦役的新文明，在其中，"劳动完全服从于人和自然的自由发展的潜能……消遣是非生产性的、无用的，这恰恰是因为它取消了劳动和闲暇的压抑性和开发性特征"[②]。那么，文明是如何从压抑转为非压抑的呢？马尔库塞认为，弗洛伊德之所以认为人们不得不依据现实原则而压抑自己的欲望，是因为社会的生产力还没有发展到能够允许人们的欲望得以全部实现的阶段。需要得不到满足，欲望得不到实现，所以人们才会为了生存而进行无休无止的斗争，同时也在斗争中学会了自我压抑和自我隐藏。反过来，一旦生产力达到高度发展的阶段，弗洛伊德的理论前提也就不攻自破了。"在摆脱了统治的要求之后，劳动时间和劳动能量在量上的减少，将导致人类生存发生质的变化……这些形式又会转而改变必然王国，改变生存斗争。"[③]

不难看出，马尔库塞的解放计划蕴含着对马克思生产力决定

①〔美〕马尔库塞：《爱欲与文明》，黄勇、薛民译，上海译文出版社，1987，第162页。

②〔美〕马尔库塞：《爱欲与文明》，黄勇、薛民译，上海译文出版社，1987，第143页。

③〔美〕马尔库塞：《爱欲与文明》，黄勇、薛民译，上海译文出版社，1987，第164页。

生产关系理论的挪用，而这一挪用是非法的。当马克思谈论生产力的进步时，更多的是把它当成生产关系变革的必要条件。例如《德意志意识形态》指出，如果社会关系的变革不以生产力的高度发展为前提，那么"全部陈腐的东西又要死灰复燃"[1]。而马尔库塞则主要从更积极的、规定的意义上来谈论生产力对闲暇时间的构成作用。在他看来，当社会异化到一定程度，人的劳动普遍为机器所替代时，人们就能够从劳动的束缚中解放出来，转而步入非功利性的审美王国。人们也就不需要展开生存斗争，也不需要压抑其原初的欲望。只有在这时，弗洛伊德所谓的"爱欲"与文明才能和解，得到非压抑性的升华，"生命体进入更大的统一体，从而延长生命并使之进入更高的发展阶段"[2]。可以说，马尔库塞的确带有鲍德里亚所批判的唯生产力论的观点，也由此成为鲍德里亚竭力攻击的对手。不过鲍德里亚将马尔库塞式的马克思主义当成马克思的学说本身，无疑是一种误读了。

（二）列斐伏尔对"消费受控的官僚社会"的批判

论及对鲍德里亚的理论影响，列斐伏尔这位指导其完成博士论文《物体系》写作的导师不可不提。可以说，他最先意识到了资本主义消费性质的改变——商品经济已经渗透到人类生活的方方面面，"出于爱、本能的责任感或者友好而给予的东西越来越少，为了经济上的利益而出售和交换的东西却越来越多"[3]。列斐

---

① 《马克思恩格斯全集》第 3 卷，人民出版社，1956，第 39 页。
② 〔美〕马尔库塞：《爱欲与文明》，黄勇、薛民译，上海译文出版社，1987，第155 页。
③ 〔法〕亨利·列斐伏尔：《日常生活批判》第 1 卷，叶齐茂等译，社会科学文献出版社，2018，第 30 页。

伏尔从 20 世纪 30 年代中期一直到 70 年代都纠结于这样一个问题：如果现代社会按照马克思所说的在拜物教结构中被神秘化了，那么这个神秘化的机制在今天和马克思那个时代有什么样的差别？而其中，他在日常生活研究，在整个现代性及其论证的开辟过程中紧扣的一个焦点问题就是从商品的垄断生产到消费的控制问题，这一问题恰恰是激进左派所面临的理论困境。

20 世纪中叶，资本主义经过战后的灾后重建以及科学技术的迅猛发展，极大地促进了经济的迅速增长与财富商品的大量堆积，在劳动生产时间之外，人们开始享有大量闲暇、娱乐、消遣和休息的时间，这种时间并非马克思所说的那种人类自由全面发展的时间，而是对资本主义越发沉重的劳动生产活动的补偿机制。早在出版于 1947 年的《日常生活批判：概论》中，列斐伏尔已经认识到现代工业文明不仅创造了劳动的更加精细的分化，而且也创造出了"对闲暇的一般需要"，"闲暇是具有自动生成特征的新的社会需要的一个明显例证，社会组织通过给这种新的社会需要提供多种满足手段，从而指导、影响、改变和调节着这种新的社会需要"。① 不过此时，列斐伏尔仅仅将闲暇时间作为与劳动生产性时间相对立的补充和附属角色，而没有完全认识到这种闲暇时间出现的根本性意义。在写于 1967 年的《现代世界中的日常生活》中，列斐伏尔着重反驳了所谓的"闲暇社会""（后）工业社会""丰裕社会""技术社会"等林林总总有关社会性质的新定义，正式提出了其消费社会批判的关键问题式——消费被控的官僚制社会；并且指出在消费受控的官僚制社会，居于资本主义经济过程

---

① 〔法〕亨利·列菲伏尔：《日常生活批判：概论》，叶齐茂，倪晓辉译，社会科学文献出版社，2018，第 30 页。

中心地位的不再是劳动与物质生产过程，而是交换与消费过程。换言之，列斐伏尔认为现代日常生活并非是由劳动生产过程所主导的完全一体化的统治体系，也并非是由政治经济制度与物质生活过程截然而分的二元结构，而是一个充斥着各种各样次体系的消费被组织化的社会。他还重新解释了马克思的经济基础与上层建筑理论，认为现代社会就是由以下三方面构成的："（1）经济基础：劳动、生产物质客体和财富，以及劳动的分工和组织；（2）结构：社会关系，既是被结构了的又是结构的，被基础和所有制的决定关系所支配；（3）上层建筑：法律（契约和法律）、制度（国家中的其他方面）和意识形态。"① 而日常生活的商品化指的不仅仅是经济基础层面，它同时也意味着整个社会关系与上层建筑的商品化，并且消费不再是一个次要的附属分支，而成为被资本主义用来组织新型的控制与剥削压迫最为严重的场域。

在《现代世界中的日常生活》一书中，列斐伏尔非常重要地指出了控制现代日常生活与消费过程的最高物神和根本力量就是"次体系"。"次体系"这一概念是对罗兰·巴特"流行体系"概念的改造。巴特借助于索绪尔的语言学从而提出了一种超语言学的文化符号学分析。他说明了身体装饰物是如何作为一种语言被组合起来的，尤为重要的是他指出时尚系统是为了控制外表而由时尚行业和广告媒介建构的意识形态，其最终目的还是促进商品的消费和销售。而在列斐伏尔这里，次体系并非传统意义上的物，也不再仅仅指代一种商品堆积物，而是指各种各样的工具理性化与功能化的诸体系，它是资本主义消费体制精心设计组织起来的

① Lefebvre H., *Everyday Life in the Modern World*, Trans. by Sacha Rabinovitch, New Brunswick and London：Transaction Publishers, 1994, pp. 31 – 32.

"技术－消费体制"，例如服装、时装杂志、烹饪、旅游、摄影、媒介以及都市规划等所肢解的社会现实的碎片物。无所不在的各种次体系对日常生活进行渗透与隐性统治，身处这样的社会之中，"工人阶级没有意识到消费的结构以及他们因消费而被剥削的结构；交换的意识形态，'为了工资而工作'，遮掩着真实的生产条件、正在构成的和已经构成的关系（出卖劳动力、所有权和被一个阶级控制生产方式的管理权）。这种关系已经变得模糊了，消费意识形态仅仅增加了这种模糊性。消费是生产的替代物，作为剥削它被加剧了，它按比例地产生了较少的强迫性"①。据此我们可以看出，列斐伏尔颠倒了经典马克思主义"物质生产第一性"的历史唯物主义基本原则，从而确立了以消费为主导的现代性的消费社会批判理论。

列斐伏尔在 20 世纪上半叶规模化、机械化的"福特制"商品生产广泛普及的社会现实下积极思考消费问题，并以"消费被控的官僚制社会"指认了当时资本主义新的统治特征，毫无疑问是消费社会批判理论最重要的奠基者之一，同时也构成鲍德里亚思考消费社会现实的理论基础。作为列斐伏尔学生与同事的鲍德里亚，他继承了列斐伏尔日常生活商品化与消费社会来临的一般性理论前提，在《物体系》《消费社会》《符号政治经济学批判》等重要著作中进一步发展了消费社会批判理论。鲍德里亚则以更加简洁有力的"消费社会"来标识资本主义社会的新阶段，并且进一步指出"今天所有的欲望、计划、要求、所有的激情与所有的关系，都抽象化（或物质化）为符号和物品，以便被购买

---

① Lefebvre H., *Everyday Life in the Modern World*, Trans. by Sacha Rabinovitch, New Brunswick and London: Transaction Publishers, 1994, pp. 91 – 92.

和消费"①，被消费的不再是马克思意义上使用价值的物，而是符号－物，人们对这种符号－物进行消费的目的不再是获取享受功能，而是为了维护符号秩序与组织社会控制的生产力系统与符码体系。在《物体系》一书中鲍德里亚重点阐释了列斐伏尔关于"次体系"这一概念的相关论述，并指出"次体系"是当代社会身份地位的结构性象征符码，这种符码是极权的，没有人能够逃脱它的统治。他还通过对微观的家庭装修以及现代家庭精巧的技术装置的符号学分析，得出了重要论题：现代技术秩序通过对家庭等微观生活的设计、管理从而深化了资本主义的奴役统治。日常生活商品化的发生过程与机制就在于时尚系统、商品化和现代装置技术革新取得了支配性的地位，后者通过深层次所指功能的编码以及表象系统从而将人们的消费行为转变为操纵客体的技术行为。符号－物的消费成为资本渗透到微观社会层面乃至人的灵魂现代性设计出来的能指系统，被标志为现代世界的最高物神。

（三）德波对"消费社会"景观拜物教的批判

德波是情景主义国际最重要的代表人物，在他看来，今天随着信息技术的不断创新，以及大众媒介的广泛普及，原本只处于经济领域中的商品拜物教已经扩展至社会生活的各个方面，发达资本主义社会已经进入影像物品生产与物品影像消费为主的景观社会，比商品实际的使用价值更重要的是它的华丽外观和展示性存在。景观正成为一种物化了的世界观在人们面前耀武扬威。资

---

① 〔法〕布希亚：《物体系》，林志明译，上海人民出版社，2001，第224页。"布希亚"即鲍德里亚，又译为波德里亚、博德里亚尔等。

本家通过控制景观的生成而得以实现对整个社会生活的操纵，社会的真实面目因此而被遮蔽掉。人们沉沦于通过广告媒介等各种手段呈现出的五花八门的景观中，就像痴迷的观众一样观赏着资本家操控的一幕幕景观性演出，在资本主义现实的统治下无处可逃，更毫无反抗之力，乃至离本真生活渐行渐远，彻底沦陷，成为现存体制合法性的同谋。

这里，马克思的抽象成为在德波的景观社会中发展为意象与幻觉的统治。德波尝试着在"景观社会"中发展出政治经济学的新的激进批判，即对意象意识统治一切的全面批判，他宣称：现代资本主义社会已经从马克思所分析的在生产过程中对工人进行统治和奴役转向景观生产过程中的全面控制，"经济统治社会生活"的阶段至此断裂，进入"景观意识形态的全面操纵"阶段。这一思想成为鲍德里亚形成奢侈消费批判理论的重要环节，他后期自创的"类象"一词也正源于此。后来有学者指出，德波写作的《景观社会》是对外部景观逻辑的表述，只能算是景观发展的初级阶段；而到了鲍德里亚的理论思考阶段，景观已经进入全面发展的时期，深入到了奢侈品内部的符码逻辑。① 可以说，正是德波的"景观社会"理论才助推了鲍德里亚得以洞悉当代资本主义奢侈消费的现实。

综上所述，马克思及其以后的理论家们从文化角度、符号角度以及意识形态角度对当代资本主义社会消费问题的解读，无不对鲍德里亚产生重要影响，他正是借用这一理论范式来建构自己的理论大厦。他把"自己的老师列斐伏尔、巴特、德波等人对资

---

① 〔法〕鲍德里亚：《消费社会》，刘成富、全志刚译，南京大学出版社，2014，第 8 页。

本社会最新变化的批判转喻成了一种抽象的哲学反思"①，虽然列斐伏尔、马尔库塞、德波等人是在一般商品的意义上来谈论各自的理论，但鲍德里亚意识到，意象意识形态和符号控制等理论用来解释当今的奢侈消费问题更为精准，奢侈品的获利模式以及其中潜藏的意识形态性正是将这些理论发挥到极致的表现。同时，他还受到"莫斯—巴塔耶的草根浪漫哲学"②、凡勃伦"有闲阶级论"、加尔布雷思"富裕社会"、布尔迪厄"区隔"、拉康的镜像理论，以及尼采、萨特、麦克卢汉、马尔库塞、列维·斯特劳斯、福柯、德勒兹等人的思想熏陶。当然，这也仅限于其早期有关消费社会理论的建构，集中体现于《物体系》、《消费社会》和《符号政治经济学批判》这三本著作中。鲍德里亚是一位思维十分发散的理论家，尤其到了后期，在写作《生产之镜》《象征交换与死亡》《拟像与拟真》等时，更是与曾经影响他的各位理论先师决裂，进入自己天马行空的创作阶段。但无论如何，对"物"的分析始终是他理论的一个绕不开的节，尤其是他独自专心于奢侈品消费这一特殊领域的研究。概而言之，正是在以上我们所分析的理论背景影响下，鲍氏才得以从消费社会理论跳跃到建立在以奢侈消费为具象的研究上来。

---

① 卓承芳：《21 世纪为什么是维希留的时代而不是鲍德里亚的时代?》，《现代哲学》2014 年第 6 期。
② 张一兵：《反鲍德里亚：一个后现代学术神话的祛序》，商务印书馆，2009，第 3~6 页。

第三章　鲍德里亚对奢侈消费意识形态性的批判

　　20世纪中后期，以巴特为代表的符号学家深入到符号学内部去解读奢侈消费问题。奢侈消费在资本主义社会后期就成为象征人们身份地位的符号标识，这就打破了在资本主义以前的发展阶段，奢侈品只是贵族阶层的消费特权这一铁的规定。原本人们的身份地位跟所享用的物品是相符合的，也就是说人们的奢侈享受是真实的，但随着资本主义的产生，这一真实享受变虚假了。马克思在《德意志意识形态》中特别批判了这一点，鲍德里亚的符号政治经济学批判也是针对这一问题的。他系统研究了奢侈消费意识形态在当代资本主义阶段，或者说在现代经济权力中是如何布展开来的，更重要的是如何发挥它的意识形态性的。在他看来，当代资本主义已经从商品的垄断性生产走向对差别、意义的垄断性生产，而今天奢侈消费在全球范围内的迅速扩展正是现代工业差异、个性、意义垄断性生产的标志。在资本主义经济以及政治权利的共同作用下，奢侈品的效用发生明显改变，即奢侈品的使用价值乃至交换价值都一并被符号价值所压抑，符号消费成为新的阶级定义法，对人们进行全新的等级区划。这就导致人在空无的符号世界中丧失自我，盲目追求这种由资本生产制造出来的新的意义，从而臣服于资本的统治。包括鲍德里亚本人也没能从这

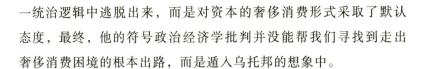

一统治逻辑中逃脱出来，而是对资本的奢侈消费形式采取了默认态度，最终，他的符号政治经济学批判并没能帮我们寻找到走出奢侈消费困境的根本出路，而是遁入乌托邦的想象中。

一　更换理解鲍德里亚"消费社会"的理论视域

　　国内外学者对鲍德里亚理论的追踪研究已经有三十几个年头，尤其在千禧年末更是掀起了一阵研究热潮。目前学界的普遍共识是：以符号学分析方法透视当代资本主义的消费现实是鲍德里亚理论的重要贡献。但由于鲍氏本人对"消费社会"这一术语缺乏明确界定，而单从其主要文本中也难以把握住它的具体所指范畴，这一方面给研究带来了不确定性，另一方面也给我们创造了解释学空间。当然，对于研究者而言，准确把握一个概念是理论研究的前提，同时也是作为学者应有的姿态，任何有价值的研究都不应是一意孤行的妄自揣测，而一定是建立在尊重作者本意基础上的理论挖掘。要在已有的理解基础上另辟蹊径可谓困难重重，不免要遭受来自各方的质疑。尽管如此，笔者仍想尝试从奢侈消费的角度来理解鲍德里亚"消费社会"这一概念。至于即将扑面而来的各种质疑，笔者希望有更多的时间和更充裕的思考来进行回应。

　　综观整个鲍德里亚的阐释逻辑，他采用符号学的分析方法把消费看成一种区分人们等级地位的标志。消费具有对特定团体进行分级的功能，人们通过消费来互相攀比、炫耀，这显然不是一般的商品消费所能做到的。"鲍德里亚的'物'是区别于'一般之物'，是'差异之物'或'符号之物'。"[1] 鲍氏本人在《物体系》

---

① 卓承芳：《21 世纪为什么是维希留的时代而不是鲍德里亚的时代》，《现代哲学》2014 年第 6 期。

的结论部分也将消费视为我们的工业文明时期一种特有的作用模式，和传统意义上理解的与生产相对应的消费有所差异，必须把它"从一种满足需要的程序中释放出来"。"消费并不是一种物质性的实践，也不是'丰产'的现象学，它的定义，不在于我们所消化的食物、不在于我们身上穿的衣服、不在于我们使用的汽车、也不在于影像和信息的口腔或视觉实质，而是在于，把所有以上这些元素组织为有表达意义功能的实质；它是一个虚拟的全体，其中所有的物品和信息，由这时开始，构成了一个多少逻辑一致的论述。如果消费这个字眼要有意义，那么它便是一种符号的系统化操控活动。"① 如果一定要以日常之物建立物体系，那一定会破绽百出、效力薄弱。《消费社会》一书中也明确将消费规定为"1. 不再是对物品功能的使用、拥有等；2. 不再是个体或团体名望声誉的简单功能；3. 而是沟通和交换的系统，是被持续发送、接收并重新创造的符号编码，是一种语言"②。现代消费不再与个体的需要、用途有关，其本质功能在于通过它所编码的一整套组织完整的符号秩序来维持社会体系的正常运转。在《符号政治经济学批判》中，还有一处对消费的定义："那些屈从的和被同化的阶层，强烈地需求文化，追求社会升迁，因此他们沉迷于物以及对物的崇拜之中，或者至少沉迷于一种文化的妥协之中，这种文化妥协受控于一个群体中经济的和富有神性的强制。这就是消费的表象及其定义。"③ 消费像被

① 〔法〕布希亚：《物体系》，林志明译，上海人民出版社，2001，第 223 页。
② 〔法〕鲍德里亚：《消费社会》，刘成富、全志刚译，南京大学出版社，2000，第 77 页。
③ 〔法〕鲍德里亚：《符号政治经济学批判》，夏莹译，南京大学出版社，2015，第 35 页。

赋予了魔力一样，让人不断地沉迷于对物的崇拜之中。物具有社会升迁的文化内涵，由此可见，这里的文化/物一定是奢侈品。

接下来，鲍氏还指出了统计学中对"A"群体与"非A"群体的区划，它们之间的界限可以明显地由奢侈品表现出来，而诸如"日常食物、基本的设备和普通的化妆品"[①] 在这两个群体之间并没有显著差别。鲍氏所讲的根本就不是在一般意义上对商品的使用价值的消费，而是在社会深层逻辑层面对消费物的编码的认同。他从物的使用价值和交换价值的关系，到物本身的使用价值建立在交换价值上，最终演变成一种社会差异性的符号，虽然在这一整个论述逻辑中，鲍德里亚从未刻意提过奢侈品，但他总是不自觉地转向奢侈品，而且认为整个资本主义丰裕社会、消费社会中都有这个情况。他在《物体系》中间涉及的古玩；在《消费社会》中举例当时"欧洲最大的商业中心"——帕尔利二号，而且还提到"科卡尼地区对奢华物质的狂妄自负"，以及分析杂货店（或新的商业中心）与以往大商店的不同——以往的大商店提供给广大百姓日常消费品，而杂货店却"具有完全不同的意义：它不把同类的商品并置在一起，而是采取符号混放，把各种资料都视为全部符号的部分领域"[②]；在《符号政治经济学批判》中提到的现代艺术品拍卖及对赝品的分析等，实际上都关涉奢侈品。还有一点，他揭露了消费社会中的浪费问题，以往的社会中"浪费始终被视为一种疯狂、精神错乱、本能的官能障碍，因为它使得人们焚毁

---

① 〔法〕鲍德里亚：《符号政治经济学批判》，夏莹译，南京大学出版社，2015，第40页。

② 〔法〕鲍德里亚：《消费社会》，刘成富、全志刚译，南京大学出版社，2014，第4页。

储备物资，并通过非理性之举殃及生存条件"①，也就是浪费始终被视为一种非理性消费而受到道德上的谴责。但是在今天，对物品的耗费正成为表现一个人的价值、差别和意义的地方，"浪费远远不是非理性的残渣。它具有积极的作用，在高级社会的功用性中代替了理性用途，甚至能作为核心功能——支出的增加……也就是作为生产性的消费——与建立在需求、积累和计算基础之上的'节约'恰恰相反"②，浪费也因此而具有了特别的社会功能。这里，鲍氏的理论十分倾向于莫斯在《礼物：古式社会中交换的形式与理由》中描述的"库拉"和夸富宴，以及巴塔耶的"耗费经济学"③。只是鲍氏谈论的浪费是一种被纳入资本主义经济体系之中的"理性"行为，"经济体制只有考虑到所谓'理性'的时候，才会在节日般的浪费过程中超越自己的原有水平。从某种意义上来说，它带着愧意只是噬掉了财富的增添部分"④。浪费成为维持资本再生产而蓄意为之的行为，或者毫不夸张地讲，"是它确定了整个体系的方向"⑤，"在这个社会中，浪费式消费已变成一种日常义务，一种类似于间接赋税的、通常无意识的强制性的指令，一种对经济秩序束缚的不自觉的参与"⑥。据此，我们有理由推测，

---

① 〔法〕鲍德里亚：《消费社会》，刘成富、全志刚译，南京大学出版社，2014，第 22 页。
② 〔法〕鲍德里亚：《消费社会》，刘成富、全志刚译，南京大学出版社，2014，第 22 页。
③ 莫斯和巴塔耶的相关理论将会在本书的第三章第四节"回归非功利性的象征价值"一节进行详细说明，在此不作重复解释。
④ 〔法〕鲍德里亚：《消费社会》，刘成富、全志刚译，南京大学出版社，2014，第 27 页。
⑤ 〔法〕鲍德里亚：《消费社会》，刘成富、全志刚译，南京大学出版社，2014，第 24 页。
⑥ 〔法〕鲍德里亚：《消费社会》，刘成富、全志刚译，南京大学出版社，2014，第 26 页。

鲍氏所面对的论域并不是我们每日生活出入的市场、集市，而是那种高尖端的商场，是着装精致的富人经常出入的购物天堂，人们购买的是奢侈品而不是一般价格低廉的商品。奢侈品因为具有"享乐、丰盛、舒适、高端"等文化意蕴而具有了被资本操控的可能，也因此成为当代资本主义最显著的意识形态统治手段。

通过以上分析，鲍氏的"消费社会理论"可以被理解为"奢侈消费理论"。换言之，从当下看，他的理论不适用于解释一般的商品消费，而适合对奢侈品的剖析，并通过这些剖析达到批判整个资本主义意识形态性的目的。总之，从严格意义上来说，鲍德里亚就是一位研究奢侈消费的社会学家。

具体而言，鲍德里亚对当代奢侈消费意识形态问题的阐述经历了"三步走"的过程。首先是他对奢侈品使用价值的彻底否定，鲍氏认为资本主义阶段奢侈品的使用价值已经变得不重要，重要的是抽象的符号价值。"在提出关于波德里亚的使用价值问题的时候，我们必须认识到他本人曾经攻击过使用价值和交换价值的概念，并认为资本主义目前的形式是围绕着符号价值结构而组织起来的。"① 虽然奢侈品不能摆脱基本生产材料的纠缠，比如作为奢侈品的劳斯莱斯汽车仍然是由钢铁、塑胶等材料生产而成的，但这里材料的属性已经没有任何意义和价值了，因为奢侈品的概念就代表了人际关系，人与人之间的沟通直接变成了货币关系。所以奢侈品的流通就不再是简单的商品和使用物品的流通，而是直接的资本交换关系的表达。更通俗地讲，是以符号价值来替换奢侈品自身的使用价值，主要是因为这样才能渗透进资本主义的意

---

① 〔美〕道格拉斯·凯尔纳主编《波德里亚：一个批判性读本》，陈维振等译，江苏人民出版社，2008，第3页。

识形态中，以及达到让人们在迷幻状态下消费更多，以使资本家赚取更多利润的目的。其次是他对奢侈品符号价值的升华。"要成为消费的对象，物品必须成为符号。"① 人们忽视了奢侈品的实际使用价值，而把它当作一种财力以及身份地位的证明，换言之，今天的奢侈品仅仅成为象征成功人士或有钱人的符号。不同于以往人们对奢侈品的购买，吸引人们去消费的不再是奢侈品本身的功用性，消费过程中再三权衡的也不再是奢侈品的实际用途，而是某种被制造出来的象征性符码意义，是由大众媒介引导的屈从消费行为。"它被消费——但（被消费的）不是它的物质性，而是它的差异（difference）。"② 似乎能买得起 LV 的人真正同属一个等级，与购买班尼路的人群明显地区分开来，好像高他们一等。但事实是以消费确证的貌似平等的社会秩序是一种幻觉，对奢侈品的消费被抽象为一种符号，纳入当代资本主义的统治系统中。在这个过程中统治阶级成为资本家的共谋，资本通过消费完成了霸权，人终究无法从这一困境中走出来，最终的反抗只能像 1968 年五月风暴一样的无政府主义暴死。总之，"鲍氏以符号为入口打开了对新社会（消费社会）认识的闸门，扭转了传统的认识路径，奠定了最终的理论指向。符号是其理论的中心线索，社会符号化（消费社会是符号化的、为符号所主导和演绎的场景）构成了其学说的中枢"③。最后是他的理论爆破处，也就是消解奢侈品的符号价值，回归非功利性的象征性交换价值。由广告媒介等多种手段对消费的引导，导致人们盲目追求奢侈品。最终，在奢侈消费的

---

① 〔法〕布希亚：《物体系》，林志明译，上海人民出版社，2001，第 223 页。
② 〔法〕布希亚：《物体系》，林志明译，上海人民出版社，2001，第 223 页。
③ 张天勇：《社会符号化——鲍德里亚的另一个研究视角》，《哲学动态》2008 年第 1 期。

世界中，"超真实"的世界取代了"真实"世界。至此，他宣布：在仿真和超真实的新纪元中，马克思主义的政治经济学已经过时了。最后鲍德里亚选择了莫斯"象征交换"这样一种原始的方式作为他的理论出路。

　　本章接下来的任务就是从鲍德里亚的文本出发，从以上三个方面分别进行深入剖析，勾勒出鲍德里亚对奢侈消费问题的完整论证思路，以呈现他运用消费文化学的方法论对当代资本主义的意识形态性进行批判的具体方式，深入理解鲍德里亚是如何从大众消费社会批判理论走向对当代奢侈消费意识形态性的批判的。

二　奢侈消费是对符号价值的追求

　　马克思在《资本论》第 1 卷中分析商品的价值形式时明确指出："商品是以铁、麻布、小麦等"具体物质形态存在于日常世界中的，它们之所以是商品，只因为它们是二重物，既是使用品，同时又具有价值，可以被用来交换。① 也就是说，使用价值是一切商品都具有的重要因素之一，在一般的商品消费中，经济交换行为仍要以物的使用价值为基础才能得以实现，而交换价值则作为使用价值的代理人才得以出场。但在现代经济关系中，大量的堆积物使使用价值变得无关紧要，人们不再为能否获得使用价值所困，反而是交换价值成了衡量人们生活品质，乃至社会地位的重要象征而变得异常突出。"根据交换价值的有效性，使用价值变得

---

　　① 〔德〕马克思：《资本论》第 1 卷，人民出版社，2008，第 61 页。

纯粹是被观看的，并且现在它已完全被交换价值所摆布"①，由此，交换价值成功地控制了使用价值，使用价值成为交换价值的附属品。鲍德里亚更是在这一观点的基础之上臆造出符号价值，他认为当代资本主义社会已经发展到这样一个阶段，即作为特殊商品的奢侈品不再依赖实实在在的自然样态存在，它摆脱了物的使用价值，而代之以纯粹的符号形式来获得交换。因为如果单就使用价值而言，奢侈品与一般的商品并无本质性差别，都是用来满足人们的某种具体需要，那为什么它的价格却能高于一般商品几十倍甚至更多？比如，一款经典的 LV 手袋售价在 2 万元左右，而普通的皮质包也就 500 元左右，面对如此巨大的价格差异，一些人仍然选择奢侈品，似乎价格在奢侈品消费者眼里根本不成问题。

鲍德里亚认为在当代资本主义时期奢侈品除了具有使用性功能之外还有超自然的特质，它跃出了实用范围，成为被符号标识的物，具体体现为奢侈消费成为人们财富实力的象征。在奢侈消费过程中可以充分体现出财富的耗费，奢侈品的价值"在超越交换价值的层面上展现出来，并以对其的消耗为基础，赋予了物的购买、获得、分配以差异性符号/价值"②。具体而言，在奢侈品身上有一个来自文化的抽象化过程，面对文化性功能，使用性功能就要隐退，而正因为奢侈品具体的功能性遭到否定，只剩下作为符号的一般性功能存在，才使它得以拥有超越自身功能的可能，继而迈向一个二次度功能，被整合于社会这一整体中，使整个社会符合符号的系统性逻辑。一言以蔽之，奢侈消费在今天并非侧

---

① 〔法〕居伊·德波：《景观社会》，王昭凤译，南京大学出版社，2006，第 16 页。
② 〔法〕鲍德里亚：《符号政治经济学批判》，夏莹译，南京大学出版社，2015，第 138 页。

重其使用价值，而是成为人融入整个世界和社会结构中的一种全新方式。鲍氏认为这是他的一大新发现，是"被马克思的政治经济学所忽略的方面"，而他的这一发现是从分析物的原始象征性功能的丧失开始的。

（一）奢侈品符号价值的凸显

在鲍德里亚的论述逻辑中，消费对象不再是具体的物品，不再是被人所使用的物，他认为传统物品身上所具有的象征关系在当代工业文明的物品身上已经隐退。传统意义上的对象物在内涵上都是以人的需要为参考系的，物的功能性一定是为人的功能性，也就是说，当我们在讲到一个消费对象的时候，它一定是以人的使用为参考系的。但是鲍德里亚说，用来冰冻东西的冰箱，用来洗衣服的洗衣机都不是他所谈论的"物"，他真正在讲的"物"恰恰是失去了使用价值，在内涵的拓展上挣脱了通常意义所讲的参照系，而成为统治系统中的符号之物，更准确的描述是"符号－物"（L'object/sign）。"正是在对物品使用价值（及与之相联的某些'需求'）进行贬低的基础上，才能把物品当做区分因素、当做符号来开发——而符号是对消费作了特别规定的唯一层次"[①]，这样才发展到以物为中心的地步。

纵观整个人类发展史，物都是被人使用的，以人为中心，是与人共在之物，包括劳动工具和其他人们所使用的东西，总是跟人紧密联系在一起，人使用物时会有临在感和历史感存在，"它们生活其中的真实向度受到它们所要表达的道德向度紧紧束缚"[②]。

---

① 〔法〕鲍德里亚：《消费社会》，刘成富、全志刚译，南京大学出版社，2014，第75页。

② 〔法〕布希亚：《物体系》，林志明译，上海人民出版社，2001，第14页。

鲍德里亚以家具的摆设为例，认为其有凝聚家族情感的作用，传统家具的摆放位置体现了家庭的权威性，是作为人与人关系的化身而存在的。但发展到工业文明之后，物的这一方面内容就完全消解了，家具的摆放越来越随性，完全失去了传统与人相对应的观念。不仅如此，人们在过去使用物时是上手的、舒适的，甚至有一种自身生命能量释放的感觉，但现在人们面临越来越多的工业产品时反倒失去了这种感觉，而是转变成对纯功能主义神话的追求。鲍德里亚认为，现代物的形式与人体的结构相脱离了，这就取代了传统物的人性化特点，人不过是积极地参与到使用物的过程中，甚至人本身成了这一过程的旁观者，在旁观着物的魅力的散发。"物品不再被一个由手势构成的剧场围绕，在其中扮演角色，今天，它的目的性的极度发展，使得物品几乎成为一个全面性程序的主导者，而人在其中不过扮演一个角色，或者只是观众。"[1] 这正是自动化时代给人们带来的错觉，使人们误以为它体现了机械的人性化，机器本身能够挣脱人的控制，自动运转，这样人们就能既省力又省时。然而自动化机器和使用者之间却好像存在着某种距离感、冷漠感，不是人在操作机器，不再有人使用它的感觉，而是机器和人就像获得了平等地位一样，它自身在按照某种理解展现出一个独立的发展体系。"过去掌握物品需要使用全身，现在则代以（手、脚）接触，（视觉、偶尔是听觉）的操控。简言之，现在只有人的'外端'积极地参与功能化的环境。"[2] 鲍德里亚指出这种感觉是不对的，它反映的是人的一种惰性，是一种异化式的欲望。

---

① 〔法〕布希亚：《物体系》，林志明译，上海人民出版社，2001，第55~56页。
② 〔法〕布希亚：《物体系》，林志明译，上海人民出版社，2001，第50页。

随着技术模式的进步，人在使用物的过程中要承担的责任不过是施行机械化的操控而已，而就连这一责任甚至有一天都可能完全由机器来承担。现在人完全被置于一个组织者和诠释者的位置，主体面对自动化的东西被赋予了一个被动的观察者的角色，实际上这是一个异化了的欲望。鲍德里亚说这是一种强迫性欲望，它不是人自主体现出来的，而是虚假的。对人来说，更重要的是一种符号，这种中性的功能体让人在里面变得渺小，它不再以人用起来舒服为标准，而是以物自身的发展为标准，这个就叫功能主义的神话。劳动力的消耗“虽然在机械和操控手势中被抽象化了，却不就此消失；它内化为一个纯心智的活力，那就是功能主义神话的活力”[1]。由此，物本身取得了其独立的意识，而在人的控制范围之外。“在技术完美的物品这个层次上，物人间的钩链被摧毁了，但它却为另一种象征体系所取代，此一象征体系不再属于初级功能，而是属于上层建筑功能：人投射在自动化物品身上的，不再是人的手势、能量、需要和身体形象，而是人意识上的自主性、人的操控力、人的个体性、人的人格意念。”[2] 物所演绎的不再是一个功能主义的神话，甚至不是一个用途，一个有用的神话。凡是具有特定的、具体的指涉关系的物品都不是消费对象，而是主体赋予物以偶然性的象征关系，物不再是使用价值方面的存在，这样就迫使人们在符号系列中寻求物品的存在，这才是鲍德里亚所要讲的消费的重要意义。“可以确信的是，物是一个显现社会意指的承载者，它是一种社会以及文化等级的承载者——这些都体现在物的诸多细节之中：形式、质料、色彩、耐用性、空

---

① 〔法〕布希亚:《物体系》，林志明译，上海人民出版社，2001，第57页。
② 〔法〕布希亚:《物体系》，林志明译，上海人民出版社，2001，第132页。

间的安置——简言之，物构建了符码。"①

工业时代的种种狡计导致物的原始象征功能消失殆尽，代之以市场经济时代功利性原则下没有了灵魂的横尸走肉。"与经济的交换价值被转换为符号/价值并存着一个将象征价值还原为符号/价值的过程。而对每一个方面来说，经济的交换价值以及象征价值都失去了它自身的地位，成了符号/价值的追随者。"② 存留在奢侈品身上的只剩下工业化时代生产的痕迹——消解掉物品身上独有的功用性，重新制造出与之对应的符号意义。

在今天工业化商品生产全面发展阶段，物完全挣脱了人的控制，跃出人的使用框架，而变成了一个新的整体，不再跟物的本意联系在一起，作为单独物的使用性功能遭到破坏。在列斐伏尔看来关键在于两点。第一是操纵需要的过时性。消费社会操控着物品的使用寿命以及持久性，从而破坏人们真实的社会生活需要，加快物品及其样式的更新周期，通过精密地计算组织控制着消费系统，让新的需要迅速替代旧的需要，这其实是一种欲望的策略。第二是流动性与停滞性之间发生冲突，停滞性成为资本主义剥削日常生活的手段，而瞬间性则成为对消费的操控。"当瞬间不再是痛苦而是欲望、意志、质量和要求时，这就是阶级的垄断，这个阶级控制着时尚和品味，使世界成为他的舞台；另外，物体的破损（量、数目以及时间、耐性、非意求和想要的）也是阶级策略的一部分，这种策略（通过前面论述的非合理化）直接走向对日常生活的合理拓殖。对瞬间的崇拜，反映

---

① 〔法〕鲍德里亚：《符号政治经济学批判》，夏莹译，南京大学出版社，2015，第16页。

② 〔法〕鲍德里亚：《符号政治经济学批判》，夏莹译，南京大学出版社，2015，第151页。

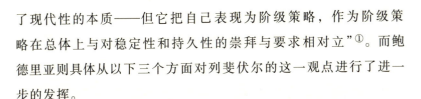

了现代性的本质——但它把自己表现为阶级策略，作为阶级策略在总体上与对稳定性和持久性的崇拜与要求相对立"①。而鲍德里亚则具体从以下三个方面对列斐伏尔的这一观点进行了进一步的发挥。

1. 通过技术破坏加快物的老化速度，从而缩短其使用周期

如今商品的使用寿命受到人为影响而被过早淘汰，主要是通过技术破坏和追逐时尚这两种途径达到的，"两个最为显著的变化影响着物的生命长度及其耐用性：一个是它们被淘汰的真实周期，这是基于它们在技术上的结构以及它们的材质而产生的；另一个则是在继承中所具有的价值或者相反地基于时尚的变化而加速消退"②。生产商故意不生产耐用的商品，而是留有某些缺憾，让产品加速死亡，然后通过广告媒介的大肆宣传，宣告一种全新的产品的诞生，并美其名曰为时尚，以便让人们趋从时尚价值，迅速接受新产品，同时废弃旧有物品。这样原有物即使仍能使用，也免不了被淘汰的命运。商品的"现代"短暂性，实际上就是屈服于资本市场不断运行的逻辑，而遵从加速报废的规律，这一点，从手机、电脑、照相机等电子产品在今天更新换代的频率就可以很清楚地看出来。产品的整体质量和性能是在不断提升的，但一定会有某个环节存在缺陷，而这一缺陷在下一代新产品诞生前必然暴露出来，这就意味着你所拥有的东西老化过时了，这样，自然而然地就为新产品的上市打开了销路。总之，"在我们的时代，成为流行就是为市场而创作，就是回应市场的需求——包括急切

---

① Lefebvre H. , *Everyday Life in the Modern World*, Trans. by Sacha Rabinovitch, New Brunswick and London: Transaction Publishers, 1994, p. 82.

② 〔法〕鲍德里亚：《符号政治经济学批判》，夏莹译，南京大学出版社，2015，第35页。

且相当容易辨识的对'颠覆'的需求"①。

　　在资本统治的经济社会中，消费者永远不能够而且也不应该达到对既有物的满足状态，可持续消费物的逻辑要求物品的存活寿命必然不能太长，它要制造新的产品并告诉人们这正是你所需要的。对物品的需求正在丧失实用性，越来越多的东西只是个摆设，是不是自己真实的需要已经不重要，重要的是别人都在使用，如果自己没有，就会被认为落伍了，是这个时代的异类。这就是信息化时代给我们造成的错觉，它大肆灌输对时尚的追逐，对个性的赞美，但事实却是无论从品牌服装、生活用品、品质定位，还是道德行为都有了统一的说教。人们在无形之中被引导，被告知什么才是时尚，你应该需要什么。"需求瞄准的不是物，而是价值。需求的满足首先具有附着这些价值的意义。消费者基本的、无意识的、自动的选择就是接受了一个特殊社会的生活风尚。"②在时尚逻辑的推动下，甚至一些丑的东西也被当成了美。法国另一位后现代主义者利奥塔也曾对此作了悲观论述，他感叹"这是一个懈离而黯淡的时代"，"在审美准则的匮乏下，人们会以作品所产生的利润来评价作品的价值。只要符合流行的口味和需要，具有市场销路，那种拜金现实主义，就能迎合满足所有的流行时尚，这就像资本主义能够迎合满足所有的需求一样"③。由于过度沉溺于自我迷醉之中，人们压根儿不在意产品本身是否精良，是否高雅了，至于鉴赏趣味更是一落千丈。所谓的时尚，不过是市

---

① 〔美〕马泰·卡林内斯库：《现代性的五副面孔》，顾爱彬、李瑞华译，商务印书馆，2002，第155页。

② 〔法〕鲍德里亚：《消费社会》，刘成富、全志刚译，南京大学出版社，2014，第51页。

③ 〔法〕利奥塔：《后现代状况》，岛子译，湖南美术出版社，1996，第202页。

场规则的反映，人在不断迎合时尚的过程中凸显的自身欲望越强烈，越在无形中推动着资本市场的良好运转。正因如此，在当代资本主义市场逻辑的运作下，物品也像动植物一样，有了快速繁衍的能力，一代又一代地相互取代。

奢侈品正是时尚的一种特殊形态：第一，什么东西是奢侈品不是永恒的；第二，没有任何一个奢侈品牌能包打天下。更关键的是为了维持奢侈品的地位，必须在两个极端上制造策略，即亘古不变的极少数神秘化手工制造和不断的花样创新，这就是席美尔所讲的对时尚的不断自我否定。所以时尚本身就是矛盾的，而奢侈品在今天必须要符合时尚机制，这是资本生产的内在需要。

2. 各类小发明的增多导致人们喜新厌旧，进而弃旧迎新

第二次世界大战结束后，世界范围内开始了经济的恢复与重建工作。人们把更多的精力从革命和战争的泥潭中超拔出来，转而投入到科技开发和经济发展上，并取得了十分显著的成效，如在电子信息、生物技术、新材料技术、航天航空等领域皆有伟大创举。这些科技上的成就被直接运用于经济的发展上，成为带动经济增长的引擎。于是，越来越多的新奇玩意就如雨后春笋般涌现出来，"在都市文明里，一代一代的产品，机器或新奇无用的玩意儿，层层袭来，前仆后继，相互取代的节奏不断加快；相形之下，人反而变成一个特别稳定的种属"[1]。一旦有新品上市，只要商家做足了宣传，肯定会有大批人蜂拥购买，人对产品的需要就变成了对市场需求的回应。对此，鲍德里亚指出"技术革新并不以节俭为其真实目的，只不过是一种社会区分的游戏而已"[2]。现

---

[1] 〔法〕布希亚：《物体系》，林志明译，上海人民出版社，2001，第1页。

[2] 〔法〕鲍德里亚：《符号政治经济学批判》，夏莹译，南京大学出版社，2015，第34页。

在的小发明很多，一方面用于抗拒我们在商品使用过程中的审美疲劳，另一方面是不同厂家围绕市场的喜好而做出来的虚假差别，它们成为资本积累和利润增加的重要手段。

这就导致物品跟功能之间完全没了关系，物品之于人完全不是有用没用的问题，它只是总被认为具有某种功能而已。用鲍德里亚的话说就是物品包含了一种虚拟的能量，是一种想象中的功能，是一种伪功能，或者是功能的零度。① 作为实实在在存在的物总要体现出一点儿功能，但在技术控制下的物则是功能完全紊乱的，它只片面追求某一方面的特征，物本身在追求新奇、追求一种美感。这时候物身上表现出来的稍许变化都会被关注，并被认为是技术上的伟大进步，"即使是一个无大意义的小发明，都变得好像是有关威力的技术神话领域中的一个焦点"②。但实际上，一项全新的技术并不一定真正有意义、真正富有革新性，反而有矫揉造作之嫌。比如现在的汽车被故意打扮成速度的象征，商家通过优化汽车结构、改进发动机控制单元等途径进一步提升汽车动力，使速度加快，但速度的提升同时使人面临人身危险性的增加。汽车本不应该完全成为速度的象征，它所承载的用途就是把人安全地送到某地，这些改变寻求的只是毫无意义的边缘性差异，最终是为了吸引人的眼球以促进消费，"就科技的角度而言，我们无

---

① 在巴特那里曾有"写作的零度"的用法，意为写作没必要一定对现实做出干预，反而中性的、直陈式的方式更佳，在《流行体系：符号学与服饰符码》中，巴特同样认为中性的东西才是时装写作以及形成流行的重要特征。这里鲍德里亚也使用了零度的说法，主要是指物体功能变迁过程中的一个阶段，正如前面我们所分析的，物品除了功用性以外，还总能体现出道德的、象征性的价值，但是现在这一切统统消失，它不再与其他物体相关涉，而是仅仅体现自身功能性的存在，也可以叫物品功能的零度化存在。

② 〔法〕鲍德里亚：《符号政治经济学批判》，夏莹译，南京大学出版社，2015，第57页。

法设想在一个工业体系中，个性化的产物如何能不失去它们的最佳技术表现。但在这里，生产体制的责任最大，因为它毫无节制地玩弄无关紧要的部分来促进消费"①。所谓的新技术是一种无意义的小发明，这些东西已经不能包含在功能主义中间，这一点被鲍德里亚称为"物品身上像患了癌症一样"②，非结构性配件大量"发炎"，所以促成了物品本身不断地在增大、在变化。但它实际上是一种伪功能，而这种伪功能却被变成了一种功能。鲍德里亚举了一个例子。在 20 世纪 40 年代，汽车、飞机、冰箱、电视等如雨后春笋般诞生，之后发明几乎停滞，而是改良、完善外观加包装，尤其是奢侈品，更是在包装上下足了功夫。但导致的后果却是，人们不关注商品本身，而只关注商品的符号意义，这就使得赝品盛行于世。

物品的更新就像癌细胞的扩散一样迅速，甚至以人们想象不到的速度扩张，鲍德里亚认为这个领域也在助长着物体系的疯狂，它以科技的迅速发展为后盾，将物之功用性以及象征性一并粉碎掉，然而却被视为是现代文明的标志，力量的展现，实际上它是把物当作符号的存在，在深层上，这仍然是拜物教心理。

3. 商品体被赋予的符号价值取代了原始的功用性

以上鲍德里亚所指认的这两点确实是当代资本主义的生产现实，是由于资本主义经济生产领域内部的不断调整，以及科学技术对商品形式的不断创新所导致的对商品使用价值的人为破坏。这样商品作为物体的形式就被削弱，即使更容易老旧，价格会有所上扬，人们也欣然接受。总之，汰旧换新就是今天的新时尚，这一点极大地促进了资本增殖。由此，鲍德里亚判断"一个不争

---

① 〔法〕布希亚：《物体系》，林志明译，上海人民出版社，2001，第 164 页。
② 〔法〕布希亚：《物体系》，林志明译，上海人民出版社，2001，第 144 页。

的事实在于，使用价值早已不再存在于体系之中，对此，在经济生产的领域中，很久以前就被认识到了"①。如果商品的使用价值遭到否定，又是什么承担起商品作为价值被人购买的功能呢？鲍氏认为是符号价值，"商品直接作为一种符号，作为一种符号的价值被生产出来，同时符号（文化）也作为一种商品被生产出来"②。

即使今天最普通的大众也会隐约感觉到商品正通过某种途径在"勾引"消费者去消费。比如有些东西完全没有什么功能可言，但人们仍然对之疯狂追求。鲍德里亚这时显示出他作为理论家的深刻之处，他指出，商品被抽象为各种符号，附着了意识形态的表达。这一层次上的物体系不再是建立在功能性基础之上，而是与鲍氏所考察的第一层次上的物体系相对立。但也并不是说物一点儿功能都没有了，它实际上包含了隐藏的功能，表述的不是我们正常所理解的功能，而是跃出了实用范围，被完全由主体赋予的功能所取代，仅仅是跟主体相关的一个符号。

鲍德里亚进一步将使用价值指认为一种大写形式的指涉物，其物的功能性以及有用性的道德符码，却被资本主义交换价值的等价逻辑所控制，从而走向衰落。于是鲍德里亚试图取消使用价值与交换价值的对立，将交换价值/使用价值等同于能指/所指，其中"交换价值和能指处于明显的支配地位，而使用价值与所指不过是交换价值的一种实现而已。……最终它们不过是被交换价值和能指的游戏所生产出来的拟真模型"③。这里，索绪尔的语言

---

① 〔法〕鲍德里亚：《符号政治经济学批判》，夏莹译，南京大学出版社，2015，第97页。

② 〔法〕鲍德里亚：《符号政治经济学批判》，夏莹译，南京大学出版社，2015，第196页。

③ 〔法〕鲍德里亚：《符号政治经济学批判》，夏莹译，南京大学出版社，2015，第180页。

学成了鲍德里亚的靶子，鲍德里亚指出能指与所指并非处于一种平等性之中，商品的使用价值与交换价值隐含着一种形而上学的同构性，其中使用价值被交换价值所调控，成为后者的"自然主义的保障"，能指与所指和指涉物也具有相似的形而上学的机构，后者成为能指的实体性保障。鲍德里亚认为所指与指涉物之间并没有根本的区别，指涉物并非现实中实体性的存在物，而成为抽象的存在，即由符号建构出来的一种"拟像"。

鲍德里亚由此深入到了物体系的第二个方面，也就是物的意识形态性。作为符号－物的存在是以否定使用价值优先性为前提的，"这一双重分析——对物的区分性社会功能的分析与对其所附有的意识形态的政治功能的分析——必须基于一种绝对的先决条件：超越物的需求所具有的自然幻象以及使用价值优先性的假设"①。不顾物品本身的功用性，只是一味地想要占有它，在此，奢侈品不再作为功能物而存在，它只是一个能够满足人欲望的符号，是"一个冲动式的文化吸收和魔术式的占有的程序"在推动着人们去追求奢侈品。对奢侈品的消费实际上就是在消费一种等级次序中的符号地位，或者更确切地说是在消费主体关系这样一种等级次序，消费奢侈品的人真正关心的是在这样一种关系系列中他所处的地位。人与人之间的关系通过消费这个平台实现自我完成和自我消解，主体关系已经不再是主体的关系，而是主体特性的消解，变成一个系统中的符号，主体自己也成了符号，"在符号的掩护下并在否定真相的情况下生活着"②。"消费社会宛如被围

---

① 〔法〕鲍德里亚：《符号政治经济学批判》，夏莹译，南京大学出版社，2015，第2页。
② 〔法〕鲍德里亚：《消费社会》，刘成富、全志刚译，南京大学出版社，2014，第11页。

困的、富饶而又受威胁的耶路撒冷"①，这就是当代资本主义经济过程所建构起来的奢侈品消费的意识形态性。

当代资本主义社会的奢侈消费根本不是为了寻求其功用性，而是"被当作舒适和优越等要素来耍弄"，而商品身上被赋予的这一含义正是当代消费社会的真正所指。消费物一定要符合一个特点：我的物并不是我固有的消费对象，物主要不是在消费物的功能，而是要成为一种符号，是差异性系统中的符号，代表一种差异性的功能。"物品的'功用化'也是一种凌驾并随处取代了客观功能的周密抽象（'功用化'并非使用价值，而是价值/符号）。"②这里把功用化打引号，就是区别于物自身的使用性功能，重新确立物的功用，它从由主体随意赋予的，变成了跟主体有着某种特定联系，并从功能中抽象出来的东西，服从社会区分逻辑，在社会区分上起作用。变成符号的物迫使人们在符号系列中寻求它的存在，不同的物之间成了符号与符号之间的直接对应，它们相互指涉，形成一个体系。"今天，很少有物会在没有反映其背景的情况下单独地被提供出来。消费者与物的关系因而出现了变化：他不会再从特别用途上去看这个物，而是从他的全部意义上去看全套的物。"③单件的物品并没有意义，只有全套商品形成物之体系后才体现出意义，这就是鲍德里亚讲的物体系。他的这样一种理论构境，其实不是在研究物的关系，而是在研究人与人之间的关系，是一种人与人之间正在被不断再生产的等级性社会关系，这

---

① 〔法〕鲍德里亚：《消费社会》，刘成富、全志刚译，南京大学出版社，2014，第13页。

② 〔法〕鲍德里亚：《消费社会》，刘成富、全志刚译，南京大学出版社，2014，第72页。

③ 〔法〕鲍德里亚：《消费社会》，刘成富、金志刚译，南京大学出版社，2014，第3页。

是他整个思想体系的最终落脚点。如今，消费已经超越了物的实际使用价值，而代之以符号价值出场，成为整个社会的一种自组织方式。所以，物体系实际上是"符号的体系"。如果在今天人们仍以功用性来界定一个物，把物当作是对人的基本需要的满足，那只是在主观上拒绝接受抽象的符号经济交换这样一种形式。至此，鲍德里亚"成功地消解和罢黜了消费社会中客观存在的'客体'与人，……他偏颇地将马克思的拜物教批判视为一种实体性的对象化物性崇拜……"①。

鲍德里亚认为使用价值并不是无辜的自然有用性，而是交换价值系统生产出来的一个被操纵的理性化的虚假需求与客体系统，因此比商品拜物教逻辑更神秘的是使用价值拜物教，后者增强和加深了前者。之所以如此，是因为使用价值的神秘性"植根于人类学之中，根植于一个自然化的过程之中，被视为一个无法超越的原初指涉物。在此，我们在目的的秩序性之中发现了真正的价值的'神学'——由有用性的概念所暗含的一种'理想化的'平等、'和谐'、经济以及平衡的关系"②。也就是说使用价值通过需求、满足和有用性将人整合进商品交换的结构之中，甚至比交换价值更为隐蔽，因为正是它"将生产和交换的体系以意识形态的方式遮蔽起来，使用价值和需要借助于唯心主义的人类学逃离了历史的逻辑，并将自身以形式的永恒性被铭记：这是物的有用性的永恒性，拥有需要的人对物的占有的永恒性"③。鲍德里亚将马

---

① 张一兵：《反鲍德里亚：一个后现代学术神话的祛序》，商务印书馆，2009，第105页。

② 〔法〕鲍德里亚：《符号政治经济学批判》，夏莹译，南京大学出版社，2015，第183页。

③ 〔法〕鲍德里亚：《符号政治经济学批判》，夏莹译，南京大学出版社，2015，第182页。

克思所说的使用价值的客观性与自然性指认为最大的人类学幻象与意识形态，所以他认为马克思的政治经济学分析成为一种"神话"①，必须被改造升级为符号政治经济学批判。

（二）分析工具：结构主义符号学

20 世纪初，索绪尔从语言学领域着手研究符号学问题，把人类社会在表达和传递有关周围环境和自身认识成果时，有意无意中使用的语言、手势等形式系统全部纳入符号学这一范畴中，从而将语言从世界即现实中区别开来。在《普通语言学教程》中，索绪尔把符号分成能指（Signifier）和所指（Signified）两个部分，他认为语言符号指涉的不是客观存在的事物和语言名称，而是概念与音响形象，其中语音形象是能指，而意义概念部分则是所指。例如英文单词"tree"既在能指层面指向具体的木本植物，又在所指层面表达"树"的概念，这两部分共同构成了"tree"这一符号。索绪尔在符号学领域的一句家喻户晓的名言是"语言之中只有差异"。这种差异表现在能指上就是音响形象的差异。索氏认为，首先，差异性与任意性密切相关，"任意性"的基本内涵是能指和所指之间的任意性关系，不是说它们之间的组合是随意的，而是说它们之间的关系是不可论证的，人们用什么来指称某物都是任意的。如无论是汉语中的"狗"这个音响形象还是英语中的 dog 这个音响形象，它们与狗这一概念之间的联系显然是任意的。其次，能指的差异性还意味着能指差异的系统性。比如，北京的王府井大街无论翻修多少次在人们眼中仍然还是那条街，这就表

_____

① 〔法〕鲍德里亚：《符号政治经济学批判》，夏莹译，南京大学出版社，2015，第 176 页。

明能指的差异性是系统之内的差异而不是随意的。而所指本身也具有任意性，所指的意义不是来自它所表现或表达的外在现实，而是来自概念，概念是心理性的而非客观的现实存在，所以具有符号任意性而不是本质统一性，或者客观决定性的特征。

索绪尔由此掀起语言学的一场革命。语言的本意是要表达某一个事物，或者质疑某一个事物，但问题在于语言从一开始就意味着它所表达的，它所指的并非其所指。因为它是用一种符号，或者一种声音、图像表达这个所指，这时事物已经不再是事物本身，而是事物之外的另外一物，或者另外一个世界，所以它们之间就有了一道永远无法弥合的裂缝。这就是语言本身的一个悖论，或者说是语言的罪恶，它也让 20 世纪很多思想家感到震撼或者困惑。这就是结构主义能指和所指的分裂、矛盾。其中，巴特受到索绪尔这种结构主义语言学的深刻影响，并大胆地继承和发展了索氏的符号学理论，在其《神话学》一书中，将索氏的符号分析延伸至第二层的"神话分析"层面上来并且认为，资产阶级商品经济交换的市场逻辑就和语言学转向中的发现——这种语言的能指和所指物之间永远无法弥合的分裂是类似的。

巴特的思想切入点向来都是对"习以为常"的日常生活中的"伪自然化"、"符号化"欺骗与神秘化现实进行揭露。对于他来说，"神话"在许多场合就是有待于揭露的各种错觉和谬见。这就是说现代神话，即流行的神话已与远古时代万物有灵、世界充满魅力的那种神秘景象相去甚远，现代的神话之为神话仅仅在于其与现实、与历史均没有关系，但却成了最为迷人的"现实"；神话之为神话不在于其是对世界的一种幻想，而是世界彻底失去幻想与魅力之后的一种"伪魅化"。由此，他道出了资本主义意识形态的最核心特征，即虽然没有一套专门的语言，但资本主义意识形态却展现为基于日常经验的意见；它的最基本运作手段或花招就是将文化的意义"转义"为"自然"的形态，从而将历史的具体内容全部掏空，让历史缺席，而带上一种伪自然的原理。人们就是在每日的生活实践中，而不单单是在关于日常生活的思想中碰触意识形态问题，但却未经辨析，始终处于一种无意识状态。在《流行体系：符号学与服饰符码》中，巴特成功地剖析了时装论述中表现出的意识形态。他认为书写服饰以各种或隐或显的方式把消费者纳入流行体系中，同时服饰业者通过各种途径制造着一个个品牌神话，从而形成一种强大的内驱力，驱使人们自觉或不自觉地追求流行服装，书写服装也因此而成为制造意义的系统。巴特以妇女的时尚杂志、模特的微笑以及流行服装款式作为例子，指认了现代消费社会其实是一个被各种各样的流行体系"书写出来"的"假装（make - believe）的世界"，各种各样的商品因为语言的作用而变成了各种诱人的符号，符号－物越来越脱离真实的商品物，能指与所指的关系也发生了巨大变化，导致指涉物与参考系消失了，人们生活在一个由符号建构的虚拟伪装且真假难辨的世界里。

整个 20 世纪 60 年代可以被视为巴特符号学探索的关键性时期，在 1965 年召开的第一届国际符号学会上，他本人将其一生定位为"对符号的历险"。鲍德里亚对巴特的研究十分着迷，认为他开创了一片未经人探索的处女地。两人私交甚密，曾一同参加萨特的研讨课，1968 年他们还共同参与了翻译编撰《德意志意识形态》的工作。1962～1963 年，巴特在巴黎高等研究实验学院开设题为"当代符号意义组构系统目录：物的体系（衣服、食物、住屋）"的研讨班，鲍德里亚赫然在座。1964 年巴特在意大利作了一个相关题目的演讲，其中提到将物品的符号意义组成系统的想法。

他认为一个物品同时包含了功用性与引申义，而后者正是巴特符号学研究的主要对象。因为一旦物品进入生产和流通领域，就会承载一定的文化意涵，传递出某些信息，表达潜在的意义，在这种符号学的提法下，系列物可以被视为由一种特殊的符号意义组成的体系，巴特认为这正是现代神话的基本作用。鲍德里亚参考巴特的这一理论，把物划分为客观本意（denotation）和引申意义（connotation）两个层次，功能性层面的物被视为物的本义，引申意义则是物品在文化层面的表现，并且同样认为透过引申意义，"物品被心理能量所投注、被商业化、个性化、进入使用，也进入了文化体系"。①

此外，我们还可以从其他方面看出鲍德里亚对巴特的符号学理论进行过系统学习。巴特在 1953 年发表的《写作的零度》、1957 年出版的《神话学》、1964 年的《符号学原理》等著作都在当时产生了轰动性反响。尤其是 1967 年出版的《流行体系：符号学与服饰符码》，以及随后在 1970 年发表的著名作品《符号帝国》《S/Z》等，直接给鲍氏的写作带来了灵感。因此，仅从鲍氏后期发表的一系列著作的书名中便可见一斑，每一本书名均与巴特著作相对应。他对巴特当时没能回答的一些问题进行了延伸性思考，并取得了部分成果。尽管"比起巴特对于意识形态的强调……波德里亚对于控制日常生活的意识形态的权力就没有那么关注"②了，但巴特的符号学分析思路仍然成为鲍氏的指导方法，鲍氏的符号价值理论正是基于巴特的语言学符号理论，把它运用于分析

---

① 〔法〕布希亚：《物体系》，林志明译，上海人民出版社，2001，第 7 页。
② 〔美〕马克·戈特迪纳：《客体系统与日常生活的商品化：早期的波德里亚》，载〔美〕道格拉斯·凯尔纳主编《波德里亚：一个批判性读本》，陈维振等译，江苏人民出版社，2008，第 37 页。

当代资本主义的奢侈消费问题而自成一体的，并由此跳出了传统马克思主义分析商品的政治经济学思路，最终走向符号政治经济学批判。

（三）奢侈消费成为符号的系统化操控活动

鲍氏认为当代资本主义阶段的奢侈品仅仅成为象征成功人士或有钱人的符号。不同于以往人们对奢侈品的购买，吸引人们去消费的不再是奢侈品本身的功用性，消费过程中再三权衡的也不再是奢侈品的实际用途，而是某种被制造出来的象征性符码意义，是由大众媒介引导的屈从消费行为，所以人们购买奢侈品从来都是越多越好，丝毫不会满足于对已有物品的使用。"现在，我们已经看到当代物品的'真相'再也不在于它的用途，而在于指涉，它再也不被当做工具，而被当做符号来操纵。"①

鲍德里亚挖苦查宾把单个物——列入清单里，试图从中整合出一种社会逻辑的研究只不过是社会学里跑龙套的。这是一个物品以符号形式成系列出现的时代，单个物之间僵死的社会关联根本无法包括社会的分层结构，鲍德里亚讲任何一件孤立的物品都不会超出其功用性而产生特别的意义。是什么使不同的物之间产生了相互联系，并制造出完整的意义系统？我们知道，单纯追求使用价值的消费最终一定能得到满足，是有止境的。然而如今的消费状况却让人吃惊：人们都想要消费得更多。当物品不再由功能来取得其特殊性，而是由主体赋予其属性时，单独的物就不够了。只有一连串的物品达成一个完整的系列，才能表达出完整的

① 〔法〕鲍德里亚：《消费社会》，刘成富、全志刚译，南京大学出版社，2014，第108页。

意思，缺少了某一物就不能达成一整个系列，意义的缺失会让人感到莫名的焦虑。"没有一个产品能够有幸被系列化，没有一个需求能得到广泛的满足，除非它不再属于高级模式，而且已被其他某个特殊的财富或需求所替代——就像早已留好距离一样。"① 所以不论拥有的是什么样的物品，拥有本身总是既令人满意又令人失望的。一旦物品的价值表现形式由使用价值转换为符号价值以后，就产生了盲目拜物的逻辑。

符码中隐藏了严谨的社会逻辑，它让人沉迷于被体系化了的，无选择的购买之中，"消费是一个积极有效的过程，所有社会范畴都在消费过程中不断重新定义"②。换言之，购买行为总是受到约束的，消费的意识形态性在现实的帷帐下被遮蔽了。正是在这一角度上，鲍德里亚说消费是一种完全唯心的行为，"它大大地溢出人与物品的关系和个人间的关系，延展到历史、传播和文化的所有层面"③。今天，奢侈消费已经成为人融入整个世界和社会结构中的一种全新方式，因此透过社会逻辑而非奢侈品本身来言说奢侈品已经成为一个显然的事实。鲍德里亚的这样一种理论构境，其实不是在研究物的关系，而是在研究人与人之间的关系，这是他整个思想体系的最终落脚点，但这个关系不是和谐社会的关系，而是人与人之间的一种正在被不断再生产的等级性社会关系。就像鲍氏在《物体系》中从物的方面来思考一样，他主要是在讲奢侈消费在人的社会关系层面有什么表现。这样，我们就很容易理

---

① 〔法〕鲍德里亚：《消费社会》，刘成富、全志刚译，南京大学出版社，2014，第43页。

② 〔英〕玛丽·道格拉斯、贝伦·依舍伍德：《物品的用途》，载罗刚、王中忱主编《消费文化读本》，中国社会科学出版社，2003，第64页。

③ 〔法〕布希亚：《物体系》，林志明译，上海人民出版社，2001，第226页。

解为什么说在鲍氏的理论中，对奢侈品的消费已经不再是对商品使用价值的消费，以实现其交换价值，而是超越了奢侈品的基本功用性，从符号角度对奢侈品进行重新审视。"让·波德里亚一开始认为商品的形式已经发展到这样一个程度，以致使用价值和交换价值已经被'符号价值'所代替，而这'符号价值'将商品重新定义为主要是被消费和被展示的一个象征。"① 符号消费已经和我们的生命过程，物质生活资料的消费过程融为一体，形成彼此相一致的紧密联系。人们看不到商品本身的存在，他们在乎的是别人如何来评价自己所使用的产品，因为每一种商品都指向了一个特定的符号，商品并不以其自身的形式存在，而是成了符号的载体。"因为其本身或单个（汽车、剃须刀）看并没有什么意义：唯有意义的是当他们汇聚在一起的时候的形状，与这些物的关系以及它们的整个社会'前景'。那里总有一个区分性的意义，它们自己把这种结构的决定性转嫁到符号的（细微的差别）的物质性上——而且人们不知道它们是通过什么奇迹摆脱的。"② 当代资本主义的社会逻辑就隐含于其中。

消费不仅在结构的意义上是交换和符号体系，同时也成为新的阶级权力机制。所谓增加了自由、民主的社会功能的消费社会其实是一种伪装，它成为社会区隔与阶级对抗的新的掩体，造成了更大的不平等、不自由。鲍德里亚以一段话高度总结了自己的观点："消费社会也是进行消费培训、进行面向消费的社会驯化的

---

① 〔美〕史蒂文·贝斯特：《现实的商品化和商品化的现实：波德里亚、德波和后现代理论》，载〔美〕道格拉斯·凯尔纳主编《波德里亚：一个批判性读本》，陈维振等译，江苏人民出版社，2008，第3页。

② 〔法〕鲍德里亚：《消费社会》，刘成富、全志刚译，南京大学出版社，2014，第39页。

社会——也就是与新型生产力的出现以及一种生产力高度发达的经济体系的垄断性调整相适应的一种新的社会化模式。"[1] 在虚假的社会外衣之下，虚假需求掩盖了真实的政治策略，这就是消费社会满足人们需求的最为深层的无意识的"欲望的策略"。那么，消费社会贯彻与操持这种欲望策略的无意识的社会机制是什么呢？鲍德里亚通过阐发与引申罗兰·巴特的《流行体系：符号学与服饰符码》而得出自己的独到解释，他以妇女的时尚杂志、模特的微笑以及流行服装款式作为例子，指认了现代消费社会其实是一个被各种各样的流行体系"书写出来"的"假装（make-believe）的世界"，各种各样的商品因为语言的作用而变成了各种诱人的符号，符号-物越来越脱离真实的商品物，能指与所指的关系也发生了巨大变化，导致指涉物与参考系消失了，人们生活于一个由符号建构的虚拟伪装而真假难辨的世界。鲍德里亚最后说，如果在今天人们仍以功用性来界定一个物，把物当作是对人的基本需要的满足，那只是在主观上拒绝接受抽象的符号经济交换这样一种形式。至此，他"成功地消解和罢黜了消费社会中客观存在的'客体'与人，……偏颇地将马克思的拜物教批判视为一种实体性的对象化物性崇拜……"[2]，并指责马克思是使用价值拜物教。

三　奢侈消费重塑阶级关系

随着传统等级壁垒的崩塌，人们在社会结构中失去了明确

---

[1] 〔法〕鲍德里亚:《消费社会》，刘成富、全志刚译，南京大学出版社，2014，第63页。

[2] 张一兵:《反鲍德里亚：一个后现代学术神话的祛序》，商务印书馆，2009，第105页。

的身份确证，而资本主义私有制形式的确立使得人们按照物的价值属性重新进行等级划分。鲍德里亚选择了奢侈消费这一现象来讨论资本主义的阶级再生产问题。他首先把一切在世之中的物都归属于符号系统中，使人们在符号系列中寻找自己的定位。由此，物的世界变成了由符号演绎的庞大帝国。而奢侈消费在这一符号王国中更是扮演了特殊的角色，成为当代资本主义社会统治最显著的表现。在鲍氏看来，一旦使用价值乃至交换价值都一并被符号价值所压抑，符号消费成为社会组织结构的主要力量，人就在空无的符号世界中丧失自我，盲目追求这种由资本生产制造出来的新的意义，从而臣服于资本的统治。奢侈消费作为最具符号表达的领域，通过媒介、网络等方式被赋予了成功人士的象征意义，使得今天的每一个人都以拥有奢侈品为荣，由此将人们牢牢地控制在符号系列中，这正是奢侈消费成为一种统治方式的重要原因。在这一理论呈现过程中，鲍德里亚主要是围绕经典马克思意义上的阶级区分理论进行重构展开的。

（一）马克思阶级分析的理论实质

马克思主义的阶级观是马克思历史唯物主义理论的根本观点之一，它与政治经济学一起构成马克思主义理论中最富批判性和历史变革意义的部分。马克思主义认为，阶级是一种历史现象，它不是从来就有的，也不是永久存在的，阶级的存在同生产发展的一定历史阶段相联系。在原始社会，生产力水平极其低下，除供人们基本生存需要所需的物质产品之外，再无其他剩余物，因此，也就不存在商品交换，更没有人剥削人的可能，这就意味着没有阶级划分的基础。只是到了原始社会末期，随着生产力的进一步发展，一方面开始出现部分剩余产品；另一方面出现了生产资料的私人占有制，从而产生阶级。马克思进而得出结论：不仅最初的阶级对立根源于经济问题，而且阶级对立在以后的发展、阶级关系的演变、社会阶级结构的变化，也都是各个时代经济关系变化的结果。总而言之，阶级在实质上只是一个经济范畴，马克思划分阶级的标准也是以经济为基础的。作为阶级之间的关系，首先表现为经济关系，而任何阶级的经济利益都必然反映到政治思想上来。政治的、思想的关系归根结底是由其阶级的经济地位、经济利益决定的，有了阶级，就有了阶级斗争，归根结底它是经济利益根本对立的对抗阶级之间的斗争。原始社会解体以来的历史，是生产发展的历史，也是阶级斗争的历史，阶级斗争贯穿于阶级社会的全部发展过程和社会生活的诸多领域。在阶级社会里，阶级斗争是不可避免的，革命阶级对反动阶级的阶级斗争是阶级社会历史发展的伟大动力。无产阶级反对资产阶级的阶级斗争是一种特殊形态的阶级斗争，在人类社会发展中的地位、作用、形式、对象都发生了变化，但总趋势仍然是在波浪起伏的斗争中逐渐缓和和削弱，乃至最后消灭阶级的存在。

总之，随着现代生产力的巨大发展，阶级最终要归于消亡，这是马克思告诉我们的历史发展的必然结果。马克思主义的阶级观应该是我们认识阶级社会的根本观点之一，由这种观点所指导的阶级分析法，也应该是我们研究当代资本主义阶级社会历史问题必须坚持的根本方法之一。

1. 资本主义的财富分配不均形成两大对立阶级：资产阶级和无产阶级

马克思、恩格斯在《神圣家族》这部著作中率先开启对资本主义社会阶级状况的剖析。这一著作的副标题是"对批判的批判所做的批判"，由此观之，它主要是针对以蒲鲁东为代表的黑格尔主观唯心主义展开的唯物主义批判。蒲鲁东在《什么是财产》中，从黑格尔自我意识的角度出发，来反思私有财产和工人阶级的贫困问题，他指出：资本家付给工人工资，所以工人生产出的产品自然而然地就归属资本家阶级，在这一过程中，实际上是工人把对产品的占有权或者使用权让渡给了资本家，而并非如古典政治经济学所认为的那样，工人同时将产品的所有权也出让给了资本家。正是在这一意义上，蒲鲁东说资本主义的财产所有权就是盗窃，是富人凭着他的财产权不劳而获，坐享穷人劳动成果的结果。蒲鲁东从法权唯物主义的角度进行思考，其中的逻辑必然是人人都有占有社会产品的权力，但对财产的占有权并不等于所有权，正是资产阶级不断地将对私有财产实际上的占有权"盗窃为"所有权的过程中，才造成了工人阶级的贫困。由于蒲鲁东是坚决的无政府主义者，他反对一切政府形式，认为任何政府总是统治者对被统治者实行压制，资本主义私有制和整个社会制度就是以对贫困阶级的奴役为基础的。所以，他对政治革命并不寄予过分的希望，而是企图在经济领域里促成改革，使贫困阶级从经济上获得解放。总之，虽然蒲鲁东指出了资本主义私有制条件下的贫富不均，以及不平等的现实，但他还是不愿采取暴力革命的方式消灭私有制，"据我看来，用文火把私产烧掉总比对它施加新的力量实行大屠杀要好些"[1]。蒲鲁东所宣扬的一切主张不过"是想从理论上拯救资产阶级的最后的尝试"[2]，他根本不了解资本主义的剥削实质和资本家榨取剩余价值的秘密，而马克思和恩格斯基于生

---

[1] 〔苏〕卢森贝：《政治经济学史》第3卷，生活·读书·新知三联书店，1978，第218~219页。

[2] 《马克思恩格斯全集》第27卷，人民出版社，1972，第334页。

产力与生产关系的矛盾运动，对蒲鲁东的私有财产观进行了严肃的批判和斗争。

　　与蒲鲁东在分配领域研究资本主义的私有财产权不同，马克思是在生产领域切入对这一问题的研究的。此时，他已经意识到，历史的发源地在物质生产中，这个物质生产是工业和生活本身的直接生产方式，"历史什么事情也没做，它'并不拥有任何无穷尽的丰富性'，它并'没有在任何战斗中作战'！创造这一切、拥有这一切并为了这一切而斗争的，不是'历史'，而正是人，现实的、活生生的人。'历史'并不是把人当做达到自己目的的工具来利用的某种特殊的人格。历史不过是追求着自己目的的人的活动而已"①。马克思认为只有在资本主义机器大工业较为发达的情况下，工人生产财富的能力越强，资本从中剥夺的剩余价值也就越大，这时，工人就越沦为资本残酷剥削的对象，就越使自己变得贫困。因为机器大工业跟手工业资本主义完全不同，在手工业资本主义时期，小作坊式的生产模式使人们之间的交换活动受到极大限制，人们只是拿出供自己和家人的生存发展所需要的产品剩余部分参与交换，这时的交换关系跟整个社会的生产关系还并不完全一致。而发展到机器大工业时期，劳动力本身，包括土地也都作为商品进行交换，此时的交换关系已经渗透到社会的每一个毛孔中，跟生产关系紧密相连。但这种生产关系不是在促进生产力的发展，而是阻碍生产力发展的力量，跟生产力构成内在矛盾、冲突。因为资本家掌握全部的生产资料，这就导致工人必然处于无产者的角色，"他们光靠工资生活，没有丝毫财产，甚至连虚假的财产（例如一小块租来的土地）也没有，这样，他们就变成了

————————
① 《马克思恩格斯全集》第2卷，人民出版社，1957，第118~119页。

无产者"①。整个社会也就按照财富的不平等分配而日益分裂为两大主要阶级：资产阶级和工人阶级。这两个阶级之间的矛盾是尖锐对立，不可调和的。恩格斯在《英国工人阶级状况》中，依据大量材料，极其严厉地控诉了资本主义和资产阶级对财富的占有而导致的英国工人阶级极端恶劣的生活、工作状况。

工人阶级以自己的辛勤劳动创造了巨额社会财富，但他们却一无所有，世世代代靠出卖劳动力为生，生活日益贫困，而富人却握有强有力的武器——资本，不断向穷人发起进攻。穷人只能徒手战斗、孤立无援，不仅时常受到失业的威胁，而且还承受着由贫穷所产生的饥饿、疾病和死亡。恩格斯还尖锐地揭示了工人受到非人待遇的社会根源，他指出：正是英国社会把工人置于这种境地。"社会知道这种状况对工人的健康和生命是怎样有害，可是一点也不设法来改善。社会知道它所建立的制度会引起怎样的后果，因而它的行为不单纯是杀人，而且是谋杀。"② 这种低下的社会地位和恶劣的经济状况令人越来越难以忍受，最终必然会推动无产阶级为求得自身解放而去推翻资本主义制度。无产阶级不只是一个受苦受难的阶级，他们所处的低下的经济地位，会推动他们不由自主地前进，去争取自身的彻底解放。

在《共产党宣言》中，马克思、恩格斯进一步揭示了资本主义社会的发展规律及其内部矛盾，并且论证了资本主义的灭亡和无产阶级的胜利都是不可避免的。当时的欧洲由于几次开展工业革命，社会生产力得到空前提高，"资产阶级争得自己的阶级统治地位还不到一百年，它所造成的生产力却比过去世世代代总共造

---

① 《马克思恩格斯全集》第 2 卷，人民出版社，1957，第 284 页。
② 《马克思恩格斯全集》第 2 卷，人民出版社，1957，第 380 页。

成的生产力还要大，还要多"①。然而，尽管工商业较为发达，社会的生活资料也足够丰富，资本主义目前所拥有的生产力却不再能促进资产阶级所有制关系的发展，反而是生产力已经强大到生产关系所不能适应的地步，成为生产力进一步发展的障碍。于是，金融危机呈周期性爆发，资产阶级为了克服这种危机，想方设法地消除生产力与生产关系之间的不协调发展，但却反而使阶级矛盾更加尖锐，也使无产阶级自身的力量不断壮大，并团结为一个整体，进行反抗资产阶级的革命运动。"资产阶级不仅锻造了置自身于死地的武器；同时它还造就了将运用这武器来反对它自己的人——现代的工人，即无产者。"②

马克思在《共产党宣言》的开篇就已经阐明人类社会的全部历史都是阶级斗争的历史，这个历史包括一系列发展阶段，现在已经达到这样一个阶段：无产阶级如果不同时使整个社会摆脱任何剥削、压迫，以及阶级划分和阶级斗争，就不能使自己从资产阶级的剥削统治下解放出来。无产阶级只有实现最普遍的联合，并组建自己的政党，才能取得推翻资产阶级政权的最终胜利。在这种状况下，共产主义理想深入到广大无产阶级并获得最广泛的认可。马克思、恩格斯指出："共产党人同其他无产阶级政党不同的地方，只是：一方面，在各国无产者的斗争中，共产党人特别重视和坚持整个无产阶级的不分民族的共同利益；另一方面，在无产阶级和资产阶级的斗争所经历的各个发展阶段上，共产党人始终代表着整个运动的利益。"③ 这里所显示的正是共产党建立的历史进步意义和共产党人的崇高追求。此外，共产主义宣称社会

① 《马克思恩格斯全集》第 4 卷，人民出版社，1958，第 471 页。
② 《马克思恩格斯全集》第 4 卷，人民出版社，1958，第 472 页。
③ 《马克思恩格斯全集》第 4 卷，人民出版社，1958，第 479 页。

所有制是劳动者个人所有制，个人财产是个人的一切自由活动的基础，它绝不废除劳动者对财富的个人占有，而是要废除资产阶级这一特殊形式的生产资料私人占有制，归根结底就是要改变资本归资产阶级所有的社会性质，将其转变为属于社会全体成员的集体财产。

马克思阶级理论的最后落脚点是一种理想主义的共同体，他认为共产主义将消灭阶级，从而也消除阶级对抗。对此，我们应该清楚地意识到，这种理想主义的价值悬设是为其整个无产阶级的革命体系服务的，马克思对阶级划分的基本判断仍然是正确的，即资本的秘密在于以最抽象的方式隐含着社会上最深刻的矛盾的根源和社会关系的根源，其直接表现形态就是阶级矛盾，是以物质利益分配不公为最表面形态的阶级对抗和阶级矛盾。

2. 马克思主义视野中的"中产阶级"观

中产阶级（middle class），也被称作"中产阶层""中间阶层""中等收入群体"等。这个概念的产生可以追溯到亚里士多德时期，但是现代意义上的中产阶级，多是从美国传播而来的。美国社会学家米尔斯的《白领：美国的中产阶级》使这一研究领域进入人们的视野，及至1973年，贝尔在《后工业社会的来临》中首次提到美国的白领工人超过蓝领工人数量，中产阶级在美国日益受到关注，以中产阶级为对象的研究也多起来。战后世界各国的经济都经历了一个恢复发展期，中产阶级在这次经济复苏和发展中也逐渐发展和壮大起来，特别是日本社会号称"全民中产"。随后，亚洲四小龙也经历了中产阶级的崛起。中国自改革开放以来，伴随经济的迅猛发展，也出现了类似于米尔斯所描述的"中产阶级"。

虽然今天一些西方马克思主义者依据资本主义消费社会的到

来所引发的大批中产阶级的兴起而诘难马克思对无产阶级和资产阶级两大截然对立的阶级划分方式过于武断,但实际上马克思在他的其他著作中已经科学地预见到了资本主义中产阶级化的可能性。在他看来,中产阶级的划分依据仍然是对生产资料的占有关系,主要包括小工业家、小商人、小食利者、富农、小自由农、医生、律师、牧师、学者和为数不多的管理者。在这些群体中,小工业家、小商人、小食利者、富农和小自由农都或多或少地占有部分生产资料,而医生、律师、牧师、学者和为数不多的管理者则更多是凭借自身所有的技术、知识等人力资源而位居中产阶级。其中,马克思重点论述了在资本主义工业社会发展过程中,中产阶级将面临的双重命运。一是中产阶级的下层将成为无产阶级的一部分。"以前的中间等级的下层,即小工业家、小商人和小食利者,手工业者和农民——所有这些阶级都降落到无产阶级的队伍里来了,有的是因为他们的小资本不足以经营大工业,经不起较大的资本家的竞争;有的是因为他们的手艺已经被新的生产方法弄得一钱不值了。无产阶级的队伍就是这样从居民的所有阶级中得到补充的。"[①]二是中产阶级的数量将不断增加,成为上流社会的安全力量。马克思预测,随着资本主义的发展,介于以工人为一方和以资本家、土地所有者为另一方的中间阶级的数量将不断增加,中间阶级直接依靠收入过活,从而成为作为社会基础的工人身上的沉重负担,但同时也将增加上流社会的安全力量。马克思这里的两段论述似乎有点矛盾,反映了他对于当时欧洲资本主义社会发展趋势的敏锐感触和深刻把握。一方面,随着资本主义社会的日益扩张,大资产阶级对中产阶级的挤压将日益加剧,

---

① 《马克思恩格斯全集》第 4 卷,人民出版社,1958,第 474 页。

中产阶级的下层将在社会流动中处于不利地位，并最终跌入无产阶级阵营；另一方面，随着生产力和就业结构的转变，直接依靠收入进行生活的中间阶级——薪金雇员的人数将大大增加。中产阶级具有双重性，他们在一定程度上剥削了工人，又在一定程度上被资本家所剥削，因此他们既是工人的负担，又是保持社会相对稳定的重要力量。

马克思关于中产阶级的论述与中产阶级在整个20世纪的发展尤其在发达资本主义国家的发展是大致吻合的，在一定程度上解释了当前资产阶级社会处于相对稳定状态的原因所在。今天一些资产阶级学者鼓吹"资本主义社会已经中产阶级化""工人阶级已经消亡"等，是以现象取代本质，以末节取代整体，混淆视听，服务于其论证资本主义永恒性的目的的。鲍德里亚以符号消费建构起的等级区分方式亦是如此。

（二）奢侈消费成为新的阶级区划法

以往社会等级地位森严，人的出身是命定的，是自己无力改变的，社会阶级构成也相对稳定，像封建社会时期地主与普通百姓之间，或者是古老的欧洲贵族与平民之间，有着十分严格的等级差别。人们的社会身份完全取决于横亘不变的世袭头衔，"世袭"也就意味着人一出生就拥有的血统和家族渊源，这是没办法通过后天的任何努力而获得改变的，所以无论是贵族还是奴隶都普遍安守于自己的社会阶层。贵族阶层享有一系列社会、政治、经济、文化上的特权，他们追求奢侈享乐，对奴隶任意宰割和支配，这一切都被视为天经地义；而奴隶们也断不会"妄想"和主人在一个餐桌上吃饭，讨论国政方略。总之，在身份鲜明的等级制社会，要想获得上层人士的地位异常困难，而一旦获得，就不会轻易失去。想使一个贵族不再成为贵族其难度不亚于让一个下层民众晋升为贵族，"关键在于你是谁，而不在于你做了什么"[①]。人们的消费物也与其所在的阶层相符合，丝毫不敢有越界的想法，否则就会受到惩罚。但随着近代资产阶级的出现，这种命定的东西正在被一点儿一点儿地消解掉，再不存在一种形式，不管身份地位如何变化，都始终忠于原初的等级，用列斐伏尔的话说就是"风格的消失"。正如马克思在《共产党宣言》中所言"一切社会关系的接连不断的震荡，恒久的不安定和变动，——这就是资产阶级时代不同于过去各个时代的地方……一切等级制的和停滞的东西都消散了，一切神圣的东西都被亵渎了"[②]。资本的普遍统治与扩张摧毁了一切固有的传统地理的、民族的、阶级的、宗教的、伦理的、国籍的和意识形态的界限，从而陷入了一个更加混乱与冲突的现代世界之中。尼采疾呼"上帝死了""虚无主义来临"，基督教成为奴隶的道德，现代人类发现自己处于一种价值的巨大缺失和空虚境地。由此列斐伏尔认为第二自然附加于第一自然，符号物体或物体符号附加于现实物之上。也就是说在实践中，物变成了符号以及符号物体，并且社会建构的第二自然替代了第一自然。列斐伏尔以绘画为例，说明了这种变化："直到那时，在画家中才存在着分裂：一派（在中欧）赋予所指以第一的位置，观众贡献着能指；另一派（在巴黎）强调能指，允许观众填补所指。这是立体主义（毕加索，布莱克等）。在这两种情况下，符号的大量干预以及从表现到意指的转变，分裂了能指与所指的整体性，

① 〔英〕阿兰·德波顿：《身份的焦虑》，陈广兴、南治国译，上海译文出版社，2007，第 87 页。
② 《马克思恩格斯全集》第 4 卷，人民出版社，1958，第 469 页。

同感性现实相关的参照消失了。"①

当一切等级的、固定的东西都烟消云散了之后，这一地位仪式却仍然保留在人们的心目中，它需要通过另外一种方式来实现。因为总有人梦想着成为上流人士，这种吸引力来自一旦处于社会金字塔的顶层，各种光环也会随之而来，能较别人享有更丰富的社会资源。只不过现在再没有一种简便的途径能够让人们轻易达到预期的社会阶层了，因为通过学识、工作性质等的差别作为标识需要较长时间的前期准备，很难做到。这就把大多数人拒之门外，"以体能勇武来划分等级的方法已经过时，那只是工人阶级子女比高下的方法"②。那就通过物来获得拯救，"消费不仅是为了满足自然需要，而且是为了显现消费者的社会身份与地位，在打破等级时代的地位差异之后，人们在消费中重新建立了一个社会身份的差异系统"③。消费者总是处于一定的社会位置和群体，消费既能够建构认同，也是认同的表达形式之一，这体现在两个方面：一方面，消费者总是选择适合自己的消费者认同框架，即消费者在进行消费时会受到自己所处的经济地位和社会分层的约束；另一方面，消费者的消费反过来体现了他/她所属的社会阶层。换言之，社会赋予消费品以象征社会地位和认同的功能，使物成为地位和身份的符号与标记。消费成为地位的延伸，而消费的社会功能除了维持或提升自己的社会地位外，还可以起到维护和再生产与自己的经济地位相适应的文化认同。

---

① Lefebvre H. , *Everyday Life in the Modern World*, Trans. by Sacha Rabinovitch, New Brunswick and London: Transaction Publishers, 1994, p. 113.

② 〔美〕大卫·理斯曼等：《孤独的人群》，王崑、朱虹译，南京大学出版社，2002，第80页。

③ 仰海峰：《物的嘲讽与主体消亡的特性：鲍德里亚的思想主题》，《国外社会科学》2014年第5期。

资本主义强大的生产能力把"享乐和消费"强行引入了现代社会，餐馆、旅游、手提电脑、各式服装等都成了新时代的标志，正通过不断增加的社会财富来消灭旧体制下的阶级特权，把所有的社会阶层都卷入变化的社会运动中来，"这种社会秩序承认即使最贫穷的人也有权得到一切满足，只是这种满足只能最终地、经过长时期才能实现"①。人们不像以往那样只听从命运的摆布，而是开始产生身份上的焦虑，他们会把自己所取得的成就与社会上的其他人进行比较，处于社会底层的人会有强烈的一无是处和一无所有的焦虑感；反过来，成功人士亦会有高高在上的优越感。新的阶级策略就是按照人们对物质产品的占有来重新界定的，一切价值也都被转化为可计量的经济价值供人们参考、比对，以找出自身的个体差异之所在。

不同阶层所使用的物确实存在差别，人们认识到自身只有通过他们所拥有的物品才能获得身份上的确证，这就造成当一个人需要感受来自他人的尊重，需要让自己的生活看起来很风光的时候，他的内心深处就会出现一个声音："你需要××。""我需要"就成了一个咒语，让人毫不犹豫地冲进商场，买一堆鞋子、化妆品、手表等奢侈物，以至人们今日的生活已经简单到只需"消费"二字就可以概括，"工作是为了存活，存活就得消费，而且是为了消费，这个恶性循环就完备了。在唯经济主义的王国里，存活既是必须的，也是足够的。正是这无人不晓的真理缔造了资产阶级时代"②。当代资本主义的经济体制是通过人们的不断消费行为建

---

① 〔法〕皮埃尔·布尔迪厄：《区分：判断力的社会批判》（上册），刘晖译，商务印书馆，2015，第261页。

② 〔法〕鲁尔·瓦纳格姆：《日常生活的革命》，张新木、戴秋霞、王也频译，南京大学出版社，2008，第66页。

构起来的，它不再是从生产中获益，而是通过制造出各种新的需求，使人们感到始终处于"匮乏"之中。所以人们能够直接感受到的来自外在物的强制已经变得不再那么可怕了，因为这是尚能够意识到，并可以采取措施进行抗拒的。现在更核心的部分是从外部的霸权式强制转向更加隐蔽的精神训导，"'本能诱导'胜于'客体诱导'"①。打个比方：人对食物的消化能力是有限的，吃得多了就会导致胃脏功能紊乱，从而引起不适，但食物的文化系统的丰富性总会让人垂涎于各种美食，使人经常会超出正常的食量而吃得更多。从心理学角度而言，人的心理需求更易受到控制，在资本主义市场经济过程中，人们发疯地去购买各种奢侈品，实际上是人们发疯一样去需要它，是一种内在的强烈占有欲去促使人们竞相追逐，而不是迫于外在强制。

现在的人们普遍崇尚古式贵族阶层的物品风格，艳羡贵族生活，这不只表明人们已经在物的实质消费层面进入较高等级的社会阶层，更主要的是在文化维度上所实现的身份区隔。越来越多的有钱人热衷于追求豪华场面，宝马香车，钟鸣鼎食，雍容华贵，穷奢极欲，模仿着那排场和做法要让自己变成贵族，古董商的橱窗更是成了贵族奢侈模式的缩影。"的确，要确立一种身份，要知道你是谁，你必须首先知道你不是谁，因而排他性的，或特权许可的物质材料，就为建立界限所必需，因而也继续展示着它们的迷人与诱惑，并刺激着人们的欲望。"② 个人的需求代表了社会意义的欲望，这正是人们永远也达不到满足状态的原因所在。为了

---

① 〔法〕鲍德里亚：《消费社会》，刘成富、全志刚译，南京大学出版社，2014，第50页。
② 〔英〕迈克·费瑟斯通：《消费文化与后现代主义》，刘精明译，译林出版社，2000，第119～120页。

在人群中确证自己的存在就必须不断地否定所拥有之物，形成对新产品的无限欲望，而原本刚刚形成的环节实体，则变成一个空无的符号，或者一个空洞的欲望而想吸收更多的实体来填充这个欲望的空洞，以使得自己的存在得以延续。也就是说资本最神秘的就是它是一个符号、一个欲望、一个符号的空洞，它总是一个空无，然后去追求更多的外在物质来填充这个暂时的空缺，接下来又把这个实体用掉，以引起新的空缺这样一个过程。换言之，人们是通过一种未来的方式来保持自己当下的在场性存在。而炫耀的社会目的以及所有价值的社会机制都是无意识的，并被那些没有这方面知识的主体实践着。人是在无意识中追崇奢侈品，并消费更多。如果人们能够清醒地意识到这不是对某一物的具体需要，而是在和别人的对比中因体现出的差异而产生的需要，那么也就戳穿了资本主义的意识形态幻象。

人们却无法拨开这一幻象的层层迷雾，还自以为在消费物的系列中真的变成了贵族，实际上却是被诱入了资本主义的意识形态之中。"这是一种要求通过物而拯救的等级逻辑，是一种要通过自身努力来实现的拯救方法：与通过恩赐和选举获得的拯救相对立的'民主'原则，君主专制的原则……通过消费获得的拯救，在其没有反映思想的目的性过程中，上气不接下气地、毫无希望地想获得一种人赐的、天赋的和宿命的地位。"[1]

每一个人都借助于拥有物企图在流动的社会中固定他的位置，同时根据个人的发展努力挤入新的序列中。"通过物，一个分层的社会出现了，并且如同大众媒介一样，物似乎在对每个人说话。

---

[1]　〔法〕鲍德里亚：《消费社会》，刘成富、全志刚译，南京大学出版社，2014，第40页。

它试图将每个人放置到某个特定的位置上。"① 这里面的假象是：一些物暗示了一种实际的社会地位，而另一些物则暗示了假定的、期望层面的社会身份，总有一些物代表了你无法企及的社会高度。并不存在一个物品与它所表征的身份地位一一对应的明晰清单，一旦人们成功进入一个社会阶层就想向更高的阶层迈进，那就买更多更高端的奢侈品吧。这里就隐藏了资本主义的政治目的性，它以对自己有利的方式来操纵符码，依据每种社会地位的特殊逻辑建立新的阶层，而人们却对此毫不知情，还自以为任何一件消费物都是自己的真实需要。而实际上物是先被生产出来的，然后资本家利用各种宣传手段让人们了解这一产品，并且使人们需要它，煽动人们购买，以此来消化掉不断制造出来的大量堆积物。当代资本主义社会的人们屈从于这种物的身份确认方式，显然被异化了，这种异化实由"民主"的假象构造出来。

（三）民主神化掩盖不平等性

当消费受到控制，受到广告、媒介等的引导，人们不再以满足基本需要来消费物时，原本形成的稳定的社会结构也发生了动摇。各阶层之间的消费界限消失了，他们不再有固定的消费风格，由此有了阶层与消费之间颠倒的位置关系。"人所缺乏的，总会被投注到物品身上——'发展落后者'的心目中，在技术产品身上被神化的是威能，拥有技术的'文明人'心目中，被神化在神话学物品上的，则是出身和真确性。"② 通过消费奢侈品，人们重新获得了他们本无法企及的社会认可。商品像动植物一样具有了生

① 〔法〕鲍德里亚：《符号政治经济学批判》，夏莹译，南京大学出版社，2015，第 13 页。
② 〔法〕布希亚：《物体系》，林志明译，上海人民出版社，2001，第 94 页。

息繁衍的功能，在整个社会中迅速扩散开来，并以符号的形式排列为不同的系列。购买不同系列产品的人群则自动区别开来，新的阶级形式也由此形成。"某个体属于某团体，因为他消费某财富；他消费某财富，因为他属于某团体"①，在此，复杂的阶级形式被简单地转移到个体与团体的关系上，这就是阶级被资产阶级民主化洗礼以后，围绕奢侈消费产生的落差、差异而确立的新的区划法。换言之，人除了生活在由各种各样物质网络构成的世界中，还处在人与人之间精神文化关系网络中，比如生活在一个小群体里的身份认同，由此产生人们的精神需要，在这种社会文化里，潜在需要变成显在的需要。炫耀是竞争的一个表现，它成为人们心理上的刚性力量，让人无法抗拒，否则就会被淘汰出局。

奢侈消费在当代资本主义的意识形态里被打扮成社会等级性身份地位区分的标志，对奢侈品的盲目追崇正是急于确证自我身份的表现，因为只有奢侈品才能彰显出购买者的财力与独特个性。"昂贵物品的消费是值得颂扬的，并且要是该物品的成本所包含的值得称许的元素，超出该物品外观上的机械用途所赋予的实用性时，该物品就具有尊贵性。所以，物品中如具有过度所费不赀的卷标就是颇具价值的卷标——透过对该物品的消费，就能带来高度满足的间接的、且又比出高下目的的功效。"② 不含有炫耀性挥霍成分的物品被视为不符等级而被消费者拒绝，不予购买。人们不顾物品本身的功用性，只是一味地想要占有它，在此，奢侈品不再作为功能物而存在，它只是一个能够满足人欲望的符号，是"一个冲动式的文化吸收和魔术式的占有的程序"在推

① 〔法〕鲍德里亚：《消费社会》，刘成富、全志刚译，南京大学出版社，2014，第51页。
② 〔美〕凡勃伦：《有闲阶级论》，李华夏译，中央编译出版社，2012，第116页。

动着人们去追求奢侈品。对奢侈品的消费实际上就是在消费一种等级次序中的符号地位，或者更确切地说是在消费主体关系这样一种等级次序，消费奢侈品的人真正关心的是在这样一种关系系列中他所处的地位。人与人之间的关系通过消费这个平台实现自我完成和自我消解，主体关系已经不再是主体的关系，而是主体特性的消解，变成了一个系统中的符号，主体自己也成了符号。这就是当代资本主义经济过程所建构起来的奢侈品消费的意识形态性。

鲍德里亚通过奢侈消费问题为我们呈现了后殖民主义的话语方式，那就是用差异对抗强制的同一。西方的自由主义是一种普遍平等的话语观，差异似乎是多元对抗一元的方式，但它实际上恰恰是这种一元霸权之下，企图证明自己一元包容性的同谋。而所谓的差异、多元实际上是实实在在想统治世界的那个一元等级制霸权合法性的一种副产品。资本主义要实现这种统一的霸权必然要把这种内在的矛盾转嫁给外在的他者，而资本市场就成为其演绎场。今天的市场对每一个人而言都是平等开放的，人人都有购买的权利，只要有钱就能买到任何你想要的东西，所以有一种意识就会认为消费的意识促进了消费的平等。消费在当代西方国家就是以"平等"的姿态来接纳每一位顾客，其实这一点在我们国家也是一样的，如今冰箱、液晶电视进入千家万户，人人都手拿 iPhone，斜跨 LV。人们可以根据自己的收入状况或者个人性情来决定是否购买，但在潜在层面却普遍是为获得社会认可，为呈现自己美好的生活样态而进行消费的。这是在现实生活的表面呈现出的平等意识，实际上却是更为抽象的"平等"，是由使用价值的消费来宣扬的一种平等意识，"一个购买面包的工人和一个购买面包的百万富翁，在这一行为中都只是单纯的买者"①。使用价值的消费是无法直接滋生不平等的，这就是连鲍德里亚自己都批评的意识形态。他本人是比较鄙视使用价值拜物教的，因为他是站在符号价值的角度来分析问题的，所以他希望从符号价值的消费中解蔽出一种等级制的社会差异，从而以这样的立足点解构出其中的社会逻辑，也只有这种社会逻辑才会导致真正的不平等。

奢侈消费在今天展现出民主的社会姿态甚至让人们相信"消费的功能就是要在一个被分层的社会中纠正那些社会的不公正"②。这个社会正在用"民主"的意识形态来营造一种相对稳定的社会氛围，使人们置身于平等的幻觉中，但在它虚假的外衣下，实际上遮蔽了真实的政治意图，同时也使消费摆脱了负载当代资本主义意识形态的指责。消费社会是一个表面平等而实际上仍然存在等级的社会，这就是消费社会意识形态性的最大神话，它以消费平等掩盖了政治与经济上实际的不平等。

资本主义在以往通过革命的途径并未实现民主，于是就转化为"在物（l'Object）以及社会成就和幸福的其他明显标志面前的平等"③，具体表现为在物品的购买、使用和欲求面前的人人平等。但是不是人人都购买得起？回答是否定的，而且这里存在极大的不平等和明显的社会分化。能否消费得起奢侈品的确只受到购买力的限制，但是否能欣赏一件奢侈品却受到教育水平，以及家庭

① 《马克思恩格斯全集》第 46 卷（上），人民出版社，1979，第 204 页。
② 〔法〕鲍德里亚：《符号政治经济学批判》，夏莹译，南京大学出版社，2009，第 37 页。
③ 〔法〕鲍德里亚：《消费社会》，刘成富、全志刚译，南京大学出版社，2014，第 29 页。

出身等复杂因素的影响。出身好的人不消费奢侈品也能获得其应有的社会地位，奢侈品更是他们天生就能享有的命定恩赐，而且中低产阶级对物的享用总是落后于富裕阶级。只有当奢侈品在富裕阶级广泛普及，并由新的高端产品所替代，沦落为一般商品之后，中低产阶级才有机会享用。这里始终遵循了"自上而下"的更新规律，"需求的一系列等级，与物和财富的等级一样，根据一种绝对的原则，一种保持距离和符号区分的社会等级的必要性，在社会上首先是有选择性的：需求和满足会向下渗透"①。此外，社会地位较高的人对社会地位比他们低的人具有强烈的排斥倾向，如果后者偶尔享用了和他们一样的物品，则被视为越位，被视为一种侵犯行为。一位公司的职员购买了和老板同一型号的梅赛德斯汽车，就被开除了。员工与老板使用相同的东西会让老板觉得不舒服，老板的身份受到了挑战，这是老板无论如何也不能允许的。由此不难看出，"在作为使用价值的物品面前人人平等，但在作为符号和差异的那些深刻等级化了的物品面前没有丝毫平等可言"②。每一个符号都精准地对应着一种社会地位，因此也就自然而然地建立了新的社会歧视。社会地位较高的人必然藐视社会地位较低的人，迫不及待地要与之划清界限。就这一意义而言，以符号进行身份地位的区分使人的定义变得更为狭窄了，"文明向普遍性的每一次'客观'进步都对应于一种更严格的歧视，以致我们可以隐约看见，人的最终普遍性的时代将与所有人被驱逐

---

① 〔法〕鲍德里亚：《消费社会》，刘成富、全志刚译，南京大学出版社，2014，第43页。

② 〔法〕鲍德里亚：《消费社会》，刘成富、全志刚译，南京大学出版社，2014，第73页。

的时代吻合——那时将只剩纯粹的概念在空无中闪烁光芒"①。

鲍氏进一步指出：只有部分人才需要通过大量购买来显示其财力，目的就是进入高等阶级并且巩固其社会地位。这种盲目拜物的逻辑正是消费的意识形态，就像知识和文化本应成为人身修养的体现，但如果没有抓住要害，掌握其有效的使用窍门的话，也只会意味着文化的分离。所以这种以消费物的方式实现的平等实则为形式上的平等，它掩盖了平等不可达及的真相。"奢侈品消费区分社会阶层的象征权力表明社会贫富分化仍然根深蒂固，每个奢侈品消费者都试图凸显自身独特的消费个性，表明消费者自我意识极度膨胀已经成为一种消费时尚，导致奢侈品消费者在其主体意识层面具有某种极端原子化倾向。"② 特权阶级的存在就充分说明了一定有匮乏，匮乏与特权二者在结构上是互相关联的，没有匮乏的特权是不存在的，如果人人都能平等地享用一切物品，那就无所谓各等级之间的区分了。鲍氏深刻地指出：消费产品创建了初级的民主平台。而且以消费建构的平等本身又可能创生其他方面不平等的可能性，比如原本人人都可以享用的新鲜空气、水等自然资源在高度物化的今天也成了一些人争相购买的奢侈物，"'新鲜空气权'意味着作为自然财富的新鲜空气的损失，意味着其向商品地位的过渡，意味着不平等的社会再分配"③。

总之，消费的平均化是从逻辑和社会学层面分析问题得出的一般结论，"增长即丰盛，丰盛即民主"的简单模式是理想主义的

---

① 〔法〕鲍德里亚：《象征交换与死亡》，车槿山译，译林出版社，2012，第175页。

② 王国富：《当代中国社会奢侈品消费的权利诉求与反思》，《马克思主义与现实》2014年第5期。

③ 〔法〕鲍德里亚：《消费社会》，刘成富、全志刚译，南京大学出版社，2014，第38页。

异想天开,是对真正问题的逃避。"用消费平均化的术语来提出问题,其本身就已经意味着通过寻求商品与标志(替代层面),来替代真正的问题,以及要对其进行逻辑的和社会学的分析。"① 那究竟是什么起到了决定性作用呢? 鲍德里亚的回答是"整个社会结构"。

(四) 奢侈消费意识形态统治的严密结构

在《消费社会》这本书中,鲍德里亚就开始更多地探讨一种社会的逻辑,并从社会关系、社会地位、社会本质的层面思考奢侈消费问题。"不管是哪种社会,不管它生产的财富与可支配的财富量是多少,都既确立在结构性过剩也确立在结构性匮乏的基础之上。……整个社会结构在这里起到了决定性作用。"② 奢侈品总是少数特权派才能享有的,它的符号功能重新确立了阶级特权,具体而言就是把金钱和文化完美地结合起来,将财富所蕴含的"权力、享乐、声誉、显赫"等文化意涵进一步深化,使人因消费方式的不同而独树一帜。鲍氏提醒我们"必须抛弃那种认为在我们的社会里所有物质的(以及文化的)需求都会很容易得到满足的想法,因为这种想法没有考虑任何社会逻辑"③。

随着生产力水平的不断提高,各种新奇玩意也应运而生,它需要一个广阔的市场来进行消化,人的需求也就是应这种生产范畴而生的。因此与其说人的需求得到不断满足,还不如说是在物质增长的社会里,人不自觉地成为新的生产力。"消费、信息、通

① 〔法〕鲍德里亚:《消费社会》,刘成富、全志刚译,南京大学出版社,2014,第30页。

② 〔法〕鲍德里亚:《消费社会》,刘成富、全志刚译,南京大学出版社,2014,第32~33页。

③ 〔法〕鲍德里亚:《消费社会》,刘成富、全志刚译,南京大学出版社,2014,第47页。

讯、文化和丰盛，所有这一切今天都由体制本身安排、发现并组织成新的生产力，以达成最大的荣耀。"① 消费之所以无法克制，其最终原因在于它是建立在制造新的匮乏之上的。在发表于1969年的《需求的意识形态起源》一文中，鲍德里亚反驳了美国实证主义社会学家加尔布雷思"需求实际上是生产的结果"的观点，认为单个的需求并不存在，存在的是整个需求体系，所以正确的说法应该是"需求体系是生产体系的结果"。需求体系与消费体系超出了一般人类学的生存假设而成为被异化、被操纵以及被神秘化的东西，需求体系与消费体系披着"丰裕""自由选择"的外衣，而成为资本主义体系组织化发展的生产力。"消费的真相在于它并非是一种享受功能，而是一种生产功能——并且它和物质生产一样并非一种个体功能，而是瞬间性且全面的集体功能。"② 鲍德里亚反对日常生活的各种心理学与实证主义的说辞，他极其尖锐地指出：消费社会制造了一种需求和享乐主义的幻象，"需要—愉悦"这一对范畴掩盖了"需要—生产力"的客观事实，需要与劳动成为生产力发挥作用的两种模式。

从这一意义上来说，经济的平等问题在今天尤为凸显，是当代资本主义制度加深了这一阶级划分的合理化，并普及开来，从而绝对地维系了资本特权。资本主义社会在物质层面呈现出的形式革新并非是对整个社会进行的体制上的变革，只不过是用一套新的符号语言为人们建立了另一个理想世界而已，而这一世界在根本上仍然是要维护特权阶层的利益，并且是在文化上永久地保

---

① 〔法〕鲍德里亚：《消费社会》，刘成富、全志刚译，南京大学出版社，2014，第37页。

② 〔法〕鲍德里亚：《消费社会》，刘成富、全志刚译，南京大学出版社，2014，第60页。

当代奢侈消费的批判与超越

证他们的特权。换句话说，奢侈消费并不能给工人阶级带来富有，今天的资本主义社会在一味地鼓吹无产阶级也来消费奢侈品已经带来了不少弊病，诸如更为严重的社会歧视问题，更加凸显的贫富分化问题，更具戏剧性的价值观选择问题，等等。奢侈消费并不意味着全民富裕与政治平等，它仍然是资本主义生产体系的一个组成环节，从生产社会到消费社会，资本主义的统治逻辑仍然是"换汤不换药"。

鲍德里亚采用巴特的符号学方法来研究奢侈消费问题，并将奢侈品放入适当的阶级格局中，充分建立起一整套完整的意义系统。"符号学研究的目的在于，按照一切结构主义活动的方案（其目的是建立一个研究对象的模拟物），建立不同于语言结构的意指系统之功能作用。"① 鲍氏就是运用能指与所指的符号学语言对世界进行重新编码并解码的，他首先将奢侈消费物的世界编排进神秘的象征性记号里，然后再将其"去神秘化"，由此揭示出资产阶级文化意识形态现象的深层意义，进而指认由奢侈消费所确证的身份区隔的虚假性。因为我们知道，符号本身就既包含了本义也包含了思想上所表示出来的意义，一旦将实存物附上符号意义，就将不可避免地带有思想上附加的任意性，那样一切都变成了消费社会中具有"欺骗性"的文化操纵之产物。而这也就是符号学的强大魔力之所在，它使人们过分信赖所指的内质，也就是意识形态的表达，而不太注重能指，这就给广告、媒介的中间运作提供了可能，其中也就涉及符号学所指的实现方式问题。在新型的电子化信息时代和分工愈发精细的程序化生产过程中，商品本身

① 〔法〕罗兰·巴特：《符号学原理》，李幼蒸译，中国人民大学出版社，2008，第73页。

166

就具有了信息的性质，而这一趋势主要出现在日益增加的广告业中。对此，麦克卢汉早有预见，"媒介即信息"是他的著名论断，也许在他写作《理解媒介》时，这一提法还是惊人之语，但经过了快半个世纪的光景，如今这一结论早已变为现实。媒介不仅遍及城市，甚至还有乡村的抽象网格布局，使人们在生产、消费、住所相分离的情况下，丝毫不会影响生活。它跨越了遥远的国与国之间的距离而将人们紧密相连，世界就成了一个"环球村"。媒介的魔力就在于它以人们无法触摸的方式存在着，而且在人们接触它的瞬间就发挥作用，这一作用直接深入到人的中枢神经系统，并产生刺激，"媒介（亦名为人的延伸）是一种'使事情所以然'的动因，而不是'使人知其然'的动因"①。在高度发达的电子时代，媒介就成了人的内在延伸，人不是直接展现自我，而是要借助于物，把自己转换成其他超越自我的物质形态传递出去。换言之，人要通过已经固定化了的、具有一定社会认可度的符号来表达自身。

以手表为例，单就显示时间的功能而言，现代社会可以不需要手表，因为所有的公共场合都有各种各样的电子显示屏来提示时间；此外，大多数人都随身携带手机，它也包含了手表所具有的显示时间的功能。就此而言，手表制造业应该破产才对，但如今这一行业不仅没有破产还更发达了，尤其像百达翡翠、江诗丹顿、劳力士等世界名表品牌更是拥有大批的忠实表迷，他们在数字化时代不惜花费几万、几十万，甚至上百万的高价来购买一块手表，原因何在？这其中就是列斐伏尔所讲的神秘化体制在起作用；或者是哈维所言的资本如何吞下它本吃不下的大蛋糕；亦是

---

① 〔加拿大〕麦克卢汉：《理解媒介》，何道宽译，商务印书馆，2000，第82页。

霍尔笔下的"编码/解码"过程，即通过各种符号向人们展示出手表所代表的含义，而由于符号的不确定性，也就是它与外部的物质世界并不存在符合关系，所以，人们可以对意义进行任意解码。一块小小的手表涉及人们的感情、归属感与情绪，被放大到作为广阔的社会宗旨和社会过程的一部分来加以表现，"首要的是，文化意义不只'在头脑中'。它们组织和规范社会实践，影响我们的行为，从而产生真实的、实际的后果"①。

手表凭借机芯运转拉平了人们之间的社会差距，汽车凭借马力来拉平社会差距，奢侈品就凭借价格来拉平社会差距。奢侈品变成了一个自主的符号－物，而奢侈消费行为也成了建构意义的系统，它传递出的不是奢侈品本身的价值属性，而是将它背后有意制造出的美丽神话讲述给大家。换言之，奢侈消费具有自身的独创结构，一整套资产阶级意识形态的具体内容就蕴含其中，人们对奢侈品的消费过程也就成了无形中接受意识形态渲染的过程。这时，奢侈品体现出的不是物质上的奢华而是思维上的奢华，它的物质性功能让位于社会性功能，由注重实用性或审美性演变为只有纯粹的传播功能，成为在潜移默化中向人们灌输资产阶级意识形态的物质载体。正如巴特所言："精于计算的工业社会必须孕育出不懂计算的消费者。"② 如果人们能够轻易识破其中的端倪，就不会受欲望的驱使为获得一件奢侈品而神魂颠倒，资产阶级的意识形态散播也将注定是失败的。为了钝化购买者的警醒意识，就必须给奢侈品罩上一层神秘的面纱，向人们讲述她那美丽而动

---

① 〔英〕霍尔编《表征——文化表现与意指实践》，徐亮、陆兴华译，商务印书馆，2003，第3页。
② 〔法〕罗兰·巴特：《流行体系：符号学与服饰符码》前言，敖军译，上海人民出版社，2000，第4页。

人的故事，使人们沉醉于意象中，由意象激发出幻想，奢侈品就变成人们重要的情感寄托，进而刺激出人们强烈的占有欲。总之，要创造出属于奢侈品的神话，奢侈品卖的就不是"东西"而是意义，它能告诉人们你是何种人，处于何种社会地位中。奢侈品就以这样的方式牢牢地将消费者套入其中，其作用不仅是掩盖了资本谋利的商业秘密，更主要的是构建出资本主义的社会运作结构。

鲍德里亚对奢侈品的分析自始至终都是虚构的，是符号学意义上的意象，他竭力把奢侈消费行为系统化，并与个人生活和社会角色联系起来。所有的符号意义都来源于其周围的环境而不是物质性的根基，然后再根据一种差异系统将这些符号有序地组织起来，从而建立起一个强大的、井然有序的符号系统。这就导致我们完全意识不到真实的物质性存在，或者说让人们在无意识中将奢侈品的制作材质、款式花样等一并忽略掉，而尤其关注由符号刻意强化出来的意义。当然，奢侈品某一部分的优势也有可能被特别强调出来，通过其中的一个细节部分突显出一个完美的整体，以表征它仍具有良好的功能性，但这不过是为我们揭开了面纱的一角，仍然不可避免地预示着一定的险恶目标。值得肯定的是，鲍氏不管是在物质层面描述奢侈品的张狂性，还是分析它在社会层面的意识形态性，都是比较深刻的，他不仅抓住了奢侈消费背后人的真实购买动机问题，同时还披露了个人消费行为背后整个资本主义社会的意识形态性。所以就这一点而言，鲍德里亚通过对奢侈消费问题的解读进而揭示当代资本主义的意识形态性具有重要的理论意义。

马克思讲商品的价值规律，而鲍德里亚却提出了符号价值的交换规律。对于鲍氏而言，创造使用价值的劳动并不被投放到一般等价交换之中，而是要置入资本的一般统治结构中。如果说资本是一种统治方式，那我们每一个人就处在这种结构统治之中，而对奢侈消费的剩余价值获取则成了最难以辨认的社会统治方式，它不再仅仅受一般商品等价交换规律的制约，更重要的是受结构统治规律的制约。劳动也不再是生产实存物的付出，而是各种"符号"中的符号，像其他物一样被生产、被消费，并按照一种完全的等价关系以非劳动、休闲的方式相互交换。接下来，鲍德里亚又说使用价值的生产现在已经不存在了，生产被淹没在符号的统治中。鲍氏只关注符号价值的交换所带来的人格的抽象性，他思考人的自由在符号价值中丧失了，人被符号交换关系所奴役。换言之，社会对人奴役的机制已经不再是经济领域中的奴役，而变成了整个社会生活中的权力统治，随之，政治经济学的批判也消失了，由此开启他所谓的符号政治经济学批判。

鲍德里亚在《符号政治经济学批判》中进一步发挥了列斐伏尔有关消费社会符号价值的重要论点，并且把马克思主义政治经济学同符号学以及结构主义加以重构融合，试图发展出一种新的社会批判理论。他模仿马克思对商品与价值形式的分析而提出了符号形式的分析，也即符号政治经济学的四重逻辑：（1）使用价值的功能逻辑；（2）交换价值的经济逻辑；（3）符号价值的差异逻辑；（4）象征交换的逻辑。鲍德里亚在马克思所区分的使用价值与价值的表现形式——交换价值之外，增加了符号价值和象征交换两种形式。他认为在前现代的古代社会，交换并不遵循资本主义的经济交换规律进行，而是由莫斯和巴塔耶所描绘的原始部落象征性的礼物交换所主导。这种交换是平等的，但只局限于部落内部的礼物、礼品，或者说日用必需之物的一种交换，它不考虑物品的价值，也不考虑成本，是纯粹使用价值层面的物物交换，没有剥削也没有不平等。发展到经济社会初期和古代社会，一些部落和另外一些部落之间开始了不平等的暴力交换，就是一个部落与另一个部落相争夺，一群部落争夺另外一群部落，最后通过征服形成一个大的部落，发展出国家和民主。这种交换是征服掠夺式的交换，也就是私有制的起源，势力强大的部落把势力弱小的部落都掠夺了，然后强迫他们劳动，给予他们一定的报酬。实际上这个报酬是强迫下的不平等的交换，它进一步演化到人类历史上较为悠久的、表面上平等的一种物物交换，即商品交换。这种交换是资本主义社会与生俱来的。由此可见，资本主义社会不是一个纯粹的商品交换社会，而是把历史上掠夺的不平等交换也纳入其中。资本主义社会天生是不平等的，而商品经济遵循等价交换的原则，是天生平等的。所以当我们跨越地域、跨越时空进行换位思考时，会发现这种平等交换其实是在大量不平等条件下的一种表面上的平等交换。比如手工业劳动和资本主义大工业劳动之间的竞争，表面上是平等的，但实际上由于历史阶段的差别，从一开始就是不平等的。比如技术落后的部门和技术创新的部门在市场上进行竞争，表面上是平等的，实际上技术创新的部门发达了，竞争力更强，而落后部门竞争力更差，在这一过程中，剩余价值就产生了。

资本主义社会被政治经济学中交换价值的抽象性所笼罩，同时鲍德里亚批判马克思没有将符号政治经济学考虑在内，他认为在消费社会中，商品的价值不再是由其交换价值来衡量，取而代之的衡量标准是符号价值。这是资本主义经济体系从商品形式向符号形式转变的过程，符号价值是由它所带来的社会等级、文化特权以及垄断性权力来界定的。一言以蔽之，鲍德里亚告诉我们，仅仅在生产领域理解资本主义社会是不够的，必须包括流通领域，而流通领域仅仅局限在现代商品经济中也是不行的，必须把它放在过去和未来的对比中，我们才能看到商品交换历史的暂时性。

四　回归非功利性的象征价值

20 世纪 70 年代初期，鲍德里亚梦想着一种革命性的回归，由资本主义的符号社会回归到前资本主义社会充满象征交换的理想社会状态。象征交换代表着同质化的拟像社会的异质性样态，包括示意问好、礼品往来、炫耀性挥霍、节日与非功用性的耗费。鲍德里亚深信，真正的革命性出路与使用价值、交换价值逻辑无关，而是那种摆脱了一切功用性价值逻辑和生产主义道德律令的狄奥尼索斯式的游戏与狂欢的象征交换。这比马克思主义所倡导的革命实践更能彻底地颠覆资本主义的价值与逻辑，[①] 以至在《生产之镜》与《象征交换与死亡》中，鲍德里亚直言马克思主义理论的无效与过时，因为在他看来，马克思主义者所倡导的革命生产实践也不过是与资本主义的生产主义同构的"生产之镜"而已。[②] 鲍德里亚在最后的学术生涯放弃了对马克思主义消费社会的批判分析，所使用的理论范畴也完全脱离了政治经济学，而更多受到精神分析理论以及莫斯等人类学的影响，最终提出了与马克思主义彻底决裂的后马克思理论。

（一）奢侈消费的拟真性

鲍德里亚的一个基本论断是，需要是被制造出来的虚假需要，

---

① 〔美〕道格拉斯·凯尔纳编《波德里亚：一个批判性读本》，陈维振等译，江苏人民出版社，2008，第 129 页。
② 〔法〕鲍德里亚：《生产之镜》，仰海峰译，中央编译出版社，2005，第 26 ~ 19 页。

建立在需要之上的欲望是被诱惑或者煽动的虚假欲望。这一点在今天的奢侈消费中体现得尤为突出。例如，在商家明星代言等广告策略下，消费者往往把购买由偶像代言的奢侈品与偶像认同相等同，或者认为这是跻身合格粉丝行列的必要之举。事实上，商家早已将高额的明星代言费转嫁到商品身上。消费者最终所获得的商品使用价值必然与其本身的有用性不相匹配，这其中不相匹配的部分正是鲍德里亚称之为"符号价值"的溢出值。不过鲍德里亚并没有把符号价值视为外在于商品有用性的部分，相反他认为，符号价值与使用价值一样，都指向客体对于主体的有用性，并且这两种有用性都是客体对主体欲望的诱惑，两者都是资本主义意识形态营造的幻象。鲍德里亚的这一论断建立在他对精神分析学说的挪用之上。通过弗洛伊德的中介，鲍德里亚发现了处于人们心理表象和直接欲望背后并压抑着人们的无意识结构。借助马尔库塞，鲍德里亚意识到人们热爱劳动的欲望是被社会分工体系所压抑的结果。受拉康的启发，鲍德里亚从更为一般的主体哲学的角度，探讨主体及其欲望如何被构成、组织和操控的秘密。与此同时，鲍德里亚又反对精神分析学说对客观真实的执着，并试图为精神分析补上这个形而上学的"漏洞"。

1. 弗洛伊德对心理压抑结构的发现

在弗洛伊德以前，欧洲思想史中占据上风的是理性主义传统。理性主义把人的意识放在至高无上的地位，认为人们所生活的世界就是意识所对象化了的世界。这一传统肇始于康德所谓的"人为自然立法"，而集大成于黑格尔无所不包的绝对精神。按照传统马克思主义的说法，康德的"主观唯心主义"更主要地关注个体意识对对象世界的构成性作用，黑格尔的"客观唯心主义"则把视角转向集体意识的发展历程。弗洛伊德同时从个体与集体两个方面撕裂了意识的敞亮世界，进而揭露出人类精神结构的阴暗面，即无意识（亦译作潜意识）的阴影王国。

作为一名医生，弗洛伊德的哲学发现是从具体的癔症病例开始的。癔症患者常常会歇斯底里地作出一些不受自己控制的行为，或者在日常生活中出现记忆中断的现象。在弗洛伊德看来，癔症就反映出意识的界限。并非人人都像康德所认为的那样是一个理性的立法者，意识所不能到达和把控的梦魇无时无刻不侵袭着我们的生活。在这里，弗洛伊德发现了意识所不能把控的无意识领域的雏形，仅仅止步于意识和无意识的二元结构尚不足以形成一场哲学革命。事实上康德也提出，意识之外是自在之物，这样的二元结构早在康德那里就已经存在了。但是康德认为，既然自在之物不可知，那么也就没有分析的可能和必要，因此自在之物只是康德哲学当中的一个理论前设。弗洛伊德不是纯粹的哲学家，他所要解决的就是癔症患者如何治愈的问题，因此必须要直面如何把无意识转化为意识的问题。经过大量的临床案例和总结，弗洛伊德逐步找到了无意识的形成和作用机制。

无意识的内容来源于日常经历，这是任何一个现代心理医生都承认的前提。弗洛伊德的与众不同之处在于他认为，无意识不仅仅是内容，而且是一种作用机制。只有在这种无意识机制的作用下，日常经历才会成为无意识的内容。在弗洛伊德看来，无意识的机制就是压抑－稽查机制："在第一个阶段的心理活动是潜意识的，隶属于 Usc 系统。如果在'检验'时，无法通过'稽查'的关口，就不可能进入第二个阶段，我们便说它受到了'压抑'，必须留在潜意识之中。"[①] 只有当人们无意识地压抑了某些欲望的

---

① 车文博主编《弗洛伊德文集》第 3 卷，长春出版社，2006，第 472 页。

时候，这些被压抑的欲望才会在其心灵上留下创伤，才会不断地在反压抑的强制重复中表现为癔症患者的行为吊诡。压抑与稽查是使生活经历成为无意识之内容的无意识形式。换言之，人们对于压抑何以发生的生活事件、对于持续稽查压抑的心理过程，都是一无所知的，只有在心理医生的帮助下才能回忆起来。在弗洛伊德看来，回忆意味着将无意识纳入意识的正常轨道，也就由此消除了无意识的作用机制和实在内容。

俄狄浦斯情结是弗洛伊德用以说明无意识机制的一个重要隐喻。俄狄浦斯是希腊的悲剧英雄，在他出生时就被预言将来会杀父娶母。于是他的父亲早早地将他送出城邦。谁知恰是因为远离王国不认识父母，俄狄浦斯偶然地把父亲当成路人杀死，又因为拯救城邦而迎娶了自己的母亲。弗洛伊德把这个故事解读为欲望－压抑的无意识典范。他认为，每个幼童出生时都会迷恋他的母亲（小女孩则是迷恋父亲）："我们将母亲称为第一个爱的对象，理由是，我们所谓的爱，着重强调性倾向的心理方面。"[1] 于是孩子把父亲视为他的敌人，试图杀死父亲取而代之，以便占有他欲望的客体，也就是母亲，可父亲又是强大的、难以战胜的，孩子就只能把自己的欲望隐藏起来，这就形成了对欲望的压抑机制，也在孩童时代的创伤记忆里埋下了日后可能引发精神疾病的种子。

弗洛伊德认为，个体的创伤发轫于童年的无意识压抑机制，那么同样地集体的创伤也发轫于原始社会的"弑父娶母"。当然，对于一个社群来说，父亲是族长或权力的隐喻，弑父娶母则象征着部落权力的代际更迭。弗洛伊德把原始人的图腾崇拜以及律法

---

[1] 〔奥〕弗洛伊德：《精神分析引论》，彭舜译，陕西人民出版社，2001，第206页。

禁忌视为持续压抑最初 "弑父" 事实的表现。他假定最初的几个兄弟杀害父亲夺取权力之后，一方面为了防止后来的人再夺取他们的权力，另一方面出于杀害父亲的愧疚感，他们把死去的父亲和血亲关系神圣化，并确立不得相互残杀的禁忌。① 进而弗洛伊德推论，文明的发展正是建立在持续的、对于原初弑父冲动的压抑之上，人类的文明其实是一颗随时可能为无意识的历史所反扑的定时炸弹。他所见证的第一次世界大战和帝国主义的军备角逐，正如同瘾症患者们歇斯底里的无意识迷狂。

这样一来，弗洛伊德就同时把个体和社群的精神现象归因于他们童年或历史上所遭受的欲望压抑。当恩格斯说 "意识形态是由所谓的思想家有意识地、但是以虚假的意识完成的过程。推动他行动的真正动力始终是他所不知道的，否则这就不是意识形态的过程了"② 的时候，马克思主义的意识形态概念与弗洛伊德的无意识概念在一定程度上是遥相呼应的，都指向个体或者集体意识的空缺结构。这个空缺结构同时以精神分析学说和马克思主义意识形态理论在鲍德里亚的分析里加以呈现。奢侈消费之所以为人们所追捧，是因为人们在不知情的情况下把奢侈品所代表的符号价值当成他们的欲望对象，把社会形成的符号价值体系当成合理的、天然的需求体系。比起马克思恩格斯的经典文本，弗洛伊德对这种欲望的形成和操纵机制作了更为具体的分析。这是鲍德里亚受益于弗洛伊德的地方。但与此同时，鲍德里亚所接受的更主要是无意识的形式而非内容，尤其否定弗洛伊德所谓原初欲望的假定。弗洛伊德把异性之间的性冲动当成人类的基本冲动，显然

---

① 车文博主编《弗洛伊德文集》第 8 卷，长春出版社，2006，第 157~158 页。
② 《马克思恩格斯全集》第 39 卷，人民出版社，1974，第 94 页。

是一种形而上学的想象。此外，弗洛伊德认为杀害父亲就必然产生负罪感，显然又把伦理事实当成事实本身。鲍德里亚由此将精神分析学说视为"生产之镜"的家族成员而予以贬斥，并竭力把自己的理论同它区分开来。[①] 就此意义上，本文把精神分析学说视为鲍德里亚的一面镜子——他利用镜像整理仪容，又保持着自身与镜像的距离。

2. 拉康主体构成理论对主体压抑学说的改造

在弗洛伊德本人和被马尔库塞所改造的弗洛伊德主义那里，人本学的二元结构尤为明显。一方面弗洛伊德和马尔库塞都相信存在一个先验的、不可更易的自我，另一方面他们把批判的矛头指向异在于自我、压抑着自我的文明结构。这导致他们的学说里往往存在着许多形而上学的悬设，例如俄狄浦斯情结当中的异性之爱以及由于杀父而带来的天然的负罪感，又例如人们要求自我保存乃至在共同体中延续生命的爱欲。这些悬设大部分只是特定历史时期、特定文明阶段的文化意识，弗洛伊德和马尔库塞都犯了混淆自在世界与人类社会的错误。经由拉康的改造，精神分析学说逐步抛弃它的形而上学前提，进而转变为一种解构主体的批判哲学。鲍德里亚对拉康哲学的态度同样是双重的。他既肯定拉康对于精神分析种种价值悬设的批判，又对拉康在解构之路上的不彻底性持否定态度。

无论是欲望母亲还是欲望生存的延续，当欲望指向一个实在对象的时候，主客体的基本结构就被预先地规定了。实在的对象是客体，在同这一客体的欲望关系里，主体确立了它超越于客体的位置。拉康的创新在于取消了欲望客体的实在性。"欲望是由语

---

① 〔法〕鲍德里亚：《生产之镜》，仰海峰译，中央编译出版社，2005，第31页。

言制约下的一个动物产生的，人的欲望就是他人的欲望。"① 这个看似简单的论断蕴含着拉康哲学的全部基石。我们分三个层面来理解他的思路。

第一个层面，何谓人的"动物"属性？把人与动物相区分的传统古已有之。亚里士多德在其《政治学》中就提出，人是有理性的，或者会说话的动物。拉康并没有超出这个古典的"属 + 种差"的界定模式，甚至保留了把语言当成人与动物之种差的基本前提。但是拉康很清楚其中的玄妙。语言不单单是个体的呢喃，动物发出的声音之所以会成为有意义的语言，是因为在他说之前，就存在了如此这般的语言系统，既包括了语词的指涉意义，也包括语法句法的运作规则。在这个意义上，只有按照一定的语言系统所发出的声音才会被当作话语。能够学习、掌握、运用这个语言系统而发声的动物才被称为"人"。如此，人与动物的区别就不是由生物学、解剖学来界定的了，关键在于能否进入客观的、不以个体意志为转移的文化体系，人性与动物性的界限也就变成了语言系统或者文化体系内部与外部的区别。不过，拉康作为一名受过职业训练的心理医师，他自身又保留了把患者作为一个独立个体的学科预设。对于个别患者来说，可以从三个维度来进行分析。首先，他是一个完整的个体，是人性与动物性的统一体。其次，他先是动物（种）而后才是人（属），那么他就拥有着一些非人的动物性，并且这些动物性不可被人化。最后，他是处于文化体系当中的失落主体。精神分析的最终目的在于治愈患者的"失常"，也就是把个体重新纳入文化体系的正常轨道。

这又走向第二个层面，也就是"语言制约"其动物性的层面。

① 《拉康选集》，褚孝泉译，上海三联书店，2001，第568页。

拉康把语言系统称作"象征秩序"，在其中起作用的是符号的运作法则。象征秩序对于个体来说意味着一种强制性。不管你愿意与否，如果不按照特定的语法规则来进行交流，就无法为共同体的公民同伴所聆听、所理解，也就无法进入"人"的世界。在这里拉康实际上回应了严肃的形而上学命题：主体究竟是什么？主体（sujet）不是一个外在于世界（le monde）的超越性存在，而是在被人群（le monde）所形成的象征秩序所支配的臣民（sujet）。不管是主体的存在，还是它的欲望，都是象征秩序的内生产物。这比起马尔库塞说社会分工体系制造出人们的欲望又再前进了一步：社会体系不仅仅是制造出虚假的欲望，更是制造出人们全部的欲望，在这个体系之外，没有任何真正的欲望。当鲍德里亚认为符号价值构成了商品价值的全部，在符号之外没有真实的时候，他所延续的实际上是拉康"象征秩序"的传统。

这两个层面乍看起来仿佛又回到弗洛伊德的压抑与被压抑的结构，其实不然。在拉康看来，前象征秩序的非人属性，恰恰是象征秩序所赖以建立和生长的根基。这就关乎第三个层面，也就是"他者的欲望"的层面。在拉康看来，欲望即他者的欲望是一个本体论上的命题，是人们在进入象征秩序以前就已经拥有的自然特性。拉康对这个问题的解释采取了两种不同的路径，其一是解释学的路径。俄狄浦斯情结当中对母亲的欲望，被拉康解释为对母亲欲望之物的欲望。在这里，拉康又玩弄起概念的游戏。人之所以欲望某物，是因为他就缺少这个东西。进而拉康推论出，母亲欲望的匮乏之物，就是她所没有的男根。所以拉康的结论是："如果说母亲的欲望是男根，幼儿就要成为男根来满足她。"[1]　当

---

[1]　Jacques Lacan, *Autresécrits*, Paris: Éditions du Seuil, 2001, p. 596.

然，由于拉康从根本上不赞同弗洛伊德把恋母视为原欲，所以这里的"欲望之欲望"仅仅是一种指涉关系，它仅仅指向他者所欲望的对象。至于这个对象的具体内容是什么，却是悬而未定的。其二是实证科学的路径。拉康借鉴了心理学界方兴未艾的"镜像"实验。根据这个实验，婴孩约莫6个月大的时候在镜子前表现出一种兴奋的情绪，可见他在镜子里辨认出了自我。① 也就是说，自我并不是先验的认识结构，而是后天在他者的镜像前才树立起来的经验内容。

正是这种以他者的欲望为欲望，造就了人们欲而不得的悲剧命运。他者是一个外在于自我的存在，不可能恒久地同自我相处。正如同婴儿眷恋母亲，可是母亲不能永远地陪伴着他。在这种分离的关系中，语言就产生了。拉康十分欣赏弗洛伊德的"Fort-Da"案例。案例的主角是个常常把绕线卷轴丢到床底下的孩子，当他发现绕线卷轴不见的时候，发出了fort的语气词；等他用线把它拽出来的时候，又发出da的语气词。② 拉康认为，fort-da这两个指代词使得"远隐可在一个初始时刻得到名称"③。当对象消失在视野中人们就用语言来取代它使它重新在场。语言的必要性就是使得不可见之物重新可见。再回到他者的欲望这个问题上来，正是由于他者与自我的分离和对他者的欲而不得，人们才发明了语言这个工具。换言之，整个语言系统，整个象征秩序，指向的是一个大写的他者的欲望。无论是进入象征秩序之前还是进入象征秩序之后，我们都如同飞蛾扑火一般去追逐着这个无法获得的

---

① 《拉康选集》，褚孝泉译，上海三联书店，2001，第90页。
② 〔英〕里克曼选编《弗洛伊德著作选》，贺明明译，四川人民出版社，1986，第196页。
③ 《拉康选集》，褚孝泉译，上海三联书店，2001，第287页。

欲望之物。

言及此处，拉康和鲍德里亚已经很接近了。"承接着拉康的语境，鲍德里亚所讨论的欲望，恰恰是'对于他者欲望的欲望'，同时也是维持主体结构一致性的欲望。"[①] 人们之所以心血来潮地购买奢侈品，并不是因为奢侈品本身如何，而是奢侈品象征着某种社会地位。同样地，人们企图获得某种社会地位，也不仅仅因为这个地位本身如何，而是希望获得由这个地位而带来的他人的认同。再进一步说来，他人对社会地位的认同，归根结底也不是社会地位本身就是值得被认同的，而是他人企图在这种认同过程中获得第三者的认同。莫泊桑的《项链》可以帮助我们更好地理解这一心理机制。虚荣的马蒂尔德向好友借来项链，只是为了能够在晚会上博取众人的目光；而舞会上的其他人之所以欣赏她的项链，也不过是为了能够反过来表明她们也是属于上流社会圈子的一员。可是到头来项链却是伪造的，根本没有任何使用价值。我欲望他者的欲望，他者又再欲望他者的欲望，在这种套娃式的追逐当中，欲望的终点不过是一场虚无，只能被符号秩序所捕捉、所赋意，它的本质并不指向任何实有的自然对象。拉康将精神分析完全地引向话语分析，因而也为鲍德里亚的符号政治经济学批判开辟了道路。

至于鲍德里亚在何种意义上反对拉康，两人最明显的分歧就在于对"欲望"的定义。拉康坚持的是古典的"匮乏－欲望"观。他认为正是缺少某物，所以人们才会欲望某物，而鲍德里亚更认同尼采和巴塔耶的观点，认为欲望未必就是匮乏，也可以是自身

---

① 黄玮杰：《从主体的革命到客体的策略——论鲍德里亚对精神分析理论的挪用与发展》，《晋阳学刊》2020 年第 3 期。

充盈、过剩而造就的流溢。在鲍德里亚看来，匮乏本身也是符号秩序所制造的东西。"与（庸俗的或辩证的）唯物主义符码中必然性、匮乏性和需要概念相对应，精神分析中的法则、禁忌和压抑概念同样根植于自然的对象化中。"① 一旦拉康把匮乏视为先定的，也就把人类被象征秩序所俘获的命运当成了永恒的法则。人们面对消费社会的诱惑不应该去抵制，而应当像精神分析的目标一样去顺从、去使得自己变成资产阶级社会的合格主体。这是鲍德里亚认为拉康哲学不能担当起社会批判任务的主要原因。

（二）人在真实世界中的自我丧失

奢侈消费是社会上层人士的表征，是人人都向往的社会阶层，人们通过这一消费行为引起他人的注意，使自身的社会地位得以确认，从而获得内心的满足感。鲍氏认为，这是一种"原始人的心态"。美拉尼西亚的土著人因为看到白人在地面上布置飞机的模拟物来引导飞机的飞行和降落而被搅得心醉神迷，于是他们也用树枝和藤条建造了模拟飞机，满心欢喜地期盼着真飞机的着陆，从而获得内心的幸福感。现实正是以这种戏剧性的方式被非现实化，一切真实的东西都被缩减为符号，符号跟质料比，跟事物本身的存在比，是抽象出来的，是形式化的。康德意义上的范畴经过形式化后，变得失真，不再是原在性的存在，而是带有主观性。大量主观性的介入，就使一切都发生改变。笛卡尔"我思故我在"之所以受到诟病，就是因为所有的存在都是人们思考过的结果，实际上"思"本身就是"无物"，都是人的心理行为，是一种语言表述的方式，物体本身消失不见，这就是现象学最根本的东西。

---

① 〔法〕鲍德里亚：《生产之镜》，仰海峰译，中央编译出版社，2005，第44页。

同样的，人们在消费奢侈品的过程中所体会到的幸福感、获得感并不真实，"而是对现实产生的眩晕"。这就是当代资本主义社会的特点："在空洞地、大量地了解符号的基础上，否定真相"①。

鲍德里亚为我们展现出今天的资本主义社会是一个虚幻的符号世界，到处充斥的图像、声音、媒体使真实的世界发生颠倒，虚拟成为真实。"真实与策划、存在与表象——本来都是哲学一直严格区分的范畴，在媒体世界中却纠葛在一起，甚至含糊不清地彼此转换跳跃"②，这种现实与虚构之间难以区分的状况直接造成人在消费过程中的迷失。人们不再仅仅满足于对日常行为中物的使用价值的消费，而是追求对符号本身的消费，在消费中还沾沾自喜地以为自己是"主体"，可以随心所欲地购买一切他想要的东西，甚至包括他想不到的东西，以此彰显作为成功人士的身份地位，而全然没有意识到自己正在被消费的假象所迷惑。在《象征交换与死亡》中，鲍德里亚指出，当代资本主义的"超真实"存在已经到了以假乱真的地步，"拟真"的世界甚至要比"真实"还要真实。想象世界与真实世界之间的界限变得模糊不清，黑白被颠倒，致使实在性无可挽回的丧失。人在消费奢侈品的过程中脱离了日常生活的需要，变成了一个符号的存在，也因此而成为意识形态统治秩序中的符号。这就是后现代的一种阴谋策略，它让人忘记了自我的真实存在，而让符号变成了唯一的真实。人们所做的选择是受到广告媒体等引导和操纵的，主体变成了一个实实在在的"客体"。换言之，符号消费已经和我们的生命过程，人们

---

① 〔法〕鲍德里亚：《消费社会》，刘成富、全志刚译，南京大学出版社，2014，第 11 页。

② 〔德〕英格博格·布劳耶尔、彼德·洛伊施、迪特尔·默施：《法意哲学家圆桌》，叶隽等译，华夏出版社，2004，第 25 页。

物质生活资料的消费过程融为一体，形成彼此相一致的紧密联系，所以才到了以假乱真的地步。

"新一代符号和物体伴随着工业革命而出现。这是一些没有种姓传统的符号……它们的独特性和来源的问题不复存在：它们来源于技术，它们只在工业仿象的维度中才有意义。"① 新一代的符号体制不再是生产出具体的物质，这跟原初的手工生产完全不同。手工生产都是按照一个固定的原型，以个体的个性特点去仿造，所以它不可能是普遍性的仿造，而工业文明则带来了一种普遍性的仿造。鲍氏指出这种仿造消除了物的原初形态，当代的工业生产已经没有原初物的存在了，所有对生产的传统理解，即不断再生产出具体的物全都被消解了，现在的生产只剩下一种无差别的关系，这就是他所讲的新一代大规模工业生产的特点。生产作为一个特殊阶段介入符号秩序中，对物的生产已经转向了权力的再生产，这就导致我们再也看不到过程的起源，生产过程被吸收，而直接进入再生产时代。"今天正是在再生产的层面上——时尚、传媒、广告、信息传播网络——在马克思漫不经心地称之为资本意外开支的层面上（人们可以衡量一下历史的反讽），也就是在仿象和代码的范围内，形成了资本整体过程的统一性"②，我们这个社会就处在仿真中间，正因为失去了对真实的再现，所以在鲍氏看来，生产已经不重要了，重要的是把人推向再生产的漩涡中，以便完成权力的统治模式。符码的统治是让人挣脱出文化规范的束缚，通过吸收生产过程完成客观权力的统治。鲍德里亚从作为

---

① 〔法〕鲍德里亚：《象征交换与死亡》，车槿山译，译林出版社，2012，第70页。
② 〔法〕鲍德里亚：《象征交换与死亡》，车槿山译，译林出版社，2012，第71页。

物的这样一种权力的再生产角度建构出一个权力普遍胜利的幻象，对真实的精细复制已经"变成一种为真实而真实，一种失物的拜物教——它不再是再现的客体，而是否定和自身礼仪性毁灭的狂喜：即超真实"①，正是在这一意义上，作为物的客体取得全盘胜利。

鲍德里亚认为，在近代哲学和政治经济学那里，其实存在着两个不同层面的"自然"，其一是作为"自由与总体性的隐喻"的大写自然；其二是作为劳动对象，被奴役、被支配的自然界。② 而后者的合法性来源于前者，即人对自然进行统治的合法性来源于自然本身的意志，显然这是将自然主体化、人格化和神秘化的唯心主义。马克思的确打破了唯心主义的自然观，但是仍旧局限于第二个层面的"自然主义观点"："产品的最终有用性在于满足需要；自然的最终有用性在于劳动对它的改造。"③ 马克思以"有用性"的名义将人类确立为自然的主体，把满足人们的需要归结为自然和劳动的目的。如此一来，需要就成了人支配自然的行动逻辑。可问题是，这真的符合历史上人类全部的认知和心理吗？鲍德里亚首先借助莫斯的人类学研究提出质疑。莫斯的着眼点是原始社会的"夸富宴"。夸富宴不是攫取财富以满足自身的物质需要，而是竞相攀比地毁坏财物以彰显部族的名声和荣誉。如何解释原始部落中的浪费行为？鲍德里亚紧接着诉诸巴塔耶用以解释夸富宴的、以"耗费"为中心的人类行动逻辑："一个有机体随意支配的能量资源远远超过了维持生命之所需……这样一个生物原

---

① 〔法〕鲍德里亚：《象征交换与死亡》，车槿山译，译林出版社，2012，第96页。
② 〔法〕鲍德里亚：《生产之镜》，仰海锋译，中央编译出版社，2005，第39页。
③ 〔法〕鲍德里亚：《生产之镜》，仰海锋译，中央编译出版社，2005，第39~40页。

理要求生命的化合实践——这个生命要求某种能量耗费——应该获得和创造出剩余物。"① 在巴塔耶看来，原始社会的人们从一开始就是丰裕充沛、向外流溢的，它不需要诉诸大自然来维持生计，反而将他自己剩余的能量灌注到大自然当中。这个观点明显充满诗性的、艺术的想象，鲍德里亚指出这只是为了同传统的匮乏逻辑形成对照，并且认为这两种行动逻辑的起点都是前反思的："实际上，'物质丰盛的社会'与'物质匮乏的社会'并不存在……不管是哪种社会……都既确立在结构性过剩也确立在结构性匮乏的基础上。"② 也就是说，每种社会形态都有其独特的编码形式，依据这一编码形式，某些阶层会出现财富过剩，某些阶层则出现财富匮乏，社会行动的逻辑不能概然地依据其中某一种来确定。

鲍德里亚据此进一步指出，匮乏和需要之所以被当成根本性问题，完全是由于资本主义社会这种独特的编码机制。资本主义采取两种策略制造匮乏，以控制人们的需要：其一，通过缩短物品的寿命或者更新周期，以造成人们需要的不断"过时"；其二，通过阶级意识形态的垄断，塑造人们对瞬时性的追崇。③ 他还认为所谓"基本需要"这个人类学事实，其实同时构成劳动力成本的一部分："在资本积累阶段，必要的需要是再生产所必须的劳动力的需要，在增长阶段，是维持增长率和剩余价值。"④ 基本需要指

---

① 汪民安编《色情、耗费与普遍经济学：乔治·巴塔耶文选》，吉林人民出版社，2003，第150页。

② 〔法〕鲍德里亚：《消费社会》，刘成富、全志刚译，南京大学出版社，2014，第37页。

③ Henri Lefebvre, *Everyday Life in the Modern World*, New Brunswick and London: Transaction Publishers, 1994, p. 82.

④ 〔法〕鲍德里亚：《符号政治经济学批判》，夏莹译，南京大学出版社，2015，第66页。

向劳动力这种特殊商品的价值，它构成预付资本的一部分，那么对基本需要的操纵，实际上是对劳动力商品价值的操纵，进而是对生产成本的操纵。由此可见，所谓匮乏、需要以及延伸出来的客观自然，完全是资本主义再生产体系的意识形态迷雾。

当资本主义意识形态强调需要在层次上的"基本"特性时，它的潜台词是：还存在着非基本的、次级的、虚假的需要等。这就给人们造成一种可以批判虚假需要、回到真实需要的自由和解放幻象。鲍德里亚认为，马克思本人应该为这一错误负责。因为马克思曾指出，人们创造历史的第一个前提在于他们能够生活，其衣、食、住等基本生存需要能够被满足。① 这个由自然所确保的个人的最低限度的本质，不仅是唯物史观的起点，也是其批判资本主义生产异化的尺度。这一真/假需要的编码体系在马尔库塞那里被继承下来，表现为游戏与劳动、非异化劳动与异化劳动的对立。他将两者间的掩盖、压抑关系视为权力统治的结果，因此要使劳动主体真正获得解放，首先应当变革政治制度。鲍德里亚则指责这反映出马克思"革命想象力的缺乏"：它仅仅揭露了资本主义对种种"虚假"需要的建构，号召人们回归符合真正需要的层面，殊不知所谓虚假与本真，都是交换体系内部围绕着"基本需要"这一概念自我设定的结果。

既然"需要"已被证明是社会体系建构的产物，那么满足需要的物的有用性当然也是被建构出来的。要理解物的有用性，就必须从社会文化、从物与物之间形成的意义网出发。正如同他在《物体系》当中所指出的那样："物品的'功用化'也是一种凌驾并随处取代了客观功能的周密抽象（'功用性'并非使用价值，而

---

① 《马克思恩格斯选集》第 1 卷，人民出版社，2012，第 158 页。

是价值/符号）"①，它不是个人作用于自然的结果，而是特定社会劳动所生产出来的。这里所谓的"社会劳动"指向马克思的"抽象劳动"，完全剔除了劳动的质的内容，而与商品的交换价值相关联。一方面，资本主义社会普遍受商品交换等价逻辑的支配，借助个人与自然、主体与客体等范畴而得以建构；另一方面，这些范畴的产生与结合，与劳动这个意识形态范畴的中介又是密不可分的。

"个体构成的社会结构"与商品交换的等价逻辑是同构的。一方面，商品等价的第一要件是商品自身个体性的确立，亦即 A = B 的前提是 A 本身是一个恒定存在的同一体。商品自身的同一，是通过"有用性"的框架而产生的，它被视为内在地具有某种"使用价值"。另一方面，有用性是相对于某一主体的有用性，是能够满足其需要的有用性。物的同一性于是便通过使用价值这个范畴与拥有需要的个体相联系起来。"个体成为一个与商品形式（交换价值）与物的形式（使用价值）相互关联的一种意识形态的结构，一个历史的形式。"② 首先，个人在积极意义上被视为其劳动力的所有者，他可以出卖这一特殊的商品；其次，劳动力商品的使用价值，在于它能够生产出一般商品的使用价值，这种创造价值的能力彰显出劳动力所有者的主体地位；最后，个人在消极意义上是需要的主体，只有当需要被满足，才能够维系其基本生存，而这又反过来表明劳动产品的确具有有用性。在这个推导过程里，使用价值、劳动、需要等概念形成一个封闭的回环，而商品的可交换性正是建立在这些概念之间的可通约性基础之上的。

---

① 〔法〕布希亚：《物体系》，林志明译，上海人民出版社，2001，第72页。
② 〔法〕鲍德里亚：《符号政治经济学批判》，夏莹译，南京大学出版社，2015，第174页。

当鲍德里亚舍弃了奢侈品的使用价值，而只以符号价值完成对资本主义的批判时，他仍然认为资本主义的生产力还在发展过程中，只是发展了的生产力导致人的异化，导致经济危机等问题。他并不认为资本主义的生产力已经停滞不前，更不认为经济危机爆发的根源是生产力与生产关系间发展不相协调的矛盾的结果。与大多数学者一样，他们在 1968 年革命以后，普遍认为资本的权力已经渗透到人们的毛孔中，只有无政府、无理论的实践才能真正打破这一点。

在资本主义发展的早期，无产阶级真正的存在是一群掌握技术、掌握绝活的有自豪感的群体，而不懂技术的人在他们眼里是被瞧不起的下人。因此，马克思论述工人阶级的存在就是劳动的光荣，工人阶级的阶级特征是掌握了先进的技术，在工厂中有一定权威，具有职业的自豪感。虽然他们拿着很微薄的工资，但却在心里认为自己是社会的贵族。甚至有些人可以不计报酬，在劳动中感到自豪、感到快乐，他们得到的不是工资，而是一种满足的需要和在劳动过程中得到的享受。他们蔑视不懂技术的人，蔑视资本家。所以，在马克思那里，无产阶级与工人阶级的存在，不是僵死的、被动的一群人的存在的总称，也不是收入的阶层总称，而是阶级意识不断产生、不断提升甚至有崇高感的状态。为什么在那个年代他们有这种阶级意识，是因为他们在生产中心如实地把握那个时代的总体性，他们比其他人要能干得多，并且所创造的社会价值也是显而易见的。也就是说，工人阶级在一定的历史阶段就表现出他意识到自己的力量、勇气和价值，并且创造了工会，建立了各种最标准的斗争形式。但在今天我们这个时代，工人阶级却再也没有当年那样的阶级存在感或者阶级意识了，因为新技术革命，尤其是人工智能化的技术革命在不断地排挤或瓦解大规模、协作式的工厂劳动制度，使工人越来越碎片化、边缘化，这就是我们现在所看到的现实。

鲍德里亚以结构主义为架构搭建起他的理论平台，而结构本身是稳固的，甚至是超稳定，覆盖一切的，这就意味着没有什么可以反对它。这是鲍氏从他的老师阿尔都塞那里继承而来的意识形态与国家机器思想的延伸。意识形态就是劳动力本身的再生产，资本主义的一切意识形态都围绕雇佣劳动制度而展开，在这方面，阿尔都塞抓住了马克思关于资本主义的再生产过程不仅是物质资料的生产与再生产，而且是生产关系、资本和劳动关系的再生产这一点，进而把一切都变成这样一种关系，一种内部完全稳固的、占绝对统摄地位的结构，而结构本身不存在任何被推翻的可能。鲍德里亚舍弃了所有过程中的要素，以能指取代所指，以交换价值取代使用价值，然后进一步用编码来取代一般的社会结构，以至最后社会的所有方面都变成纯符号了。尽管要素受自身的胁从作用最终会产生一种结构，但这个结构反过来又对要素起统摄作用，并且是绝对的统摄，而不是相对的。由此，结构内部无法生发出任何反抗的力量，只能从外部寻找一种力量来取代它，鲍氏最终选择了原始象征交换作为替代资本剥削的主要方式。

（三）图绘原始象征交换的乌托邦幻象

原始的象征交换不讲求经济效益，所以自然就不是功利主义的。鲍德里亚认为这种形式与当代资本主义的理性化与合理化发展截然不同，原始社会的礼物交换在表面看来完全不计报酬，不求回报，而主要是为了维护自然血缘秩序。因为在自然秩序下，人们基本上还是受自然支配的，这时生存就处于第一位，而不是身份地位、统治占据第一位。它是在自然与社会尚还混沌一体的时候，低等动物服从于自然，或者说是人本身的自然与外部自然直接合一，也就是功利与非功利还未严格分化的时候出现的交换模式，鲍氏认为这是纯粹超功利的。而莫斯也抓住了它非功利的一面，他在对波利尼西亚、美拉尼西亚和西北美洲等地的部落和种族进行考察后发现，部族首领或具有类似地位的部族成员会同其他部族以及在部族内部进行礼物交换和举行夸富宴。他们将积蓄多时的财富通过宴会和分发的形式，将它们在一夕之间消耗殆尽。慷慨的馈赠能为馈赠者带来荣誉和地位，而礼物交换则意味着回礼的义务；如果某个社会成员在接受馈赠后拒绝回礼，那么他将失去自己的名誉、地位，最终会带来更大的财富损失。例如毛利语中的"taonga"和"hau"的概念，便是对这种义务性的巫术的解释，在他们的信仰中，礼物中的超自然力量将使拒绝回礼者遭到报应。在古式社会里，人们信奉礼物具备某种超自然力量。礼物的交换活动沟通了群岛间的不同部族，完成了一种礼仪与交际的需要。并且，在各个部族内部，礼物的交换和宴会的挥霍被用以缔结某种社会团结，同时将人与物混融为一，使社会达到一种团结状态。

　　莫斯通过对匮乏时期的节日盛宴以及相互间的物品往来所做的分析认为，这是各族群以及族群成员之间分享一切物品和食物，进行象征性礼物交换的挥霍行为，而这种挥霍具有极其重要的社会和精神意义。它是头人获取声望、建立集体秩序以及部落间避免战争，赢得和平的一个途径，是"为社会的共有而服务的，是消除权利外机制的滋生和贫富差别的措施"。可见，原始社会的奢侈并不是商业交易，"奢侈在成为物质文明标志之前，就已经是一个文化现象、一种思想态度，人们可以把它视为社会人的一种特征，因为它确定了社会人的超验力和非动物性"①。

巴塔耶深受莫斯礼物交换思想的影响，以耗费为基础，发展出他的普遍经济学。他将消费划分为两个不同的部分：一个是简约；一个是非生产性耗费。前者满足维持人类生存的最低要求，是人类必须从事的生产性占有活动，符合理性消费的经济原则；而后者则是非功利性的无用活动，或者说并不是有目的地为生产而进行的消费活动，比如献祭就是对附着于作为祭品之"物"的毁坏，物在祭祀过程中虽然失去了它的物性存在，却由此逃离世俗世界，恢复了它的"神性"。献祭必然与死亡相联系，巴塔耶认为只有奢侈而无用的耗费，或者只有走向死亡，才是物摆脱世俗的市场等价关系，获得"圣性"存在的根本途径。"如果生命只是一种不惜任何代价而延续的需求，那么毁灭便是一种无价的奢侈。在生命受到价值和实用性支配的系统中，死亡成为无用的奢侈，成为唯一的替代办法。"②

鲍德里亚对消费社会的存在论追问变成了虚无的符号追问，他承袭结构主义的方法论原则，认为客体系统已经成为一个抽象的同质化的普遍性符码，生产结构与社会关系完全被符码所笼罩，一切真实都消失了，最终以仿真的消费逻辑走向一种宿命论的悲观主义论调。他梦想着一种革命性的回归，由资本主义的符号社会回归到前资本主义社会充满象征交换的理想社会状态。象征交换代表着与同质化的拟像社会的异质性样态，包括示意问好、礼品往来、炫耀性挥霍、节日与非功用性的耗费。鲍德里亚深信，

---

① 〔法〕吉尔·利波维茨基、埃丽亚特·胡：《永恒的奢侈：从圣物岁月到品牌时代》，谢强译，中国人民大学出版社，2007，第11页。
② 〔法〕鲍德里亚：《象征交换与死亡》，车槿山译，译林出版社，2012，第221页。

真正的革命性出路与使用价值、交换价值逻辑无关，而是那种摆脱了一切功用性价值逻辑和生产主义道德律令的狄奥尼索斯式的游戏与狂欢中的象征交换。换言之，走出资本主义就是拒绝资本主义条件下的劳动，特别是抵制生活必需品之外的奢侈消费。这比马克思所倡导的革命实践更能彻底地颠覆资本主义的价值与逻辑。① 以至在《生产之镜》与《象征交换与死亡》中，鲍德里亚直言马克思主义理论的无效与过时，因为在他看来，马克思主义者所倡导的革命生产实践也不过是与资本主义的生产主义同构的"生产之镜"而已。② 在鲍德里亚最后的学术生涯，他放弃了列斐伏尔的消费社会批判分析逻辑，他所使用的理论范畴也完全脱离了经典马克思主义政治经济学，最终走向与马克思主义彻底决裂的后马克思批判理论之路。

---

① 〔美〕道格拉斯·凯尔纳：《波德里亚：一个批判性读本》，陈维振等译，江苏人民出版社，2005，第129页。

② 〔法〕鲍德里亚：《生产之镜》，仰海峰译，中央编译出版社，2005，第26~29页。

第四章　当代西方其他左翼学者对奢侈消费的批判

进入 21 世纪，全球的经济、政治和文化结构都发生了深刻变化，特别是智能化时代的来临，带来无形资本对有形资本的挑战、资本主体定位的多元化和资本运作方式的多样化。当代西方左翼学者在面对资本主义最新变化方面表现得异常活跃，从他们零碎的、偶然的、局部的分析中，可以洞察到资本主义深层的本质性危机。其中以哈维、鲍曼、福斯特、莱斯等为代表的，从资本逻辑、审美、生态等多维向度对奢侈消费的批判，尤其有助于我们深化对资本主义的认识。

一　对奢侈消费的资本逻辑批判

（一）鲍曼对奢侈消费塑造"新穷人"的揭示

齐格蒙特·鲍曼对"消费社会"的关注始于 20 世纪 80 年代。同鲍德里亚写作《消费社会》的 70 年代相比，资本主义社会已然步入一个"流动性"占主导地位的时代。流动性不仅意味着生产领域技术和设备的加速换代，更重要地是它还体现为消费领域产品的丰盈和加速耗损。鲍德里亚在《消费社会》中勾勒出一幅人们借助消费品的符号意义进行社会交往和身份区隔的图景，而到了鲍曼这里，由于消费品的高度流动化，人们的社会关系和社会身份同样也具有了流动的特征。在琳琅满目的消费品中，人们丧失了其自我的同一性（身份），成为被消费社会任意摆布的无根浮萍。消费社会的运转机制就是"放任自由"。自由所指向的主体性恰恰是晚近消费社会得以顺利运转的秘密机制。消费社会既操纵着人们内心的欲望，也操纵着人们选择的伦理，它同时从内与外两个层面将个人引向异化的极端。消费社会重新定义了"穷人"的概念，穷人指向消费社会当中主体不适合的失败消费者。这种新的阶层划分进一步掩盖了传统马克思主义所揭示的阶级矛盾。

1. 流动的电子消费

鲍德里亚在 20 世纪 70 年代极富前瞻性地揭示了消费社会的基本特征："批判"本身成为社会统治的工具。当然，鲍德里亚在这里所指的是一种没有超出原问题的虚假批判。在他看来，马克思虽然"批判"交换价值的支配地位，但立足点却是"使用价值"。可事实上，使用价值和交换价值都是"生产之镜"的两个侧面。要紧的是去批判镜子本身，任何只针对镜像的批判都还停留在对镜自舞的意识形态里。鲍曼将消费社会的这个基本特征推向极致，他指出，晚近社会的特征就在于"瓦解传统"。这种瓦解性同时具有双重意味。其一，新的社会统治技术取代了旧的社会统治技术；其二，新的技术本身就是流动和去藩篱的，对内表现为自我瓦解，对外表现为放任自由。[1] 旧的社会统治术的代表是福柯的全景监狱模式。在这里，所有人都被来自中心的至高统治者的目光所监督、

---

[1] 〔英〕齐格蒙特·鲍曼：《流动的现代性》，欧阳景根译，上海三联书店，2002，第 21 页。

所关注，这是一种稳固的、向心的统治模式。而新的社会统治技术则是离心式的，人们一方面蔑视空间上的中心权威，另一方面把自己视为了中心。这一新的中心性是谦卑的，他犹如林黛玉进贾府那样小心翼翼地根据周遭世界来调试和校准自己的行为。从表面上看，在后一种统治模式下人们似乎更自由了，其实不然。人们离开了实体的监狱，却走进了内心的监狱。政治统治让位于文化统治。人们自以为没有受到任何有形的政治家的压迫，实际上却完全处于消费主义文化的支配之中。这种消费文化告诉你，自由选择，追求个性，不要被传统所拘束！与此相应地，个体也化作不断"自我批判"的自我。今天购买一件好看的裙子，明天要购买一件更好看的裙子。镜子中那个穿着旧裙子的形象，成为消费时代人们所要竭力打破的镜像。

消费文化的统治模式需要有与其匹配的现实前提。在鲍曼看来，只有在"权力可以以电子符号的速度进行运动"[1] 的时代，才能突破福柯全景监狱式的实体空间的限制。鲍曼不仅强调鲍德里亚式的"符号"及其象征价值，而且强调符号传播过程的速度，这是鲍曼超出鲍德里亚符号本体论的地方。鲍曼的符号学是具有鲜明历史特征的符号学，仅仅说消费品是一种符号还是不够的，更重要的是这些符号如何渗透到人们的日常当中并反过来支配生活。从本体论的意义来说，电子网络技术使得时间征服了空间："是时间的惯例化常规化，使得整个空间变得紧凑起来，并服从于相同的逻辑。"[2] 立体空间经过技术中介成为消费者一眼可望尽的平面空间，三维的实物

---

① 〔英〕齐格蒙特·鲍曼：《流动的现代性》，欧阳景根译，上海三联书店，2002，第16页。

② 〔英〕齐格蒙特·鲍曼：《流动的现代性》，欧阳景根译，上海三联书店，2002，第180页。

被压缩为二维的符码。按照传统的消费模式，人穿行在"拱廊街"林立的店铺里，他的身体与商品现实地交织在一起。在空间的区隔下，他迈着疲惫的脚步，哪怕是在超级大商场仍旧难以迅速获取所需的商品。但在电子购物的模式下，身体同商品的关系变成了平行的。商品变成电脑上一个个由符号所展示的小方块，只需下拉菜单即可迅速观看。空间的距离不再成为自由的障碍，人们仿佛变得更加自由，而这种自由引向对商品获取过程的轻蔑。过去因为购物不易，人们的购买欲望受到抑制，如今在轻快的鼠标点击声里购买行为就能轻易完成。当空间被平面化，流动性也就战胜了固定性。

2. "新穷人"的诞生

电子网络技术的发展仅仅是消费社会的必要条件而非充分条件。消费社会要想真正形成，必须有其合格的主体。为此，鲍曼提出"制造消费者"的概念。鲍德里亚的消费社会批判理论已经对制造消费者的途径——诱惑欲望进行了揭示。鲍曼保留了这个维度，同时又补充了另一个重要的维度——操纵伦理和审美。在鲍德里亚那里，个人的行为结构所采取的是简单的刺激－反应模型，有了欲望就要去行动。鲍曼却认为，有了欲望不一定采取行动，还必须有释放欲望的伦理学和美学。在信奉禁欲主义的宗教徒面前，无论技术多么发达，获取商品多么容易，消费主义的文化仍旧难以深入人心。

鲍曼指出，消费社会当中存在确定价值的层级阶梯和生活框架："个人拥有更多的选择自由，重要的是拥有更多可以自由使用的选择，那他在社会阶层里的位置就更高，可以期许的公众顺应与自尊就更多，也因此更接近'美好生活'的理想。"① 尽管人们

---

① 〔英〕齐格蒙特·鲍曼：《工作、消费、新穷人》，仇子明、李兰译，吉林出版集团有限公司，2010，第 74 页。

在获取商品的渠道方面更为便捷,尽管人们易获取的商品数量更多,但商品之间的珍稀程度或说价值位阶却更为层次分明。奢侈品消费比起日用品消费,能使消费者获得更荣耀、更尊贵的社会地位。这样一来,无法消费奢侈品的大众比起具有消费能力的精英就更不自由。在商品符号价值的金字塔面前,消费能力同社会地位挂钩,进而成为自由程度的衡量标尺。仅仅论及这个层面,鲍曼还没有超出鲍德里亚早就批判过的符号价值体系,以及更早的拉康所提出来的"父之名"。

鲍曼的理论创新点仍在于他的流动性思想。在凝固性主导的消费社会里,精英阶层获取奢侈品,大众阶层使用普通商品,其身份地位一旦稳固下来,奢侈品的价值实现环节便宣告完成。而在流动性主导的消费社会里,奢侈品本身就是变动不居的。这并不是说传统的奢侈价值体系就立刻土崩瓦解,高档的香水、皮包、服饰仍是身份的至高象征;但在次一档的奢侈品里面,仍有着很大的操作空间。当消费者为某样商品付出了一定金钱之后,不多时就失去奢侈品的地位而迅速"过气"。消费者不得不重新寻找"当红"的新奢侈品,以便获得其身份认同。鲍曼因此写道:"最好让每一个当前的身份都是暂时性的,只是轻轻地抱住,以确保一旦双臂张开,去拥抱新的、更加夺目或只是尚未加以尝试的替代者时,旧有的身份能够消失。"① 为了能让奢侈消费以流动的方式获取更大的利润,消费者的身份认同也在被动地流动。这种流动性在"自由选择"的意识形态掩盖之下,非但没有令人体察到消费社会的空虚,反而成为主体能力的象征。

---

① 〔英〕齐格蒙特·鲍曼:《工作、消费、新穷人》,仇子明、李兰译,吉林出版集团有限公司,2010,第71页。

3. 奢侈消费意识形态的全新表征

在传统消费社会里，奢侈消费区分出精英阶层与大众阶层，资产阶级和无产阶级的对立被符号的价值位阶所掩盖。而在流动性的消费社会里，精英与大众的对立进一步被掩盖起来。如上文所述，大众可以消费的次级奢侈品是流动性机制的主要对象，那么在大众内部又形成了两个对立的阶层。一方面是能够顺应流动性机制的消费者，另一方面是无法顺应该机制的消费者。在鲍曼看来，"消费社会里的穷人，其社会定义或者说是自我界定，首先且最重要的就是有缺陷、有欠缺、不完美或先天不足——换言之，就是准备不够充分的——消费者"①。鲍曼所说的"穷"不仅是由于可支配的金钱不足而造成的购买力不足，更是一种精神层面的无聊与空虚。在这里，消费文化完美地裹上精致包装，消费社会彻底实现了意识形态的头足倒立。

消费社会所要解决的核心问题是商品价值实现的问题。商品要实现其价值，就离不开人们的购买和消费。一旦消费者停止消费或者失去消费的冲动，消费社会就面临失序乃至崩解的危险。在流动性占主导的消费社会里，保持消费者对新产品的新鲜感是重中之重。在这个意义上，消费者生活中的"空虚感""无聊"正是消费社会的大敌。② 消费社会要维系自身，就必须让消费者保持"热情"，让他感到生活并不烦闷而充满希望。这与其说是理论的构造，不如说是现实的挫折导致消费社会吸取教训而进一步升级。1968 年欧洲大陆的"五月风暴"正是由于生活空虚感占据上风而

① 〔英〕齐格蒙特·鲍曼：《工作、消费、新穷人》，仇子明、李兰译，吉林出版集团有限公司，2010，第 85 页。
② 〔英〕齐格蒙特·鲍曼：《工作、消费、新穷人》，仇子明、李兰译，吉林出版集团有限公司，2010，第 87 页。

爆发的，"拒绝消费社会"的标语被高举在游行的人群当中。实践的挫败倒逼消费社会意识形态的升级，空虚感被放置到道德的反面。"生活不是缺少美，而是缺少发现美的眼睛。"面对如此丰富多彩的世界，不能发现美好的人是不适格的、反社会的；要发现美，就要拥抱这个商品堆砌的世界，不断尝试新商品新服务。必须在美丽的新世界中寻找意义，才不至于成为被社会抛弃的"例外状态"。在这个逻辑转换的过程里，意识形态发挥着双重遮蔽的作用。第一重遮蔽，人们看不见消费社会当中身份认同本身的虚无性。身份的获得、主体的能力，是由变幻莫测的商品生产和符号价值所塑造的，没有任何的确定性和自主性可言。第二重遮蔽，这些身份、作为消费主体的合格能力，被当作同虚无相对立的实有。没有身份没有消费能力，就反过来被误认为是虚无。

消费社会里的"新穷人"比起收入不足、消费能力欠缺的那种传统意义上的穷人更令人担忧和讨厌。[1]造成收入不足的因素是多种多样的，有的是因为先天或后天的身体缺陷而无法参与劳动，还有的是由于家境贫寒无法获得良好的教育机会。人们容易理解和同情这些不以个人意志为转移的因素所带来的贫穷。但是对于"新穷人"来说，问题却不是如此。新穷人之所以"穷"，主要在于他的文化观念没有跟上消费主义时代，还不懂得如何"寻找生活的意义"。这种贫穷得不到社会的同情和怜悯，社会大众倾向于认为，只要你稍微转变文化观念，稍微积极乐观一些，美好的生活就会向你张开怀抱。不会拥抱美好生活的有缺陷的消费者，同自甘堕落、懒惰无为的劳动者一样令人讨厌。就此来说，新穷人

---

① 〔英〕齐格蒙特·鲍曼：《工作、消费、新穷人》，仇子明、李兰译，吉林出版集团有限公司，2010，第192页。

是被社会排斥的部分，是无法融入社会生活的部分。人们对于高收入者的憎恨和嫉妒，精英与大众的矛盾，部分地被转移到"懂得享受生活"的人对于"不懂享受生活"的人的优越感和鄙夷之中。在这个意义上，消费社会的运行机制再一次缓和了社会矛盾，把阶级问题淹没在消费主义伦理学的平静湖面之中，也反过来回应了鲍曼最开始提出的问题：流动的消费社会通过其内在自洽的文化逻辑建构起一种新的统治形式。

（二）齐泽克对奢侈消费意识形态崇高性的批判

尽管早期西方马克思主义在 20 世纪 70 年代以后逐渐走向衰落，但他们有关意识形态问题的独到见解却并未因此就被淹没，反而体现出影响力日益强盛的趋势。一大批后马克思主义者就追随着他们的思路进一步拓宽对意识形态问题的讨论，包括拉克劳、墨菲、鲍德里亚、齐泽克等人。这些思想家对这一问题的聚焦本身就意味着现代性政治的行为标准较之于现行历史阶段发生了一些新的变化。当代资本主义正以和谐的方式获取利润，使每个人都陷入它所掌控的意识形态之中，让人们沉迷于现有的生活状态中，从而获得对资本主义统治秩序的认可，这就导致人在无意识中成了资本主义意识形态的共谋。可以说，当代资本主义的意识形态霸权完全取决于对人们社会体验的物质语境的控制能力，尤其是文化这一原本被马克思认为是由生产方式塑形，无论如何都要受缚于经济的领域现在也独立自主起来，成为意识形态的重要表达。简言之，他们认为，意识形态不再像马克思所描述的那样仅存在于上层建筑层面，而是渗透到了日常生活的方方面面，其中颇富文化意蕴的奢侈消费对于维持资本主义的政治权利起到了至关重要的作用，成为当代资本主义最显著的意识形态统治策略，这是后工业时期，齐泽克所竭力揭示的内容。

在高度发达的市场经济体制中，货币成为唯一被确立的目标，"货币不是由经验的、物质的材料制成的，而是由崇高的物质制成的，是由其他'不可毁灭和不可改变的'、能够超越物理客体腐坏的形体制成的，这种货币形体就像是萨德笔下的受难者，可以经受一切磨难，并以自身的纯洁美丽死里逃生。这种'躯体之内的躯体'（body - within - the - body）的非物质的肉体性，为我们提供了崇高客体的精确定义"①。但我们很清楚，货币在本质意义上只是被用作所有商品的一般等价物，一旦它不仅成为财富的化身，而且成为人们强大的精神寄托，成为连接社会关系网的中介物以后，人们的所作所为，所思所想就无不与其相关联。今天，人们毫不掩饰地表现出对货币的强烈占有欲，更在实践中采取各种手段来最大限度地完成这一欲望。在此意义上，意识形态不再是单纯的"虚假意识"，也不仅是现实的幻觉性再现，而恰恰就是现实本身。对此，作为后马克思主义者中研究意识形态问题的重要代表人物齐泽克作了精辟说明，他说"不再是经典马克思主义的'他们没有意识到这一点，但他们这样做了'；而是'他们非常清楚正在做什么，但他们还是照做不误'"②。卢卡奇在晚年著《审美理论》，他在开卷的题词中转引了马克思的"他们没有意识到这一点，但是他们这样做了"。③ 他认为马克思的原意是社会存在决定社会意识，虽然人们尚不能完全掌握这个社会存在，但却按照

---

① 〔斯洛文尼亚〕齐泽克：《意识形态的崇高客体》，季广茂译，中央编译出版社，2002，第25页。

② 〔斯洛文尼亚〕齐泽克：《图绘意识形态》，方杰译，南京大学出版社，2002，第5页。

③ 〔德〕马克思：《资本论》第1卷，人民出版社，2004，第91页。

社会存在的规定去做了，比如人们对资本主义市场交换过程中的诸多环节并不完全清楚，也不知道市场是如何运转的？但这并不影响人们之间商品交换活动的开展。齐泽克认为在今天，人们非常清楚地知道这一点，却照样去做了，这个时代就没有什么崇高的了，人们将错就错，假装就是这样的。这也使得他对意识形态崇高性的批判具有了犬儒主义的味道。

将货币作为"崇高的客体"拉入到对当今意识形态的批判问题上来，可以说是后马克思主义者结合精神分析理论与大众文化分析作出的全新探索。他们重新从抽象的高度对"知""行"的关系进行了再颠倒，提出意识形态的核心问题并不在"知（knowing it）"的维度，而在于"行（doing it）"；行动之所以是客观的，其必然性就在于它是我们所处社会结构的反映，因此在这一意义上，人成为社会结构的征兆。也正因为如此，以齐泽克等人为代表的后马克思主义者回应了阿尔都塞试图在"知"的维度解释意识形态问题所面临的困境，并且将意识形态研究推向了新的高度。意识形态从传统作为观念复合体到以客观性呈现的物质形态，最终发展为在社会"现实"之中心起作用的"自发的"意识形态。[①]而这最后一种形态才意味着意识形态发展的最高形式，人们不仅被困于意识形态的幽灵中，而且还直接为真正的人提供意识形态幽灵。换言之，它是作为真实界存在的意识形态，同时淹没了批判性，并撤除了科学界。由资本自我驱动的形而上舞蹈操纵着人们的整个表演，导致真实生活不复存在。资本主义的危机不再是剥削剩余价值所导致的，而是在生活层面上表现出来的形而上学

[①]　参见〔斯洛文尼亚〕齐泽克《图绘意识形态》导言，方杰译，南京大学出版社，2002，第1~38页。

舞蹈本身所形成的危机。鲍德里亚所讲的起源神话的灭亡代表了人们反抗意识的消失,这一思想表达的也是同样的意思,他说这才是真正的暴力。暴力就是在深层上阻止人们的反抗意识,使人们再也意识不到起源意识的存在,让人们终日沉沦于奢侈、迷乱的生活之中,无反思地存在着,这样就不会再有反抗意识的生成。

当代资本主义的奢侈消费逻辑就是如此。特别是进入智能化时代,在电影等场合,无不以奢华的方式呈现出来,展现出日常生活的梦幻性,以区别于现实的日常生活景象。它掩盖了贫穷、困苦等真实性的社会存在,"把观众从他的日常生活的世界里连根拔起","具有炫富魅力的一般物件,在这些物件中走去走来的男人和女人,流进了这个产生错觉的世界,而不是当下的日常生活的世界,这些一般物件,这些男人和女人,引导着明显影响深远的生活诱惑力"[1]。奢侈成为资本主义极力鼓吹的生活方式,并且与美好生活相等同,只有奢侈的生活才是值得拥有的。而随着现代网络社会对人们行为信息的大量采集,资本主义能够更为精准地通过消费者的选择偏好来推行这种生活方式。凯恩·福什指出,凡勃伦的"炫耀性消费"仅止步于分析上流社会通过奢侈消费展示其身份的功能,而对于今天的互联网平台来说,炫耀性消费本就是向其受众提供供其猎奇消遣的文化产品。在这个意义上,炫耀性消费同时也成了"炫耀性生产"(conspicuous production)。[2]互联网社交平台运营过程就是产销合一的过程。一方面听众通过社交媒体获得信息资讯或从事休闲活动;另一方面听众在平台上

---

① 〔法〕列斐伏尔:《日常生活批判》第 1 卷,叶齐茂等译,社会科学文献出版社,2018,第 8 页。

② Kane X. Faucher, *Social Capital Online: Alienation and Accumulation*, London: University of Westminster Press, 2018.

留下的搜索、观看等踪迹，成为大数据的一部分。这些数据内容本身就是商品，其使用价值就在于能够令商家精准定位消费者偏好，从而提高其广告推送的有效度。[①]

进一步而言，人们对奢侈品的疯狂追逐实际上是资本主义蛊惑的结果，其隐匿逻辑是鼓动人们追求符号价值，符号背后是对人们的身份地位、时尚品味，或者个人癖好的虚假标记。人们通过展示所拥有的奢侈品以炫耀自己是文化人，而非野蛮人，并以相同的符号标志将一些人集合成一个团体，而将所属不同标志的人群从这一集团中区别开来。当代资本主义就以这种符号的方式在重塑人们的价值观与等级观念，换言之，它按照资本主义生产关系所要求的，把每一个人培养成成功人士，培养成一个独立的阶级主体。同时，消解了消费背后人与人之间建立关系的丰富意义。这就是资本主义社会中发生的抽象的、孤立的、个人与个人之间的交换关系，或者说交换形式。人们都在进行商品交换，但每个人只关心一件事，就是我的产品一定要卖个好价钱，至于进行商品交换的人是什么样的，根本就无关紧要。这种纯而又纯的交换价值是德国古典哲学先验主体的现实原型。这种方式确实把马克思的哲学精致地明确为一种关于社会商品交换形式的哲学，历史唯物主义抽象的社会概念或者说德国古典哲学这种抽象的主体概念就把它还原为一种现实的，正在发生着的，个人与个人之间的一种交换形式。对此，索恩·雷特尔指出：人与人之间的交换是处在一种无知之路上，我们每个人都不知道背后是谁，也不知道他到底想干什么，只关心商品交换这一表面问题，但实际上

---

① Christian Fuchs, *Digital Objects, Digital Subjects: Interdisciplinary Perspectives on Capitalism, Labour and Politics in the Age of Big Data*, London: University of Westminster Press, 2019, p. 61.

真正起作用的是隐藏在我们背后，让我们每个人都不由自主地参与交换的看似真实、平等交换的机制，或者说功能结构。这种交换表面上是个人与个人之间的行为，实际上却是看不见摸不着的，就像自然法则一样客观存在，在无形中使人们都自觉遵守的交换机制。它让一切交换都畅行无阻、自由自在，使人心满意足，仿佛是飘浮在真空中一样。这就是资本主义社会谜一般的、最深刻的本质，人们越是对市场一无所知，越是对交换价值背后的秘密一无所知，交换起来就越顺利、越自在、越快乐，越觉得这是真实的。而到处都一样的看似平等的交换原则或交换的功能结构，却在背后支配着每一个人，把所有的人都变成相互之间没有任何关系的、冷漠的、孤立的个人。这就是资本主义统治结构的抽象化过程：第一，它把所有眼花缭乱的、万紫千红的商品都变成千篇一律的、同质的、量化的交换价值，这也是资本主义社会的最强大力量所在；第二，它把所有千差万别的社会的人都变成彼此隔离的、孤零零的原子式个人，并且所有人都认为我们就是一个个人，而且是一个平等的个人，好像这就是我们最真实的社会存在，是我们最内在的社会本质。这就是资本主义抽象的交换原则所导致的对社会进行全面抽象化的机制，也就是马克思讲的人的"物化"过程。

奢侈消费在改变人们生活状况的同时也改变着人自身，使人们由生活主体变为生活对象。换言之，当下的人们是一种没有生活的生命，虽然我们每个人都有生命，但每个人都没有生活，人的生活都是无主体的，或是非主体的，特别是未来的人类社会是一种基因被高度设计化的技术社会，在这种情况下，我们实际上是没有生活的，只有生命。借用福柯的"赤裸生命"概念，这就是赤裸生命，是一种没有真正意义上伦理尊严的生命。"最低限度的伦理"是对亚里士多德"大伦理"（亚里士多德写过《大伦理学》和《小伦理学》）的反讽和调侃。今天我们已经没有伦理了，要是再不讲崇高，那这个社会将堕落到什么地步？我们把一切都物质化、娱乐化，那这个社会还有什么伦理？剩下的只有恶搞、笑剧……而这些都不过是西方舆论生产出来的，是流动着的全球资本主义在流动过程中必须要制造出来的"障碍物"，人们通过不断跨越一个个障碍物而迈向新的平台。资本主义就通过这样的方式把它的内在矛盾转嫁为外在矛盾，以此确证自己存在的正当性、合法性。

当然，当代资本主义的发展使人们能消费得起奢侈品，就这方面而言，人们变得更自由了，但它是以牺牲人们工作中的自由而获得的，一方面人们在工作中身心受到束缚而变得更加不自由；另一方面，它又使人们在消费奢侈品这方面超越了原本的等级限制，而变得相对自由了。资本主义拼命赚钱又拼命消费的模式终究不能给人们带来幸福，更不用说真正的享乐了，它只是让人们以"享乐"代替反抗，积极地参与到资本主义意识形态中的一种方式罢了。生活本身也变成意识形态幻象所缝合的一种符号化的现实，除了意识形态缝合的这种符号化的现实之外，我们一无所知，或者说我们不知道还有什么社会现实。我们每个人所生活的世界就是一个主体的意识形态所构成的真实世界，相应地，在这一生活状态下的主体也一定是意识形态规训下的主体。这就是马克思所希望的革命主体——无产阶级在智能化时代、大数据时代的真实处境。不仅资本家把工人阶级所有的生产资料、劳动资料、劳动时间都剥夺了，而且最后剥夺到连无产阶级的生活方式都被设定好了的程度。这就是全球资本主义无处不在的一种管理机制、运作机制。也就是说，今天无产阶级最悲惨的现实不是被剥夺了生产资料、劳动资料和自由劳动时间，而是不能选择自己如何来生活。所以说今天资本主义最内在的、最可怕的压迫和剥削是一种意识形态的剥削和压迫，在此种条件下，人们成了意识形态控制下的，空无一物的一个名称的主体。

这种思想的缺陷在于它始终把人们反抗意识的出现理解为只是来自人们的观念认识。对此，艾伦·伍德就专门讲过，资本主义的危机将不是来自马克思所说的资本主义生产方式不断发展而导致的矛盾不断积累、最终爆发的过程，而关键在于人们是否在认知上意识到革命的必要性。总体而言，他们所讨论的意识形态不是在与科学相对立的框架中进行的，也就是说不是一个二元对立的意识形态，而传统马克思主义都是在二元对立层面来看待这一问题的，人们虽身处意识形态之中但却能始终清醒地意识到意识形态的欺骗性。这种思维方式的差别归根结底还是跟意识形态本身的社会历史基础相关联，马克思是处在资本主义发展早期，商品化还没有彻底普及的阶段，所以他认为人们的生活中的确有一部分是被商品的物化所笼罩着的，但还有一部分是不被掩盖的，这就确保了人们面对意识形态的觉醒性。可是一旦商品化大潮像洪水一样淹没了人们生活的每一个角落时，就不能保证人们还能保有清醒的意识了。在《资本论》中，马克思的思想产生了一个重大突破，因为他最终发现了意识形态在资本主义条件下的消灭、克服不仅是一项理论工作，更是一项艰巨的实践任务，不消灭意识形态产生的基础，就不可能真正消灭意识形态本身。马克思的这一历史唯物主义思考至今仍在为我们提供考察当代意识形态问题的界限。

（三）加速时代的奢侈消费批判

在前面的分析中，我们更主要地把奢侈消费视为资本主义再生产中有关价值实现的环节。而事实上，奢侈品行业本身也是资本大量涌入以寻求投资机会的一个重要领域。随着资本主义整体进入加速时代，奢侈品行业也不得不随之加速革新。这一革新并不违背奢侈品的文化实质，它始终是人们社会地位的体现，始终充当着社会交往的中介。所发生革新的仅仅是奢侈品的文化载体或者外观形式。互联网的全面铺设，为奢侈消费保留实质而加速变更形式提供了有力的现实支持。

互联网社交平台的运营，天然的是"产销合一"的双向过程。克里斯蒂安·福克斯指出，一方面听众通过社交媒体获得信息资讯或从事休闲活动，另一方面听众在平台上留下的搜索、观看、游玩等踪迹，则成为大数据的一部分，这些数据本身就是平台方向其消费者所提供的商品。[①] 不妨以时下流行的某问答平台为例，该平台上所有问题的答案大部分为热心网友所提供，平台方精选部分答案予以屏蔽，要求用户开通会员方能阅览。这便是把网友的交际数据纳入商品。这一过程正当与否不是本文所讨论的内容。关键在于，这类奢侈品与线下的、实体的奢侈品不同。LV 的背包或者香奈儿香水的消费行为是独占的、排他的，其有限的体量只能允许有限数量消费者的使用，而此平台上诸问题的答案并不因为某个消费者的阅读而减少体量或价值。杰里米·里夫金较早地研究了这一现象。他认为，比起以往建立在商品所有权转移基础上的消费，当代的消费者开始注重获得能够使用某种商品的渠道

---

① Christian Fuchs, *Digital Objects, Digital Subjects: Interdisciplinary Perspectives on Capitalism, Labour and Politics in the Age of Big Data*, London: University of Westminster Press, 2019, p. 61.

（access）。① 雷切尔·布茨曼和茹·罗杰斯进一步指出，只有在互联网时代，只有在无处不有的广告推广的前提下，拥有共同兴趣（哪怕是小众兴趣）的人们才能聚集到同一个平台、同一个主题之下，真正渠道"点对点"（peer - to - peer）的共享共建才能成为可能。② 总体而言，互联网既为这一新的消费形式提供技术基础，也为消费的内容提供产出源头。

那么，用户为什么愿意为平台提供信息呢？诚然利润分成是不少平台的运营手段，但更为重要的是平台为用户树立了用以区分其身份、确立其地位的象征体系。在此必须辨明奢侈消费的内容究竟是什么？仅仅是为了获取某个问题的答案吗？单从这个角度出发是难以解释回答问题的热心用户的行为动机的。参与问题回答的用户，更在意的是"赞""粉丝"所带给他的万众瞩目、受人尊敬的优越感。这种出类拔萃的快感，同手里拎着一个名牌背包所获得的快感遵循着同样的心理逻辑。更为直接的例子体现在网络游戏当中。不少年轻人为了获取更高数值的装备，限量版的外观装扮，不惜花费上千元上万元来为游戏充值。某游戏的"十年顶级老账号"在售卖平台上更是出现高达 30 万元的价格。当然，并不是说所有被象征体系所俘获的玩家都是非理性的，其个人的理性并不能掩盖社会整体的非理性。有些精明的玩家在直播平台上展示自己的装备或外观，以此博取观众的眼球而谋得收入。这恰恰反映出在社会整体层面，人们对于这个虚拟的象征体系趋之若鹜，但又由于囊中羞涩，只好将情感投注到主播身上。这便

---

① Jeremy Rifkin, *The Age of Access: The New Culture of Hypercapitalism Where All of Life Is a Paid for Experience*, New York: Penguin Press, 2000.

② Rachel Botsman and Roo Rogers, *What's Mine Is Yours: The Rise of Collaborative Consumption*, New York: Harper Collins, 2010.

是凯恩·福什所提出来的"炫耀性生产"。① 平台一方面确立了人人心驰神往的象征体系，另一方面"贴心"地为经济能力不足以现实地进入这一体系的消费者提供了炫耀性的幻象。在过去，这种炫耀性的幻象是通过电视电影当中对上流人士奢华生活的展示而呈现的，人们尚且能够辨认出其中编剧筹谋的非真实感；而今天，幻象通过网络直播技术从卧室到卧室，它甚至不再是幻象而是对主播生活的写真。就此而言我们可以认为，奢侈消费不再是遥在云端的海市蜃楼，而是全面渗透到生活的日常内容。

奢侈品本来就以象征价值为尊，如今它进一步脱离实物载体而完全符号化，也就为其更新迭代提供了更大的便利。传统的奢侈品尚且遵从"匠心"的操守，试图从严密的生产流程和上乘的生产原料来证明其"物有所值"，而当代的网络游戏已不再需要这种合法性。它通常以"赛季"的名义来变换奢侈品的载体。在上个赛季，属性加成高的、能令拥有者技压群雄的装备，到了下一个赛季立马成为普通玩家唾手可得的廉价品。人们不得不充更多的钱，来换取最新的、数值更高的装备。这些装备的"新"也不过是更改了后台的几个数码而已。奢侈品地位的衰落不是什么新现象。随着物资的丰富，过去电视机、电冰箱等奢侈品早就"飞入寻常百姓家"，成为一般的生活日用品。网络世界中奢侈品的陨落与更新，是时代更衍的漫画式表现。哪怕现实生活中并没有发生什么大的变化，网络世界还是能凭借其象征体系的内在演变制造出奢侈品的更迭，以完成新一轮的资本再生产。与此同时，民间草根所兴起的"山寨"文化也在某种程度上助推着奢侈品载体

---

① Kane X. Faucher, *Social Capital Online: Alienation and Accumulation*, London: University of Westminster Press, 2019, p. 71.

的更替。根据香港中文大学安东尼·方教授团队的研究，当人们因价格因素而难以消费特定产品时，将奢侈品廉价化、山寨化的种种实践就出现了。无法负担得起奢侈消费的群体在山寨消费中同样形成自娱自乐的交际圈，并以此对抗奢侈消费的"上流"文化圈。① 可惜如同我们前面所提及的那样，山寨文化不过是奢侈象征体系的幻象，人们在其中尽管可以少付出些经济成本，但并没有改变其"奢侈"的、"基本生活"以外的彰显社会身份的需求实质。山寨文化不仅不能抵御奢靡之风，反而为奢侈象征体系的变易提供紧张而迫切的理由。奢侈品的符号化，其更新换代的加速化，揭开了奢侈消费的最后一块遮羞布。比起"使用价值"，奢侈品更多承载的是具有社会交往意义的"象征价值"。在这个意义上，鲍德里亚的符号政治经济学有着敏锐的时代预见性。

二 从审美维度对奢侈消费的批判

（一）奢侈消费是审美品味个性化的体现

在如今这样一个个性极尽彰显的年代，奢侈消费成为审美品味个性化的体现这一观点似乎受到很多人的认同。事实也正是如此：越来越多的有钱人加入登山、滑雪、潜水、赛车、快艇、马术、网球、打高尔夫、身体理疗保健等高端项目中，对于他们而言，这些是高品味的人生体验，亦是内心需求获得满足的主要渠道。因为生活的富足已经将需求满足的空间压缩到几乎不存在了，

---

① Anthony Fung and Yiyi Yin, "New Productive Culture Shanzhai or Second Degree of Creation?" in *Boredom, Shanzhai, and Digitisation in the Time of Creative China*, edited by Jeroen de Kloet, et al., Amsterdam University Press, 2019, pp. 149 – 170.

这样一来，就需要人为地制造刺激、制造快乐、制造舒适来获得一种存在感。这些人大多接受了良好的教育，对于奢侈品也普遍有自己的理解和认知，其中还不乏专家型人物。他们特别注重奢侈品的工艺和品质，而较为排斥纯粹的挥霍浪费行为，并以在奢侈消费行为中寻求一定的情感慰藉为目的，从而真正地让自己感受到快乐。这一类奢侈实践行为不再以表现给他人看为原则，更不是对身份地位或者某一个商标品牌的盲目迷恋，换言之，不再是群体趋同消费，而是契合人的健康、感觉、体验和情感享受方面的自我表达。奢侈进入个体自我定义阶段，它好像"已经变成了一种语言，一种非言语表达的自我表现和社会对话。这种语言使消费者能够用许多不同的、个人的方式表明'我精明强干'"①。对此，美国学者康尼夫专门研究了富人的这一行为与动物之间的关联性，并且得出结论：人们个性化的选择和体验看似体现个人的嗜好和鉴赏力，实则与动物喜欢炫耀自己相似，如雄性孔雀为了求偶而开屏，以展示自己的强壮和健康；黑熊使劲儿地摇晃木桩；萤火虫持续的光亮闪烁能力等。只不过动物是通过羽毛、力量等进行炫耀，模式比较固定，而人类在这方面并无特异，只是他们是通过文化性的项目进行炫耀。

《永恒的奢侈：从圣物岁月到品牌时代》这本书的作者之一吉尔·利波维茨基更是直接指认了这一时期奢侈消费的特点为融合人们的情感因素于其中。他在书中批评凡勃伦通过炫耀性消费以实现身份地位区分的职能是毫无情感性地树立阶级形象，而进入后现代时期，人们的生活抛却了规则和律条，充满无尽的奢侈诱

---

① 〔美〕西尔弗斯坦等：《奢华，正在流行：新奢侈时代的制胜理念》，高晓燕译，电子工业出版社，2005，第76页。

惑和选择，人的个性和自由受到极致推崇。这是从对上帝宗教的膜拜转变为对个人和自我迷恋、肯定的过程，人们不再像以前那样遵从社会义务，而是服从个人标准。奢侈也不再体现为对至高无上的神灵的膜拜，不再是彰显贵族的权贵和荣耀。今天的奢侈已经进入个体自我定义阶段，对奢侈品的情有独钟是个人品味的体现，是对美的爱好，对审美愉悦的呼唤，是对唯美和精湛的崇拜，它造就了个人的自我欣赏、自我陶醉和自我感觉的个人形象，"理想的典型奢侈消费者从此有了多种面孔，他在不同群体中选择自己的模式，混淆不同价格、不同风格物品的等级。这种能动性、混杂性和不相称性取代了'正统的'、故作高贵的奢侈"①。个人主义化、去机制化同时也意味着奢侈消费中体现出人们更多的情感性因素，诸如奢侈消费过程中的即时体验、护肤保健、主观享乐等。近年来，整容、健身、旅游等行业大为兴盛，有钱人会花上万元成为高档会所、健身房的会员，享受名师的专人指点，特别是随着健身增肌、"马甲线网红姐姐们"受到热捧，这种现象逐年暴增。从前人们通过服装鞋帽等实物来提升自我形象，现在已经延伸到重塑自我来实现更深层次的美的升华，"作为外表的舞台，奢侈现在开始服务于自我和自身的主观感觉。这是一种自我的奢侈"②。人们在此方面投入的热情、财力和时间丝毫不逊于豪购奢侈品，因为今天对于人们而言，最奢侈的莫过于青春永驻和健康自然了。

针对凡勃伦的"炫耀性消费"概念，同为美国学者的罗伯

---

① 〔法〕吉尔·利波维茨基、埃丽亚特·胡：《永恒的奢侈：从圣物岁月到品牌时代》，谢强译，中国人民大学出版社，2007，第48页。
② 〔法〕吉尔·利波维茨基、埃丽亚特·胡：《永恒的奢侈：从圣物岁月到品牌时代》，谢强译，中国人民大学出版社，2007，第49页。

特·弗兰克提出了"非夸耀性消费"概念。他认为，我们为奢侈付出了高昂代价，负债消费，破产情况激增，隐形消费减少，工作时间延长，睡眠不足的情况日趋严重，公共领域的消费受到削减，供水系统正释放有毒金属等物质而无法重修，空气质量下降，公路和桥梁得不到及时维护和保养，药物治疗与预防计划受到影响。他对奢侈消费现象进行了全面的分析和批评，从而主张一种非夸耀性消费。"非夸耀性消费的特性为：与夸耀性消费带给人们的满足感相比较，从这一消费行为所获得的回报与周围环境没有太大的关系。"① 它剔除了诸多外在的评价机制，而更加注重人本身，是向个人情感的回归。人们根据个人喜好和生活方式来购买产品，这一点尤其体现在发达国家较为成熟的奢侈品市场，以及年轻的消费群体中。精美的工艺和卓越的品质成为他们购买奢侈品的首要动机，这也是人们从狂热、非理性消费向理性和低调生活的回归。

　　持同一分析策略的还有吉尔·利波维茨基的《蜉蝣帝国——现代社会的时尚及其命运》、萨比亚·里舒与米歇尔·龙巴合著的《奢侈百象》，以及罗杰·卡罗瓦的《游戏与人》和大卫·勒·布雷冬的《冒险的激情》。总之，奢侈品正展现出全新的面孔，在他人面前炫耀自己已不再重要，重要的是纯粹发自内心的对稀有物品的喜好与追求。"整个奢侈财富都是作为幸福的保障，快乐、漂亮和安逸的慰藉。炫耀和阶级差别的思想可以继续存在，但不再构成奢侈消费的主轴，现在奢侈消费已被大幅度整合，由主观和

---

① 〔美〕罗伯特·弗兰克：《奢侈病：无节制挥霍时代的金钱与幸福》，蔡曙光等译，中国友谊出版公司，2002，第 244 页。

情感动机构成。"① 对此，德国学者沃尔夫冈·弗里茨·豪格批评道：奢侈消费随人们的喜好而定，这无疑动摇了奢侈品使用价值的优先地位。奢侈品牌通过不断对奢侈品内在品质的优化及外在包装的美学革新，以及增加情感投入，在更深层次上迎合人们的内心欲求，甚至达到再生需求的目的。这只不过是竞争策略上的调整——由对奢侈品印象价值的竞争替代使用价值的竞争，在根本上仍然是要维护资本的利益。"在商品对人们的阿谀奉承中充满了多端的诡计：商品为人们提供服务的同时也通过这样的方式对人们加以控制。因此，最后被资本主义所伺候的人在无意识中变成了自己的仆人。"②

（二）审美资本主义的消费逻辑

审美和艺术一直被看作抵抗经济中心主义和异化现象的重要依托，因为它超越了绝大多数人的一般认知结构，而成为遥不可及的崇高存在。但在今天全面异化阶段，审美也没能逃脱庸俗化、平庸化的命运，"人类消费对象的物质性实体日益被一种审美性幻象所替代。这种消费审美化的趋向正是源于对艺术中的审美经验的粗陋模仿"③。审美资本主义被看作资本主义的高级阶段。

法国学者奥利维耶·阿苏利将资本主义的发展划分为三个阶段：早期的工业化时期，主要是批量化生产出满足人们基本需求的物质产品；20世纪中叶进入后工业化时期，以文化工业或者文

---

①　〔法〕吉尔·利波维茨基、埃丽亚特·胡：《永恒的奢侈：从圣物岁月到品牌时代》，谢强译，中国人民大学出版社，2007，第57页。

②　〔德〕沃尔夫冈·弗里茨·豪格：《商品美学批判：关注高科技资本主义社会的商品美学》，董璐译，北京大学出版社，2013，第53页。

③　张盾：《文艺美学与审美资本主义》，《哲学研究》2016年第12期。

化产业为主要发展动力；20世纪末至今，发展的主要趋势是审美资本主义。[①] 审美动因成为经济增长的主要动力，并且认为由于品味和审美是以想象为基础的，审美资本主义在理论上具有无限的前途。当个人的审美喜好成为大部分消费者挑选商品的基本准则时，奢侈型消费就比实用型消费更为重要。该书一经问世就获得诸多好评，并得到学术界一定程度的认可。但纵观整个奢侈消费的理论发展史，这一观点主要是承袭了美学研究的基本思路，明显遮蔽了其中潜藏的意识形态性。同样存在这一问题的还有德国学者拉茨勒，他在《奢侈带来富足》中大力鼓吹奢侈品创造财富的巨大力量。在他看来，奢侈品的生产对社会的迅速发展有着积极作用，它集中了最先进的技术、最和谐的产品美学、个性化和人性化的品质内涵。奢侈不仅能刺激革新，创造工作机会，而且还塑造品味和风格。此时，似乎奢侈品就代表了一种态度：它是对优雅的锲而不舍，对精致的极致追求。

　　奢侈品牌必须有明确的品牌定位，挖掘某一类消费者感兴趣的产品进行设计和营销，从而在消费者心中占据独特位置，而非涉足各个领域，做大做全。若想什么都做好恰恰违背了奢侈品不同于一般消费品的高端定位。对此，皮尔·卡丹帝国的衰落就是一个典型的例子，从服装品牌到服饰配件、餐饮、床上用品等，从时尚潮流的引领者，到"让高雅大众化"，在一众产品的大量推广中，皮尔·卡丹也渐渐迷失其品牌方向而走向落寞，与此同时，高雅的大众化恰恰意味着对高雅的亵渎。奢侈品牌一定要作充分的市场调查，牢牢抓住时尚的主旋律和时代经典，并坚守住产品

[①]　参见〔法〕奥利维耶·阿苏利《审美资本主义：品味的工业化》，黄琰译，华东师范大学出版社，2013。

定位，通过一定的策略向目标群体传达其产品精髓和优势。比如巴宝莉带有浓郁苏格兰风情的格子，近些年崛起的中国奢侈品牌夏姿·陈运用苏绣等非物质文化遗产，演绎东方艺术。而刚好与品牌文化相契合的人群则成为品牌极力维护的稳定客户群，他们凭不同的消费力又被分为钻石卡、金卡、银卡会员，想要维持在原有会员水平或者向上一个阶段晋升，则需要不断地消费。会员也自然成为品牌始终关注的重点对象，一旦有新产品上市，就会收到邀约进店赏购，要不要购买就成了商家与消费者之间的博弈。消费与否，看似选择自由，但稍有不慎便落入商家的陷阱。出于对沉没成本的考虑，消费者可能会极易避开不消费这一选项，进而滑入消费的一边，尽管其中不可避免地有消费冲动。因为置身其中，好像一切都在望向你，不仅是店员殷切的眼光，更有周围的其他顾客，甚至是产品本身都好像在对你说"买我、买我"，经历了内心的延宕，最终会碍于颜面，不好拒绝，便以"确实很好""迟早要买"等蹩脚的理由说服自己。这种心理绝非"虚荣"二字可概括，如能从其中跳脱出来，冷眼旁观，所谓焦虑与遂愿，其实虚幻。我们的处境全在于能否切断循环，从中抽身。可是，在商品美学的迷雾中，人们不可避免地甘心沉沦于这两个梦境。

在如此循环过程中，人们的审美品味就被塑造出来，具有一定的确定性。很多人认准了兰蔻，就不去买雅思兰黛、香奈儿等品牌的化妆品了，长期的购买经验会让他们认为，对于亚洲女性的油质皮肤而言，兰蔻产品更为清爽，而雅思兰黛则以抗衰修护护肤品闻名。对此，在写作《资本论》的手稿里，马克思表明："艺术对象创造出懂得艺术和具有审美能力的大众，——任何其他产品也都是这样。因此，生产不仅为主体生产对象，而且也为对象生产主体。"① 以往，资本主义是批量化地生产产品，现在则是生产出人们齐一化的审美品味。产品自身不仅要"有用"，而且还呈现出购买者的选择标准。以网络流行的"喜茶"为例，在其最初盛行之时，人们都要排两个多小时的长队，而长久的等待更注释了拿到一杯喜茶那一刻的值得和惊喜。如果有人不屑于跟风追捧，则会被众人视为孤傲和老土。这也能解释为什么今天网红经济异常火爆，粉丝变得"无脑"和缺乏判断力。在标准化的审美范式下，恰恰是艺术的消失，正如鲍德里亚所言"艺术本身在现代只能于自身消失的基础上存在——不仅是为了另一种景象而令真实消失的艺术，也是在实践自身的过程中自我毁灭的艺术"②。艺术不再同生活有所差异，而是越来越混同于客观之平庸，成为多余之物。在这一点上，以阿苏利为代表的主张审美资本主义的学者与鲍德里亚是遥相呼应的。而相比于鲍德里亚强调奢侈品的社会关系建构力量，阿苏利则认为奢侈品中所蕴含的智力思辨、艺术和美学等具有更高价值的元素才更为重要。③

经典马克思意义上的工人阶级在繁重的劳动机制下，审美品味可以说被强制剥夺了，诸如知识、技能、感受性，以及思考、组织、欣赏和享受的天分统统丧失殆尽，一切都被极简化以适应机器劳动。工人们普遍只能维持基本的生活和再生产能力，并无高雅的闲情逸致和审美鉴别力。但随着资本主义的不断发展，工人阶级的审美品味也被纳入其资本增殖的逻辑中来，资本主义的

① 《马克思恩格斯全集》第 46 卷（上），人民出版社，1979，第 29 页。
② 〔法〕鲍德里亚：《为何一切尚未消失》，张晓明、薛法蓝译，南京大学出版社，2017，第 68 页。
③ 参见〔法〕奥利维耶·阿苏利《奢侈价值的矛盾的起源与结构》，强东红译，《上海艺术评论》2005 年第 4 期。

工业化进程正试图最大限度地唤起工人的审美品味，并鼓励他们在进入生产程序时，带着他们从游戏、团队、体育、竞争、辩论、音乐、戏剧等活动中获得的文化知识，以此弥补劳动过程中的单调和乏味。一方面，享乐正代替压迫成为资本主义前进的马达；另一方面，劳动者在今天作为不可忽视的消费力量，在选择产品时，亦能参与到商品体验中。这就比直观的"看"有更深的体悟，更容易产生对产品的认同。

从劳动者的审美品味被剥夺，到进行标准化的培养，其间似乎蕴含了人的解放维度——人们的感受普遍受到重视，并通过消费得以表达，而实际上这一切都服务于资本主义的市场逻辑，使人成为自己欲望和贪图享乐的奴隶。这正是当代大众审美文化中商品拜物教在幕后隐隐作祟的地方，"商品生产和交换、科技进步与大众传媒等因素所带来的审美民主化并非完美，依然是一种相对的民主，依然形成了对审美文化的相对垄断和霸权，它是建立在排斥甚至牺牲其他文化的基础上的"[1]。

（三）商品美学表象中的经济内涵

在黑格尔看来，人之所以超越动物而作为精神性的存在，就在于他不是直接满足动物性需求，而是将其需要、手段和享受予以审美化、细致化和规范化。单单吃饱肚子还不行，非要色香味俱全乃至定制食谱不可。黑格尔认为在这一过程中产生了奢侈，也催生了社会分工。[2] 换言之，奢侈与社会分工的不断专业化是同

---

① 高领：《商品与拜物：审美文化语境中商品拜物教批判》，北京大学出版社，2010，第122页。
② 〔德〕黑格尔：《法哲学原理》，范扬、张企泰译，商务印书馆，1979，第208~209页。

义词，都是精神扬弃粗鄙的自然直接存在的反映。黑格尔晚年思考的历史特殊性就是英国政治经济学所提倡的由个人欲望的开发而导致的财富的涌流，在这一点上，柏拉图被黑格尔所耻笑，他没有看到历史的特殊性问题，即由个人的私欲、欲望、意志、情感所带来的，所引起的效应。历史最后要落实到每个人都参与历史的创造。如何创造？英国人给我们提供了一个模型，就是对人的欲望的驱动，而由欲望所产生的需要、意义，以及社会化大生产、大分工，从工业走向商业，从市场无意识走向市场的自觉，这就是历史的进步。这一判断使得黑格尔看不到奢侈消费的阴暗面，更看不到奢侈品生产过程中发生的价值掠夺。马克思表述过这样的观点，即随着资本主义的生产力水平发展到一定高度，人们不再为基本的物质生活资料所困扰，而是在物质生活资料充分供给的基础之上，追求更高的精神享受。然而，资本主义的现代性增长阶段却呈现出这样的矛盾：在物质方面确实体现出前所未有的丰裕世界景观；但在精神层面却如前面我们所描述的那样，审美品味作为高雅的精神享受已经堕落为资本谋利的主要手段，成为机械化时代被不断复制再生产出来的产品，并把曾经被其排斥于外的最广泛大众也带入到雅俗共赏的文化领地。当所有的人都有机会去踏足这一"圣地"后，又带来了新的恐慌，"大众文化的共享性恰恰是用其同一性、同质性和通约性限制了审美文化的差异性和丰富性，从而在根本上消解了文化自身应有的批判性和超越性"①。

当符号成为后工业社会的主导中介，传统意义上的经济过程

① 高颖：《商品与拜物：审美文化语境中商品拜物教批判》，北京大学出版社，2010，第120页。

也被由符号所编织的审美文化表象所笼罩。詹明信准确地指出，以符号拼贴堆砌为主要特征的后现代文化与晚期资本主义是同构的："我们整个当代社会系统开始逐渐丧失保留它本身的过去的能力，开始生存在一个永恒的当下和一个永恒的转变之中，而这把从前各种社会构成曾经需要去保存的传统抹掉。"① 资本厌恶传统的笨重，竭力要开创其新境域，于是灵动的意义和多变的符号就成为时代的主宰。后现代艺术是灵动多变的，今天给蒙娜丽莎画上两撇胡子的人是创新，而明天再做同样的事就变成可笑的拙劣的模仿。符号本身在加速，其象征意义亦在飞速流变。反映到语言当中就是流行语、话语"梗"的大量涌现。生活在符号拜物教时代的人们不信奉特定的符号及其所指，而是信奉符号本身的可转义性和恣意性。这种拜物教没有任何神圣感，取而代之的是游戏人间的世俗态度。道格拉斯·艾曼试图据此修正马克思的再生产理论：马克思的分析框架主要是物质性再生产，所以对产品的具体消费被视为再生产不可或缺的环节。而对于数字时代来说，再生产得以在不消耗实体产品的情况下进行，那么数字商品就不能再用经典马克思主义的学说分析了。② 这显然是由于对马克思"物质"概念的误读而产生的误判。鲍德里亚则犯了另一个方面的错误。他很早就注意到符号政治经济学的来临，但却没有准确界定自己的论域。按照他的想法，马克思之所以把经济放在第一位，是因为他假定人们都有衣食住行等基本需求。鲍德里亚为了批判马克思，不惜拿出"夸富宴"等人类学证据来表明人类从一开始

① 〔美〕詹明信著，张旭东编《晚期资本主义的文化逻辑：詹明信批评理论文选》，陈清侨等译，生活·读书·新知三联书店，1997，418 页。
② Douglas Eyman, *Digital Rhetoric: Theory, Method, Practice*, Michigan: University of Michigan Press, 2015.

就不关心能不能存活，而是关心其面子和地位。^① 真正的情况恰好相反。正是由于今天的发达资本主义国家已经普遍解决了温饱问题，人们才不再关心吃不吃得饱，转而在乎吃什么，怎么吃这些涉及文化意义的方面。而对于一些仍然挣扎在贫困线边缘的国家来说，这种商品美学批判理论对他们而言莫过于"何不食肉糜"的可笑妄言。

毋庸置疑的是，今天商品的使用价值必须在其外观上表现出来，才能凸显它的有用性。尤其随着影像和网络技术的发展，消费者越来越倾向于选择远程购物。在这种情况下，借助于观察外观所看到的有用性，相对上手体验到的有用性所发挥的作用更大。沃尔夫冈·豪格对此提出，商品感性的外观甚至比商品的内在本质更为重要，现代商业社会的大部分资本都用以提升商品的美学属性而非其具体的使用价值。^② 豪格的批判虽有一定道理，却不全面。他没有注意到美学标准本身就不是天然的。这一解释尤其不能适用于古玩一类因历史积淀而价值不菲的奢侈品。因为单就外观而言，残破的旧文物无论如何也不比崭新的产品表现出更多的使用价值，在实践中也是如此。许多古老的物件在寻常百姓眼中一文不值，只有当它承载的历史为人所了解才会身价倍增。在此所涉及的是复杂的认识论过程。在马克思看来："对于没有音乐感的耳朵来说，最美的音乐毫无意义……人的感觉，感觉的人性，都是由于它的对象的存在，由于人化的自然界，才产生出来的。"^③

---

① 〔法〕鲍德里亚：《符号政治经济学批判》，夏莹译，南京大学出版社，2015，第 58 页。
② 参见〔德〕沃尔夫冈·弗里茨·豪格《商品美学批判：关注高科技资本主义社会的商品美学》，董璐译，北京大学出版社，2013，第 50 页。
③ 《马克思恩格斯全集》第 42 卷，人民出版社，1979，第 126 页。

不了解相应的历史背景，不具备一定的鉴赏能力，主体是领略不了古典音乐的魅力的。单纯的外观表象与主体获得的美的体验之间不是直接的、生物反射弧式的作用过程，而是要以主体预先的大量学习和鉴赏力的养成为前提。

谁为奢侈品的美丑确立了评判标尺？西方学者的回答倾向于是资本逻辑生产了审美主体。阿苏利就注意到，审美能力在封建时代一度作为衡量自己与政治对手之地位的工具，到了资本主义时代则被转化为刺激消费的动力。[①] 事实上，把所有的问题都归诸资本逻辑或消费主义的陷阱，恰恰掩盖了审美主体被建构的复杂过程。奢侈品的市场竞争，更准确地说是一个文化领导权的争夺过程。近期服装品牌 H&M 打出"抵制新疆棉花"的声明，试图为其产品附加"不含任何强迫劳动"的标签。国内消费者为了抵制这些颠倒黑白的国外品牌，迅速转向对国产奢侈品牌的消费。如果单纯地把该过程理解为资本逻辑对民族感情的煽动，那么就很容易忽略该经济现象背后的事实判断与价值判断。事实是，新疆棉花的生产不存在任何强迫劳动的成分，国内消费者的民族认同感建立在完全正当的基础之上；而西方世界歪曲事实的指责，则是抹黑中国奢侈品牌、争夺世界市场的卑劣手段。因此，在讨论审美主体的社会建构问题时，切忌落入后现代思想相对主义、虚无主义的话语体系中。美与丑归根结底是建立在善恶是非的尺度之上的。只有当代表最广大人民根本利益的社会主义文化战胜了唯利是图、是非不分的资本主义文化，主客观相一致的审美主体才能真正地建立起来，奢侈品的价值实现过程才会从单纯的市场

---

① 参见〔法〕奥利维耶·阿苏利《审美资本主义：品味的工业化》，黄琰译，华东师范大学出版社，2013，第 34 页。

竞争转变为经济效益与社会效益相统一的、真正促进美好生活实现的积极方面。

三　生态马克思主义对奢侈消费的诘难

当代资本主义的消费方式不仅造成人自身的深层异化，也导致生态环境的过度负荷。生态马克思主义从人与自然的关系出发，一针见血地指出了现存的消费方式对自然和社会发展造成的潜在威胁。其中，奢侈消费在生态马克思主义的视域中发生了重要的含义转换，变成自然存在与需要满足之间最为激烈的矛盾表现。相较个体满足而言，奢侈消费意味着人们超越自身的经济条件和消费能力去迎合意识形态建构的虚假需要；相较地球生态而言，奢侈消费意味着社会生产超越生态的承载条件和恢复能力去迎合人类中心主义的丰裕想象。在一定程度上，资本主义的消费方式对于自然生态而言负有一种原罪。为消费而消费的病态行为背离了人的真正需要，导致人与自然关系的扭曲，终将摧毁人类的可持续发展之路。在生态马克思主义看来，奢侈消费是一种更为剧烈的自然掠夺，加速了生态剩余的消耗。所以，生态马克思主义对于奢侈消费充满诘难，这是对资本主义消费方式一般性的控诉，也将该问题溶解到人与自然的原始联结中寻求解答。接下来，本节将撷选威廉·莱斯（William Leiss）和本·阿格尔（Ben Agger）等生态马克思主义代表人物对消费问题的分析，结合约翰·福斯特（John B. Foster）开启的关于物质变换的理论讨论，思考在生态危机日益突显的时代如何审视以奢侈消费为代表的生态问题。

（一）阿格尔的异化消费与生态马克思主义的理论建构

本·阿格尔在 1979 年出版的《西方马克思主义概论》一书中，将生态理论与资本主义消费批判相结合，首次提出了"生态学马克思主义"范畴，被中外学界广泛关注。阿格尔认为传统马克思主义的经济危机理论已经失去效力，应该根据时代的发展进行调整。他从人的需求与商品的关系出发，重新反思当代资本主义的异化消费与环境之间的关系，将生态策略作为突破现有意识形态统治的革命路径。其中，"异化消费"批判成为阿格尔修正危机理论以及建立社会革命与生态危机内在关联的理论中介，也成为生态马克思主义的理论核心。对于阿格尔理论的梳理，有助于我们理解消费批判中所蕴含的革命意义和当代价值。

1. 消费批判与生态危机的革命策略

面对欧洲革命进入低潮期以及苏联极权统治的弊病，阿格尔重新反思了技术理性时代革命的现实可能性。不同于以阿道尔诺为代表的法兰克福学派，阿格尔认为新的革命理论不在于对支配力量的批判，而是重新界划支配力量形成的社会结构以寻求解放的可能。阿格尔旗帜鲜明地提出当代资本主义的危机不再是生产的经济危机而是表现为自然的生态危机。因为"我们认为这里所提出的生态危机理论对发达资本主义的'内在矛盾'更为适应，它将为社会主义变革的战略提供具体的经验的展望"①。在阿格尔看来，资本主义的意识形态将消费等同于人自身需求的满足，使得商品摇身一变成为生活的目的，而对人需求的历史解读成为打

①〔加拿大〕本·阿格尔：《西方马克思主义概论》，慎之等译，中国人民大学出版社，1991，第490页。

开这一现象迷雾的关键钥匙。甚者，人的需求是被意识形态所建构的，它容易被广告或舆论所左右，远离人与自然的原初联结，在商品堆积的过程中使人纵欲忘我。但是，商品的丰裕依赖自然的持续供应。资本主义的生产方式是以占有和控制自然为前提，产生了人与人之外自然的二分界限，资本的运动将周围资源消耗殆尽后再开拓新的自然界限。在殖民时期，资本在内部耗尽后寻求外部疆界，但是这种运动必然遭遇生态瓶颈的限制。随着增长极限的迫近，资本主义通过技术和组织方式的自我革新延缓和掩盖了这种生产危机的现实表现，使商品的消费狂欢得以继续。与此同时，这种过度消费或奢侈消费的合法性是资本主义意识形态的政治建构，它让人相信幸福生活在消费满足中唾手可得。阿格尔深谙这种意识形态的伎俩，提出"拯救马克思的观点和避免乌托邦主义的唯一办法，是分析目前存在于像受广告操纵的消费与受到威胁的环境之间的这样一些危机的新形式"①。他强调批判资本主义生产方式的策略应该从异化劳动转向对异化消费的揭露，"现在则必须提出消费领域的合法性危机的意义，因为以它为基础我们才能更好地理解社会主义变革的前景，尽管这种前景与生态命令有关"②。换句话说，阿格尔批判以奢侈消费为代表的异化现象旨在实现社会革命的政治目的，而生态保护的理论强制则提供了区别于传统经济危机的革命策略。在这一意义上，资本主义的消费批判也成为生态命令的内在要求。

---

① 〔加拿大〕本·阿格尔：《西方马克思主义概论》，慎之等译，中国人民大学出版社，1991，第 490 页。
② 〔加拿大〕本·阿格尔：《西方马克思主义概论》，慎之等译，中国人民大学出版社，1991，第 512 页。

2. 作为理论中介的"异化消费"概念

为了完成对资本主义生活方式的现实分析，阿格尔在马克思异化劳动的基础上提出了"异化消费"概念。他将其规定为"异化消费是指人们为补偿自己那种单调乏味的、非创造性的且常常是报酬不足的劳动而致力于获得商品的一种现象"①。异化消费使得劳动者对于商品的获取不再是使商品服务于自身的需求，而是使自身的需求符合于商品的外观。阿格尔认为商品与需求之间的关系日益复杂化，商品的消费逐渐等同于欲望的满足，广告媒介则对这种现象的广泛流行起到了推波助澜的作用。虽然奢侈消费最终都会使商品与需要相一致（比如充饥与法式大餐对上号），但是这种消费方式被人们当作满足需要的唯一源泉，背离了人与自然需要的原初联结。值得注意的是，阿格尔本身并没有对人的需要进行清晰的界划，而是在展开异化消费的分析时预设了可持续条件下需要被满足的状态。在阿格尔看来，消费方式的多样性是对单调的异化劳动的补偿。劳动者在资本主义的生产范式中处于异化状态：科层制使得劳动者职业化而臣服于官僚意识形态的禁锢，流水线使得劳动者分工片面化而远离生产的完整过程。因此，马克斯·韦伯的管理模型必然成为阿格尔的批判对象，阿格尔认为这种生产的组织方式渗透了资本主义的集权统治。相应地，人们会逃避高度协调和集中的、异化的生产过程，他们习惯通过消费来实现自己尚未实现的创造性和自由。广告营造的生活场景会暂时安慰和麻痹异化劳动带来的生命压抑，消费成为舒缓原欲的强力剂。因为"劳动中缺乏自我表达的自由和意图，就会使人逐

---

① 〔加拿大〕本·阿格尔：《西方马克思主义概论》，慎之等译，中国人民大学出版社，1991，第494页。

渐变得越来越柔弱并依附于消费行为"。在这一意义上，异化消费是异化劳动的逻辑必然。人的本质无法通过劳动实现，而假借消费进行彰显。与此同时，人的本质在劳动过程中被压抑得越严重，而被视为补偿的异化消费就越疯狂。相较人的真实需要，异化消费实为一种逃避现实的安慰和过度纵欲，更无法主动生发出解放和自由的可能性。这种消费方式极大地依赖于生产的增长，一旦遭遇增长的极限，其结果必然造成现实生态关系的紧张和危机。

3. 异化消费与生态马克思主义的理论建构

伴随资本主义大工业对生态系统的日益破坏，物质生产也迎来自身的增长极限。相应地，有限的物质供应无法承载过度消费或奢侈消费的继续，资本主义消费方式的合法性将遭到现实的诘难。阿格尔从生态的有限性出发推论异化消费的现实结果，并试图引导其成为激进革命的现实增长点。这种现实的革命策略被阿格尔称为生态社会主义或生态马克思主义。他采用了解构式的话语，将异化消费当作异化劳动的理论延续，视为一种意识形态的道德控制。阿格尔要求打破商品堆积与持续满足的迷雾，也反对像清教徒式的禁欲，而是强调重塑对美好生活的意识形态想象，要求人们从追求奢侈的虚假需求转向一种适可而止的消费。阿格尔的策略是首先唤醒民众识破增长的极限与异化消费之间断裂的假象，意识到其为一种维护政治合法性的手段。当劳动者沉浸在消费者的角色时，生产过程中发生的异化被商品的功能和意义所暂时性悬置。当消费者因生态的裂缝注意到生产过程中的异化时，消费者会意识到身为劳动者的悲惨境遇，而识破异化消费的虚伪性，并要求主动废除这种异化消费。因为"在阿格尔看来，马克思的辩证法强调，如果异化的人们不起来克服屈从和统治的社会关系，就不会有革命"①。其次，阿格尔认为劳动者主动放弃异化消费的方式会倒逼进行生产领域的革命，生产不再为了丰裕享受而是充分考虑生态的强制命令，由"越多越好"逐步转变为"够了就行"。最后，为了实现这种革命目标，阿格尔结合北美民粹主义的传统，提出了分散化、非官僚化和社会主义所有制的现实要求。阿格尔认为业已集中的资本主义生产方式依赖于专家权威的技术控制，会减弱消费者对于异化消费的批判，重新加剧把消费与幸福混同的趋势。人们不应该根据商品量的消费，而应该根据质的消费（身体无痛苦和精神的享受）来定义幸福。阿格尔认为生产过程由工人直接管理恰恰可以实现劳动的自由和意图，工人在劳动中认识到自身的需要，并直接满足劳动的生产和再生产以此实现无经济增长的状态，解决日益严重的生态危机。另外，北美民粹主义一直仇视极权主义的统治，反对科层制的生产方式。阿格尔认为自然退化的现实刺激可以使北美民粹主义承担起革命的任务，实现分散化和非官僚化，并借助生态理论同马克思关于资本主义批判的解放因素结合在一起，发展出一种全新的革命路径，即生态马克思主义或生态社会主义。值得注意的是，这种理论建构的起点和核心就在于异化消费的批判。正如阿格尔所强调的，"解放的动力也许不是来自异化劳动本身的感受，而是来自异化的、受操纵的消费的感受"②。所以，消费主义的批判路径从生态马克思主义提出之时就占据了核心地位，而奢侈消费在生态理论的丰富和发展中将受到更加彻底和深刻的诘难。值得注意的是，

① 王雨辰：《生态批判与绿色乌托邦——生态学马克思主义理论研究》，人民出版社，2009，第82页。
② 〔加拿大〕本·阿格尔：《西方马克思主义概论》，慎之等译，中国人民大学出版社，1991，第511页。

阿格尔对于资本主义的批判并不是从马克思主义理论传统中发展出来的，而是试图采用马克思式的话语方式包装北美既有的民粹主义。尽管如此，阿格尔对消费的考察仍然值得我们深思。

（二）威廉·莱斯对消费与满足之限度的生态追问

威廉·莱斯是生态马克思主义另一代表性人物，曾在《满足的限度》一书中对人的需要与商品消费之间的关系进行了哲学考察。莱斯发展了马尔库塞关于虚假需要的理论观点，旨在阐明资本主义意识形态对个体消费意识的控制方式，在需要与欲望的比较中揭示商品消费的现象迷雾，并引入人之外的自然理论视角，对以奢侈消费为代表的虚假需要和异化消费予以尖锐批判。最终，莱斯试图重构人、自然与社会之间的满足结构，建立一个"易于生存的社会"。在这个过程中，奢侈消费的主观实践被莱斯还原到物质的自然联结当中，并提供了更为具体的生态目标。

1. 关于资本主义消费迷雾的哲学反思

在《满足的限度》导言部分，威廉·莱斯立足资本主义消费方式的现实变化，剖析消费与商品生产和满足需要之间的关系，这有助于我们重新理解当代消费方式背后的意识形态内容，其具体包括以下三个向度。首先，个体的消费福祉等同于国民生产总值的稳定增长。在资本主义发展的初期，个体的自我利益依赖社会总产量的最大化。但是，随着生产效率的提升，稳定的满足方式导致了分配的组织分化并产生了权威。虽然每个人的获利和消费量不同，但是法权观念潜意识里规定了积累的正当性，即"社会总产品持续不断地增长能最好地为他们的个人利益服务"①。这

---

① 〔加拿大〕威廉·莱斯：《满足的限度》，李永学译，商务印书馆，2016，第2页。

种意识形态的简化使消费能力的增强依赖社会生产能力的提高，既掩盖了个体的差异性和分配的不当性，又遮蔽了资源整合和良性满足的可能性。其次，每一个稳定的满足都会导致更为宏伟的消费愿景。资本主义经济的发展在于利润的不断占有，稳定的满足背后是技术、市场和组织方式的不断革新以实现对资源和利润的最优配置。这种资本运动的方向性会催生新的消费目标，消费本身的精细化和更新带来更加广泛的增殖可能。所以，消费水平的上升没有止境，人们需要做的只是生产足够的物质财富来维持商品欲望的增长。最后，高消费的生活方式会使"需要得到满足"的意义越来越模糊。既然人的需要随着资本的运动而逐渐升级，那么需要的满足也就变成了一部未完的连载剧，无法保证人们在得到一个彩蛋之后再有什么酣畅淋漓的幸福感或满足感，而是遁入一种更加虚无的享乐追逐之中。此时，满足需要的意义、生活的价值以及个人的目标会越来越模糊，理性化的生产和消费只会带来更加非理性的冲突。总的来说，莱斯是在更为本质的层面上对过度消费、奢侈消费等消费方式与需要满足之间的关系进行哲学追问，更要求我们重新反思需要与消费的意义。

2. 人类需要与生态的理论关联

何以定义需要呢？高消费的冲动会将个人的所有努力导向商品领域，而满足本身又是一个暧昧和矛盾的感觉范畴，无法进行精准的测量。莱斯则另辟蹊径从需要与满足需要背后表征的生态基础的矛盾关系进行考察。首先，莱斯强调在对需要的大多数定义中存在着基本的二分法，即需要与欲望的区分。通常，需要侧重生理的客观状况（包括社会的客观联系），欲望强调主观或心里的感觉。[①] 但

---

① 〔加拿大〕威廉·莱斯:《满足的限度》，李永学译，商务印书馆，2016，第69页。

是，需要与欲望本身在多种生活状况下并非可以截然二分。比如，对于蛋白质最低摄入的要求。无论需要还是欲望都必须借助现实的物质载体进行满足，这里就涉及选择何种食物来源，以何种方式摄入，摄入效率如何，等等。此时，需要与欲望的划分就丧失了意义，重要的是满足需要或欲望的质性层面。所以，莱斯反对强调需要和欲望的二分方案，他认为需要与欲望的二分只会分散对满足质性的关注（莱斯选择了需要的表达方式）。紧接着，莱斯对需要进行了清晰地界划，主张"需要的每一个表达或陈述都同时有一个物质关联和一个象征性的或文化的关联"①。相较于鲍德里亚的符码消费，莱斯强调需要的物质性与象征性相互依存，而且不可被合并。换言之，需要的满足天生就是多维度的。物质 – 符号的二元结构在商品堆积的时代更加复杂，符号方面被更大程度上嵌入物质联结并导致消费的精细化和复杂化，这种需要的二重性也变得更加模糊，产生了商品拜物教的现象。奢侈品成为符码的弄潮儿甚嚣尘上，高消费的幻象直接忽视了作为必要条件的物质基础。最后，莱斯总结了人类需要的三个层面，即个体、社会和人类以外自然的相关性。对于前两者，个体的生理需要以及群组之间的社会关联都曾被详细考察。对于后者，人类与自然环境之间的关联实为一种需要而常被忽略。莱斯调侃道，只有我们进行星球移居时才会回忆起这种原初的需要。实际上，"三个维度——即与自然、个人和社会的关系——而不单单是后面的两个，都是在人类需要的物质与象征性关联的二重性上相互缠绕着的"②。不同于阿格尔从异化劳动的克服来设想人的需要，莱斯从人之存

---

① 〔加拿大〕威廉·莱斯：《满足的限度》，李永学译，商务印书馆，2016，第72页。
② 〔加拿大〕威廉·莱斯：《满足的限度》，李永学译，商务印书馆，2016，第79页。

在关涉的关系中去考察需要，将需要的满足拉回到自然生长的大地上并在此过程中重新构思人与自然的联结，这也实则为模糊的消费情感提供了唯物主义的真切感受。

3. 关于人与自然关系的重新构思

既然高消费的社会模式具有不可持续性，那么人类可替代的发展方案就成为我们亟须考虑的当代议题。然而，现实却是以奢侈品为代表的符码消费不降反增，加速消耗着生态资源，加上政策效果的"惯性前冲"，这种关乎人类命运的讨论应该在更大范围内进行。莱斯则呼吁牢牢抓住人的需要这一线索，在人类中心主义以外重新规定人的需要。因为"人类需要对环境造成的冲击等于人口、人均消费与单位数量的物质消费对环境的影响三者的乘积"。与此同时，对奢侈消费的批判应该转向分析导致奢侈消费的需要自身。但是，这种需要被政策和技术乐观主义所裹挟，它们为了当下的奢侈而抵押了未来。所以，探讨生态方案必须首先认清需要的虚伪性以及生存形势的紧迫性，尽管我们无法对人的需要进行清晰的定义——它是由人与自然、社会的动态关联所多重决定的。为了能够提供需要的大致范围以推进方案的制订，莱斯提出了一种"需要消极论"："这种方法并不试图确定什么是或应该是在当前特定历史条件下个人的真实的或合适的愿望。它的基本目标是要说明，为什么在高强度市场架构下，需要表达变得越来越不一致，以及个人如何变得无法理解他们自己的欲望的目的。"[①] 莱斯强调的是反思特定社会历史条件下需要与商品的矛盾关系以及矛盾形成的结构性原因。这并不是一种消极的不可知论，而是一种辩证法的否定路径，构成了可替代方案成型的必要条件。

---

① 〔加拿大〕威廉·莱斯：《满足的限度》，李永学译，商务印书馆，2016，第116页。

根据这种反证的逻辑路径，莱斯提出了两条相辅相成的生态策略。其一，重组现实的社会制度以回到"易于生存"的起点。这种制度变革是全方位的，不仅涉及经济、政治和文化，更要考虑到一切现行经济权力秩序背后的微观结构，不然只会沦为一种乌托邦的想象。其二，联系人类以外自然的需要，从生态整体的角度反思人的需求。早在《自然的控制》中，莱斯就提出人对自然的控制实际上是对人与自然之间关系的控制。正如物质变换一般，人类无法创生也无法消灭该过程，只能控制其速率及发生的范围。人类之外的自然自始至终都参与着人类发展的过程，也被其所扰乱。自然具有的平衡能力曾让人类暂时忽略了这一重要的指标，但是人的需要已经逐渐脱离了作为自然存在的需要，而具有了更加高阶的符号意谓。按照莱斯对需要二重性的分析，这种脱胎于自然需要的消费导致了对自然更具破坏性的损害。当我们重新回到自身的尘世基础，人与自然的关系联结就成为我们反思的理论核心。此时，社会的持续发展对于奢侈消费的批判和控制将服务于更为根本的自然联结和生态目标。虽然莱斯对于消费的批判和分析更多地服务于对人的需要的解构和建构，但是这种研究思路揭露了当代奢侈消费的意识形态迷雾，开启了批判消费社会的后人类中心主义视域，构成了进一步讨论消费问题的理论前提。

（三）物质变换的生态框架对奢侈消费问题的理论重构

随着生态意识的加强，新近的生态马克思主义不再停留于对奢侈消费等高消费方式的现象批判，而是转向对其功能结构和历史成因的分析。不同于从批判现实的消费方式反思出革命的生态策略，以福斯特为代表的理论家试图从马克思主义的经典文本中发掘出生态的维度并将其作为理论阐发的全新基础。其中，物质变换理论就成为资本主义生态分析的重要框架。该理论由福斯特最早从《资本论》中发掘出来，用于阐明资本主义生产方式必然导致人与自然之间的关系恶化，分析造成自然界的生态危机和资本积累危机的根源。福斯特的理论引起了国内外学界的广泛关注，杰森·摩尔、斋藤幸平等人使得该理论进一步深化，成为生态马克思主义显性的理论范式，奢侈消费的研究在此视域中也得到了理论重构。

1. 福斯特的新陈代谢断裂理论：奢侈消费与掠夺自然

约翰·福斯特在《马克思的生态学》中从生理学的角度建构了"新陈代谢断裂"理论，[①] 旨在说明马克思政治经济学批判中所具有的生态意义，该理论也成为解读资本主义生产方式的重要框架。[②] 该理论吸收了马克思同时代自然科学和政治经济学的理论进展，比如土壤肥力递减规律和归还原则，用于阐明从农业生产到城市供应之间人与自然的关系变化。其中，李比希的归还原则成为马克思思想实验的理论基础。李比希通过大量的化学实验得出植物收获物的生长来源于土壤中的灰分物质，但是这种矿物质的含量在土壤中是有限的，应通过施肥（被该土地供养之人畜的粪便）的方式予以相应数量的归还，达到矿物质运动的动态平衡。在此基础上，农业生产应该适当轮作和休耕以修复土壤肥力，以实现农业的永续发展。但是，资本主义大工业的快速发展要求农业加速商品化供应，使其从属于资本增殖并经历了掠夺式的发展。一是盲目提高土地产量，导致了土壤肥力的流失；二是农作物被

---

① "物质变换"和"新陈代谢"这两个词都对应于"metabolism"，实际上是英译的不同取向。"新陈代谢"侧重生理学的运动过程，国内对于福斯特理论的译介更多地使用了该译法；"物质变换"侧重生产的总体性，符合马克思使用的德文原词"stoffwechsel"。

② 参见〔美〕约翰·贝拉米·福斯特《马克思的生态学：唯物主义与自然》，刘仁胜、肖峰译，高等教育出版社，2006。

收获后成为商品，增强了自身的流动性，在流通过程中发生了时空的分离。城市人口的集聚和农村的分化导致排泄物无法返田，土壤肥力的耗竭更无法得到补偿。因此，资本主义生产方式导致了人与土地原初联结的断裂，"使人以衣食形式消费掉的土地的组成部分不能回归土地，从而破坏土地持久肥力的永恒的自然条件"①。所以，土壤养分的运动存在着一种新陈代谢断裂，这是一种物质和能量的不平等分配，更是一种资本权力的时空布展。城市橱窗和柜台中的商品不仅凝结了无差别的人类劳动，更凝结了带有向极强方向流动的自然能量。值得注意的是，在福斯特的理论建构中似乎没有直指奢侈消费的问题，但是在物质变换的理论框架下，消费问题不再是源发性的存在，而是转化为生产方式的异化表现。正如，福斯特所要揭露的：新陈代谢断裂"表达资本主义社会当中人类对构成其存在基础的自然条件的物质异化"②。所以，资本主义的消费方式本身就带有一种掠夺自然的原罪，奢侈消费更是这种原罪极其激烈的表征，以此实现了问题视域的转换和深化。福斯特依此搭建了自然的、人与自然之间、人与社会之间物质变换的理论分析框架，从生理学的角度重新审视人与自然的关系，将静态的消费还原到动态的社会历史过程当中进行考察，揭露了消费所隐含的生态含义。

2. 杰森·摩尔的世界 - 体系理论：奢侈消费的历史过程分析

杰森·摩尔（Jason W. Moore）沿着马克思物质变换的理论路径，在资本主义现实的历史进程中重新反思全球生态变化的本质因素。杰森·摩尔认为目前我们对物质变换理论的研究还远远不

---

① 〔德〕马克思：《资本论》第1卷，人民出版社，2008，第579页。
② 〔美〕约翰·贝拉米·福斯特：《生态革命：与地球和平相处》，刘仁胜、李晶、董慧译，人民出版社，2015，第180页。

够，主张将其贯彻到更为广阔的社会分析当中。同样地，资本主义的农业进程构成其考察重点。值得注意的是，杰森·摩尔并不遵循经典马克思主义的研究路径，而是师承自布罗代尔和阿瑞基的历史分析。相较福斯特的主观建构，摩尔在庞杂的史料基础之上还原物质变换模型发生作用的历史过程。在特定的历史条件下，封建国家的军事开拔和自发贸易产生了最早的资本主义生产方式。杰森·摩尔将甘蔗种植业作为社会历史发展的缩影进行了考察。①在早期的生产过程中，甘蔗糖品作为稀缺的奢侈品被王室追捧。但是，糖的加工需要在甘蔗成熟砍伐后的短时间内进行清理和熬制，这种生产工艺需要大量的劳动力、木材和水资源。相较传统的小麦种植，甘蔗的生产常常由商人逐利生产。商人接到糖品的生产订单后，雇用种植农和战争奴隶在临近贸易要塞的无人岛屿上肃清树木，开辟土地种植甘蔗，并将树木用于打造运输工具和熬制糖浆的燃料。糖的产量增长带来了丰厚的利润，更催生了市场的消费欲望，糖也出现了更为丰富的商品形态并遭到疯抢。反过来，甘蔗的生产动力更加强盛。与此同时，摄糖量的稳定供应节省了劳动再生产的时间，也释放了部分家庭劳动力，种植农的雇用规模也逐渐变大。但是，本该轮值休耕的土地被强行榨出最后一点利润，也逐渐走完生命的周期。随着大航海时代的到来，甘蔗种植的模式被复制到殖民地，形成了单一种植的生产模式。土地耗竭由新的自然疆界替代，所以新陈代谢的断裂只是地方性的表现。这种自然危机随着资本运动转移到更具生产活力的土地，以确保糖品消费的持续，并在此基础上衍生出更加高级的社会需

---

① 参见〔美〕杰森·摩尔《地球的转型：在现代世界形成和解体中自然的作用》，赵秀荣译，商务印书馆，2015。

求。反之，只要资本主义生产方式不作出改变，地方性新陈代谢断裂的解决就只是一种无耻的转嫁游戏。所以，杰森·摩尔要求建立一种世界－体系，生产造成的自然影响是在全球的生命之网中波动，任何试图转嫁和剥离生态威胁的做法都是自欺欺人。换句话说，任何消费行为都是面向自然的，最终都会流入自身的周遭世界，而奢侈消费是对周遭世界的过度掠夺。象征符码的形成脱胎于生态的血泪，它凝集了远方的哀号和控诉，更塑造了我们的需求和情感。杰森·摩尔的理论模型将生产和消费都还原到物质变换的自然历史当中，清晰地呈现出消费在生命之网的波动过程，让我们能够直接地体认奢侈消费背后的生态足迹，在更为广泛的联结中进行生态批判。

3. 生态经济学：物质流控制与奢侈消费

在生态经济学的讨论域中，奢侈消费的问题越来越被当作自然物质流动的中间环节进行考察，比如能量还原论和生态价值论。在马克思那里，"物质变换"概念将资本主义社会的生产、流通、分配和消费等范畴综合为一个有机的整体，从价值形式的角度还原了社会运动的总过程。值得注意的是，"这一运动的整体虽然表现为社会过程，这一运动的各个因素虽然产生于个人的自觉意志和特殊目的，然而过程的总体表现为一种自发的客观联系"①。但是，在现实的经济活动中，消费活动似乎作为互不相关的独立要素而存在，在退出流通领域后成为个体的主观活动。实际上，消费承担着物质潜在功能的实现并再生成新的物质形式，更是塑造着周遭世界的存在样态，而人类只注重需要的满足却忽略了这一行为的自然目的。在这个意义上，"物质变换"理论为认识资本主

---

① 《马克思恩格斯全集》第 30 卷，人民出版社，1995，第 147 页。

义消费社会的运动过程提供了总体性框架。生态经济学吸纳了马克思的这一观点,运用"物质变换"的理论模型分析经济运动中的自然过程,强调商品的生产只是改变了物质变换的方向和序列,而生产本身并没有创造任何新物质,只是从一种物质形式转换为另一种形式,最后被作为使用价值消费掉的只是其中一部分,剩余的自然内容则被"浪费"。对此,生态经济学发明了"生态痕迹"和"物质包袱"等概念表示商品在被消费之前所攫取的生态总量。奢侈消费对生态总量的浪费更为严重,它占用了更多的不可再生资源,极其轻率和残暴地透支了古老阳光的余晖。反之,绿色发展的途径就在于控制物质生产和消费的效率,减少"生态痕迹"的影响范围和大小。目前,"物质变换"理论的生态内容正在被国家统计学的社会 - 经济分析所实践。比如,物质和能量流核算模型。在这种理论模型下,经济社会成为不断运动的物质变换过程,由自然的生产能力和生态系统的恢复能力来调控。例如,土地利用与社会经济的物质和能量流的紧密关系表现在:从环境中开采物质和能源需要土地面积;基础设施的建设需要土地;经济社会活动需要物质和能源的运输、储存、转换、消费以及废弃物的处置。这种社会总体的物质流分析被奥地利等国家逐渐实施到现实经济的宏观调控当中,控制生产过程中的物质运动,调节资源的利用速率,通过政治干预引导真正的、有效的消费,实现自然和社会的可持续性发展。但是,较小规模的生产转型最终只会提升现存增长体制的局部弹性,还无法撼动资本主义的积累规律,更无法克服社会的结构性危机,只有全面的生产转型才有可能改革现存的增长体制。即使这种理论模型存在着改良主义的风险,但是它为分析当代的消费问题提供了总体性的理论视角,有利于更加立体地呈现消费方式与自然生态的矛盾关系。

第五章　当代奢侈消费批判的反思及借鉴

随着资本主义经济危机的阶段性爆发，一些学者意识到这更加印证了马克思对资本主义生产方式固有矛盾论述的合理性，因而开始重视对《资本论》的研究，尤其是加强对以往被认为相对次要，受到忽视的《资本论》第 2 卷的理解，相应地，马克思的奢侈消费批判思想也受到一定关注。其中，比利时马克思主义经济学家曼德尔在给企鹅版的《资本论》写作导言中有一节专门论述奢侈品生产、剩余价值和资本积累问题。他已经意识到奢侈品在资本主义经济中起着可怕的日益增长的作用，奢侈消费成为有效"吸收"部分剩余价值以避免生产过剩危机的办法，但在实质上，这是将工人阶级变为消费者，然后通过信息媒介等各种手段的运作让他们陷入消费意识形态的泥坑中，从而不仅在生产领域，而且在消费领域对工人阶级进行剥削的一种方式。工人阶级的贫困问题根本无法在奢侈消费过程中得到解决，而只会更加恶化，所以说它并没有给资本主义生产与实现价值这一平衡问题提供长期的解决办法。[①] 哈维这位当今世界最重要的批判性知识分子也指

---

① 参见〔比利时〕欧内斯特·孟德尔《〈资本论〉新英译本导言》，仇启华等译，中共中央党校出版社，1991；〔比利时〕厄尔奈斯特·曼德尔：《晚期资本主义》，马清文译，黑龙江人民出版社，1983。欧内斯特·孟德尔即厄尔奈斯特·曼德尔。

出：尽管马克思认为工人阶级只生产奢侈品，并不参与奢侈消费，但在资本主义经济长期迅速发展过程中，奢侈品产业的独特特征决定了它的生产与消费必将成为资本主义生产全力扩张的极端方式。工人阶级将与资本家阶级一样被卷入奢侈消费之中，由于工人在文化精神层次的发展落后性，他们无法跟上快速发展的物质形式，最终没能选择一条合理的、有益健康的理性途径进行奢侈消费，以致奢侈消费问题丛生。[①] 这时他们觉察到资本主义的生产方式较马克思的论述发生重大变化，但同样没有展开专题研究的部分。

然而，最初作为马克思门徒的鲍德里亚却脱离马克思的文本，将自己的观点强加于马克思之上，从而展开对马克思的批判，这就像一场唐·吉诃德式的战斗。鲍德里亚想以此体现出他较马克思的高明之处，但任何熟悉马克思文本的人都能够意识到其中的问题所在。就他对马克思"使用价值"概念的批判来看，由于马克思强调了资本主义商品交换过程中使用价值的优先性，鲍德里亚就指责马克思是使用价值拜物教，殊不知他自己脱离了物品自然有用性这一商品交换的前提，而过分强调符号－物，陷入符号拜物教之中。对此，我们应该清醒地意识到马克思是在何种意义上使用"使用价值"概念的，以及辨别出马克思政治经济学语境中的"符号"用法与鲍德里亚社会学语境中将符号看作是等级化社会秩序追求之物，这二者的区别，以此来回应鲍德里亚对马克思批判的不合理之处。

此外，我们还需注意，当代西方奢侈消费批判普遍采用了20

---

① 参见〔美〕哈维《跟大卫·哈维读〈资本论〉》第2卷，谢富胜等译，上海译文出版社，2016。

世纪后期颇为流行的文化学研究策略来透视当代资本主义的奢侈消费现实。然而由于消费文化理论研究固有的方法论缺陷——脱离物质生活实践的生产这一现实大地，以及缺少历史维度，他们的理论存在诸多局限性：脱离物品的使用价值而打造出的符号-物只能是虚无之物；由符号消费建构起来的新的阶级区分法只能是虚假之别；回归"象征交换"的解放出路终将是一场虚无。鲍德里亚的符号政治经济学批判根本无法撼动马克思政治经济学批判的牢固根基，马克思的科学方法论仍然是我们分析问题的有力武器。概而言之，虽然西方马克思主义、后现代马克思主义从拜物教、意识形态出发，对奢侈消费问题的分析体现出强有力的批判力，但不可否认的是我们最终仍应回到它内在的生成机制中去，探寻奢侈品在今天是如何存在的，是如何引起人们对它的疯狂购买欲的，归根结底，其背后是资本的力量。对此，仍应回归经典马克思主义的政治经济学批判。

一　当代奢侈消费批判的意义与局限

（一）对历史唯物主义颠倒的起点：上层建筑吞噬经济基础

使用价值在马克思的政治经济学体系中作为构成商品二重性的重要因素之一具有重要地位。然而鲍德里亚却在马克思的使用价值概念之外，又超越了交换价值，而将符号价值抬高到以往任何时期都不曾有的历史高度。这一方面是资本主义社会发展新阶段的具体表征，另一方面也有鲍德里亚故意建构之嫌。无论如何，他脱离了商品的基本功用性来谈论奢侈消费问题都是不合理的。

马克思主义政治经济学认为："物的有用性使物成为使用价值"①，使用价值是物品满足人的某种需求，从而给人的生活带来便利的属性。人的需求有可能是由胃产生的，也有可能是由幻觉产生的，由胃产生的是物质层面的需求，而由幻觉产生的则是精神层面的需求，这也就是人的需求的两个层面，使用价值就是物品通过自身所拥有的功用性来满足人的这两种需求的属性。但马克思说他不关心人对物产生的是何种具体需要，问题不在于这种需要的性质如何，他要强调的是物满足人的需求的有用性一定"不是悬在空中的"，"它决定于商品体的属性，离开了商品体就不存在"②。例如在人类社会实践的长期发展中，人们逐步发现铁在不同方面的有用性，既能用来炼钢，又能用来导电、导热、当染料等，这些统统构成铁的使用价值。总之，"商品的物体属性只是就它们使商品有用，从而使商品成为使用价值来说，才加以考虑"③，一旦抽离了商品的使用价值，那么一切可以感觉到的属性就都消失了，它们也将"不再是桌子、房屋、纱或别的什么有用物"。此外，物品要成为商品，就是把具有使用价值的物经过交换这一环节"转到把它当作使用价值使用的人的手里"，只是在物品真正投入使用或被消费后，使用价值才得以实现。如果商品的使用价值不能适应社会的需要，或者是超出了社会需求量，那这部分商品就不能在市场上实现交换。"一种商品的价值通过另一种商品的使用价值，即另一种商品的自然形式表现出来"④，正是在这一意义上，使用价值构成交换价值的物质承担者，"交换价值首先

---

① 〔德〕马克思：《资本论》第1卷，人民出版社，2004，第48页。
② 〔德〕马克思：《资本论》第1卷，人民出版社，2004，第48页。
③ 〔德〕马克思：《资本论》第1卷，人民出版社，2004，第50页。
④ 《马克思恩格斯全集》第19卷，人民出版社，1963，第414页。

表现为一种使用价值同另一种使用价值相交换的量的关系或比例"①。由此可见，在马克思那里，现实历史中的消费本身还是以商品的使用价值消费为主要内容的，人们所购买的商品一定是有某种使用价值的，而毫无使用价值的物品则根本不可能成为商品。

不同的使用价值在进行交换时，需要有一个第三方，这个第三方就是一般等价物，是为了达成交换而想象出的抽象等价形式，所以价值就是两种使用价值之间的一种交换关系，两种使用价值之间的等同关系就是价值。马克思指出：古典经济学的根本缺点就是从来没有从商品的分析，特别是从商品价值的分析中发现那种正是使价值成为交换价值的价值形式。李嘉图主义没能意识到把劳动视为决定商品价值的主张在价值概念上是很肤浅的，当他们认为价值量是用耗费的劳动量来决定时，劳动同价值相比就还是一个外在的东西，所以古典经济学的基本假设仅仅是一个保证，一个形而上学的教条。古典经济学劳动价值论，或者说李嘉图主义的理论都没有从商品的交换价值本身来理解货币，而只是把货币当成一个等价物来进行理解，这是一个非常严重的问题。他们只是把货币当成价值的代表或者表现，但是没有进一步去思考为什么价值必须采用货币这种形式，或者说货币是价值表现的最迷人的一种方式。马克思又进一步批评李嘉图主义："李嘉图主义者仅仅对价值量的规定感兴趣，对于形式这样的东西，在他们看来是乏味的，是平淡无奇的。也就是说经济学的范畴在政治经济学的资产阶级意识中是一个不言而喻的自然必然性，那么形式问题在他们看来无关紧要。"古典经济学把形式和内容加以分割来理解，把自然事实就作为自然事实来理解，把形式当成和所谓的自

---

① 〔德〕马克思：《资本论》第1卷，人民出版社，2004，第49页。

然事实无关的东西开脱掉，所以就采取了一种纯粹的经验主义，或者说实证主义的方式。而对于马克思来讲，形式恰恰是理解事物本质的一个不可忽略的、辩证的环节，或者说辩证的主体。与古典经济学劳动价值论不同的是，对于马克思而言，价值不只是价值量的决定基础，而首先是形成那种在其自我中介运动中作为关系的关系，因而价值对于马克思来讲，不是一个毫无特点的、僵死的、一个无运动的实体，而是一个自身在差异性中展开的东西/主体。

价值只能通过价值形式，或者通过交换价值和这一价值形式本身才能得以理解。弗洛伊德研究梦也是这个意思，就是人的真实的、被压抑的欲望和无意识只能通过梦这种象形文字（马克思说拜物教是一种象形文字，梦实际上也是一种象形文字）的再现方式，我们才能够得以窥探、把握。弗洛伊德讲过人有三个层次：本我、自我、超我。拉康的说法是想象界、符号界、真实界，想象界就相当于自我，符号界就相当于超我，真实界就相当于本我。本我就是真实为什么对于拉康来讲是不存在的？因为在一个受了高度文明影响的世界里，所有的真实必须通过符号这种伪装才能够出场，那个赤裸裸的真实是没办法出场的，而不是说拥有的一切都被符号化，或者都被语言化，也就是被体制化。所以从这个意义上来讲它是不存在的，而必须扭曲地通过符号的方式才能够在场。这也就是鲍德里亚接下来以符号－物的逻辑展开叙事的根源所在。

（二）对历史唯物主义颠倒的方法：符号游戏瓦解历史规律

正因为马克思特别强调了商品使用价值的物质规定性，"不论财富的社会的形式如何，使用价值总是构成财富的物质的内容"①，所以鲍德里亚批判马克思把使用价值看成是"具体的、特殊的，以自身的自然属性为存在前提"的物理性特质，致使"有用性由此逃脱了阶级的历史决定性：它表征了一种客观的、终极的内在目的，没有什么可以将其遮蔽，它是透明的，作为一种形式，它向历史挑战（即使它的内容随着社会和文化的变化而不断变化）"②。也就是说马克思的使用价值概念没有自主性，"它只是交换价值通过体系化的整合将其纳入政治经济学的框架之中"，使用价值不过是交换价值的附属物或者化身而已，而它自身的抽象性则被掩盖了。鲍德里亚在《符号政治经济学批判》的结尾处举百货商场被洗劫的例子，就意图证明使用价值是通过交换价值来实现自身的，而单纯作为物的有用性的使用价值是无法独立存在的。当人们可以随意拿走商场里的任何物品时，反而变得无所适从、不知所措，因为人们一旦意识到需要能够被满足，从这一刻起，需要本身就丧失了它的诱惑力，这一需要随之就会被新的需要所取代。归根结底，"马克思的错误恰恰在于只批判了资本主义经济关系中的'交换价值'，而假定了使用价值的自然正当性"③。

1. 鲍德里亚陷入符号拜物教

就鲍德里亚而言，使用价值并不是物本身所具有的固有功能，它是在历史发展的特定时期生成的，是由主体所规定的，而一旦有人的参与，使用价值就有了被异化的可能。人不仅在商品的交

---

① 〔德〕马克思：《资本论》第 1 卷，人民出版社，2004，第 49 页。

② 〔法〕鲍德里亚：《符号政治经济学批判》，夏莹译，南京大学出版社，2015，第 170 页。

③ 张一兵：《反鲍德里亚：一个后现代学术神话的祛序》，商务印书馆，2009，第 167 页。

换价值中发生异化，也在作为商品的使用价值中发生了自我异化，"有用性（包括劳动的有用性）已是由社会生产决定的抽象的象形文字"①，因此，使用价值也是一种抽象。要怀疑马克思将使用价值作为自然物而存在的客观事实，并且像马克思对资本主义时期交换价值所做的全部思考一样来批判使用价值，只有这样，使用价值这一抽象的象形文字"才能被全部解码，价值的魔力才能从根本上加以驱除"。鲍德里亚由此开始对作为马克思政治经济学基础的使用价值概念大加攻击。

但实际上这正是马克思文本中明确说明的内容，在《资本论》中，马克思写道：物品要成为商品，就是把具有使用价值的物经过交换这一环节"转到把它当作使用价值使用的人的手里"，只是在物品真正投入使用或被消费后，使用价值才得以实现。如果商品的使用价值不能适应社会的需要，或者是超出了社会需求量，那这部分商品就不能在市场上实现交换。"一种商品的价值通过另一种商品的使用价值，即另一种商品的自然形式表现出来"②，正是在这一意义上，使用价值构成交换价值的物质承担者。这部分内容同时也表明马克思不仅谈论了使用价值的自然属性，而且谈论了社会属性，而后者才是马克思论述的重点。具体而言，应该从三个方面来理解马克思的"使用价值"概念。第一个方面是各种实物的功用性，也就是能满足持有者的生理、心理的需求，甚至是一些看似不存在的、荒唐的（比如护身符等）使用性。马克思在分析劳动生产力的提高对剩余价值量的影响时，就特别注明这里的使用价值"暂时还只是指工人为了维持本身的生活所消费

---

① 〔法〕鲍德里亚：《生产之镜》，仰海峰译，中央编译出版社，2005，第28页。
② 《马克思恩格斯全集》第19卷，人民出版社，1963，第414页。

的东西，即工人用物化在自己活的劳动能力中的劳动以货币为媒介换来的生活资料的量"①。这就是使用价值作为自然物存在的状态，而这部分的使用价值往往较容易被交换价值所掩盖，就如同货币作为流通手段在交换中完全消失了一样，"财富本身，即资产阶级财富，当它表现为媒介，表现为交换价值和使用价值这两级间的媒介时，总是在最高次方上表现为交换价值"②。这也正是商品经济交换的吊诡之处，抽去了商品的使用价值，而使商品的交换价值表现出同商品的使用价值完全无关的东西，"在商品交换关系中，只要比例适当，一种使用价值就和其他任何一种使用价值完全相等"③。

如果单就这个层面而言，鲍德里亚对马克思的批评是成立的，可是马克思接下去又说了使用价值另外两个方面的内容。其一，即货币的使用价值。这是货币作为商品存在所特有的，在交换过程中成为交换手段而被赋予的不同于一般商品的价值。这时马克思开始在特定的资本主义社会形式中来考察使用价值了，而不再仅仅局限于作为使用价值的自然形式之考察。一般价值的代表只反映了商品的两重性，即使用价值和交换价值的矛盾，为调和这一矛盾就发明了货币。所以货币，或者一般价值体现了交换价值和使用价值对立面的统一。马克思将之比喻为"椭圆"，是解决矛盾的一个办法，因为椭圆是受外在压力影响不规则的一个圆。为了解决商品从使用价值到交换价值过渡的中间环节，就有了"价值一般"，也就有了作为"价值一般"的象形文字的货币。所以货币/一般价值是对立面的统一，辩证法的核心就是对立面的统一。

---

①　《马克思恩格斯全集》第 46 卷（上），人民出版社，1979，第 298 页。
②　《马克思恩格斯全集》第 46 卷（上），人民出版社，1979，第 295 页。
③　〔德〕马克思：《资本论》第 1 卷，人民出版社，2004，第 50 页。

一般价值形式恰恰是子虚乌有的、不存在之物，或者就是康德讲的自在之物。对此，马克思指出：商品在一开始就是一个不可化解、不可解决的二重性矛盾，它一方面是使用价值，另一方面是交换价值；商品是用来交换的，用来获取交换价值的人类劳动的创造物。商品同时具有使用价值和交换价值，这是一个二重性，这两个方面缺一不可，但它又是一个矛盾。当商品的制造者/出售者把商品从生产领域拿到流通领域的时候就会发现，它只能作为商品使用价值的所有者，然后通过交换把使用价值转移给另外一个人，变成交换价值，购买者再把提供使用价值的一方变成自己的使用价值。也就是出售商品的人通过交换把使用价值变成交换价值，而通过交换价值购买了商品的人则把商品变成自己的使用价值。这一过程是两个方面，缺一不可。问题在于商品的交换过程不是通过一次交换就成功的，或者说不会立刻就成功，经常会出现想买的人买不到，想卖的人卖不出，在这种情况下就需要有一个暂时的中断、停滞，有一种悬搁，这就需要一个解决二者矛盾的中间物——一般价值或价值一般/等价物，这就是货币的前身。

马克思在《资本论》第 1 卷第 3 节中通过大量烦琐的论证论述了交换的四阶段：（1）个别的、偶然的交换形式；（2）扩大了的交换形式；（3）普遍的、一般的交换形式；（4）货币。这是一种发生学或者谱系学的叙述方式，但却并非历史与逻辑相统一的，也不是从历史的角度讲货币是怎么产生的。马克思用发生学、谱系学讲货币的秘密就在于从一开始就意味着商品有一个不可解决的矛盾。这个矛盾就是它既是使用价值又是交换价值，却不能同时既是交换价值又是使用价值。所以它必须在买者与卖者之间进行的商业活动中实现角色的转换，只有角色转换了矛盾才能解决。但是这个转换是经常会发生的，所以人们就发明了一种等价的形式，把相对价值形式变成一个等价的形式，所有的价值形式都还原到一个物体上，这个物体的使用价值代表所有物品的价值。货币的最初形式就是作为使用价值代表所有商品的价值，所以它变成了一般价值。这个特殊商品就是货币，货币必须有使用价值，没有使用价值就代表不了所有商品的价值，所以人们就把价值冥冥之中又神秘地变成使用价值，这就是拜物教。为什么要拜物？为什么黄金是货币，实际上黄金是有价值的，具有使用价值，如审美、耐久等。拜物教把作为一般价值的物当成使用价值来崇拜，把社会关系代表的那个物当成一个物来崇拜。但货币实际上深深隐藏着一个交换过程中卖不出去，买不进来的危机，是掩盖危机的一个征兆，从根上讲就意味着交换不畅的信用危机和间歇性的资本主义危机。货币的存在本身恰恰是在掩盖商品交换过程中经常发生的交换中断、矛盾、失败这样的危机。资本主义社会，或者说发达的资本主义商品经济社会，货币的存在恰恰表明商品交换经常处于危机、矛盾之中，是一种失败的状态，而并非是社会财富、社会公正、等价的一种天然的代表，或者交换的完成。

社会劳动价值量的交换反映成货币，这本身就意味着人与人之间的关系。之所以采取一般抽象物的形式，意义就在于人们把在现实生活中、现实世界中无法完成的，或者说无法实现的社会关系反映成他们心目中的观念化存在。这就是拜物教发生的根基。马克思发现在现实社会中，人与人之间的关系无法直接变成现实，而必须通过一个他们心目中的、观念中的现实社会存在才得以实现。人们对这种一般价值形式的崇拜，或者对货币的崇拜恰恰是以理想中的、观念中的对现实社会存在的一种认同，或者说一种服从。也就是说，我们所说的"物"实际上是观念中的、思想中的、理想中的那个现实社会存在。而在现实中无法找到、无法摸到、无法看到人与人之间这种社会关系的存在，或者看到一种活生生的、现实的社会存在，所以人们就通过观念中的假想，把观念中公正、正义的价值当成是真实存在的，然后让这个观念中的真实存在以一个现实的代表物呈现出来，这个形式的东西就变成了高高在上的人与人之间关系的一种真实的存在。

人与人之间的社会关系之所以采取物的这种神秘形式，是因为在商品经济社会，个人劳动要想变成社会劳动，要想通过变成社会劳动而实现一种交换，人们就必须在想象中找到一个代表这种社会劳动等价物的价值形式，这就是货币，或者一般价值形式，以及对这种一般价值形式的物的崇拜出现的原因。只要存在个人劳动和社会劳动的区别，只要每个人的个人劳动还不能直接地成为社会劳动，成为公共的劳动，那么就必然存在个人劳动变成社会劳动，在社会劳动中实现，然后在社会劳动中进行交换这样一种现实必要性。

其二是资本的使用价值，也就是资本能够带来利润，带来剩余价值的部分。此时马克思对使用价值的分析完全受到资本主义阶段特有的经济社会形态的限制，"商品的使用价值还是仅仅在社会形式上为交换价值体系所建构，只有发展到货币和资本，其使用价值在内容上才完全由交换价值体系（和资本主义生产方式）造成"[1]。如果不在这一特定界限内来言说使用价值，"那么资本本身就会从交换价值降为使用价值，从财富的一般形式降为财富的某种实体存在"[2]。由此不难看出，在市场交换结构中存在的商品的

---

① 姚顺良：《鲍德里亚对马克思劳动概念的误读及其方法论根源》，《现代哲学》2007 年第 2 期。
② 《马克思恩格斯全集》第 46 卷（上），人民出版社，1979，第 299 页。

使用价值与没有进入交换体系中的一般物的有用性是相区别的，前者是市场交换的结果，后者是没有被异化的物的"本真""客观"的存在。而只有在资本主义的商品经济发展阶段，物的使用价值才表现为一种抽象。

可是鲍德里亚偏偏不承认马克思对使用价值的分析作了明确历史区划，而偏执地以为马克思始终将作为本体论的使用价值看成是从交换价值体系中产生和发展出来的。"使用价值根本不是超越政治经济学的领域，它只是交换价值的地平线。"[1] 马克思无反思地把维多利亚时代的英国资本主义工业生产力作为想象历史基础的原始状态，由此才出现了他的思想盲区——原始社会。言外之意也就是，马克思的使用价值概念不足以覆盖整个人类历史，就此而言鲍德里亚与哈贝马斯是一丘之貉，他们都将需求本质主义化、自然主义化、预定主义化了。如同列斐伏尔是从批评需求概念入手一样，鲍德里亚也是从此入手来瓦解作为马克思的全部学说基础的使用价值与交换价值统一的二分辩证法逻辑，认为使用价值作为交换价值的还原物其实是一种理论上形而上学的、非历史的神话。对于古代的非商品交换社会来说，如莫斯的礼物社会或太平洋某个荒岛上的原始人的夸富宴，使用价值是不存在的。或如巴塔耶所说的被禁止的即神圣的、非劳动的、非计算的、非控制的、非统一的世界，也就是一个消尽一切的世界，在此种社会状况中谈使用价值也是不生效的。由此，鲍德里亚进一步推断：由马克思对使用价值概念的泛化反衬出马克思的劳动创造史与劳动的形而上学的历史狭隘性与神话性。一部人类史即劳动创造财富史这句话是一个形而上学的命题，是非历史的，无边界地使用

---

[1] 〔法〕鲍德里亚：《生产之镜》，仰海峰译，中央编译出版社，2005，第 3 页。

是非法的。所以，鲍德里亚在《符号政治经济学批判》中批判了马克思的使用价值概念之后，又在接下来的《生产之镜》中大胆批判马克思的"生产"概念。

但正如国内很多学者指出的那样，鲍德里亚对马克思的解读是基于严重的曲解和误读，他实际上是对马克思基本理论观点的重申，"（1）所谓'纯粹的需要'是不存在的，人的需要总是特定社会关系建构的产物；（2）作为有用性的使用价值和交换价值一样也是一种抽象，这个有用性本身正是资产阶级意识形态"①。而且鲍德里亚想通过回归象征交换这样一种原始形式来逃避功利性的经济组织结构，他认为"耗费（consumation）（游戏、礼物、纯粹的无目的的破坏，象征性交互性）攻击了符码本身，打破它，解构它。象征性行为所破坏的是价值符码（交换和使用），而不是物本身。只有这种行为能够被称为'具体的'，因为它打破并超越了价值的抽象"②。而实际上这是一种简单拒绝资本主义社会现实的消极做法，在今天资本主义高度发展时期也是不可能实现的。回归象征交换形式，仍然是对使用价值概念进行的历史阶段性的割裂，而没有将其放回整个人类历史发展过程中来理解。鲍德里亚说"通过将商品价值所包含的模糊的神秘性与鲁滨逊和其财富之间形成的简单而透明的关系对立起来，马克思陷入了一个陷阱之中"③，那反过来也可以说，通过将物还原为非功利性的耗费性使用而与市场交换过程中形成的繁杂而浑浊的关系对立起来，鲍

① 张盾：《从后现代主义的挑战看马克思批判理论的当代效应——评后现代理论对马克思"使用价值"概念的批判》，《天津社会科学》2005年第4期。
② 〔法〕鲍德里亚：《符号政治经济学批判》，夏莹译，南京大学出版社，2015，第176页。
③ 〔法〕鲍德里亚：《符号政治经济学批判》，夏莹译，南京大学出版社，2015，第185页。

德里亚又掉到另一个陷阱中了。

　　鲍德里亚批判马克思是使用价值拜物教，而他自己对符号－物的过分推崇却也使其陷入符号拜物教之中。在鲍氏的理论构架中，商品交换中人对物的需求成为资本主义意识形态所制造的幻象，在这种幻象之中，消费主体消失了，根本就不存在所谓的消费需求，消费对象物更是不存在的，一切都只是"符号象征差异系统中生成的幻象"①。这才是真正走向了唯心主义的符号拜物教。鲍德里亚似乎也意识到了这一点，所以在写作中才会不自然地转向对符号拜物教的述说。我们且来看他在《符号政治经济学批判》中的一处表述，"正是由于忽略了符号生产的社会劳动，才使得意识形态产生了它的超越性，符号和文化似乎都隐藏于'拜物教'之中，神秘地与商品的拜物教等同起来，并相伴而生"②。鲍德里亚一会儿要超越马克思的政治经济学批判，认为基于真实的生产过程来寻求物的使用价值，以消费物的有用性，从而颠覆资本的剩余价值剥削这一传统思考方式，而符号拜物教作为一种新的拜物教理论"成为覆盖在当代社会分析这块蛋糕上的奶油"；③一会儿又认为正是符号学的入侵才使得当代资本主义的意识形态统治得以实现，他对符号拜物教的发现与马克思的商品拜物教是等同的，两者相伴而生。可见，他自己也乱了阵脚，这就是不基于马克思的具体文本而一意孤行，胡编乱造导致的结果。至于他说："马克思仍然将拜物教视为某种形式（如商品、货币）的拜物教，从而

---

① 张一兵：《符号政治经济学批判（代译序）》，南京大学出版社，2015，第 8 页。
② 〔法〕鲍德里亚：《符号政治经济学批判》，夏莹译，南京大学出版社，2015，第 143 页。
③ 〔法〕鲍德里亚：《符号政治经济学批判》，夏莹译，南京大学出版社，2015，第 99 页。

将其纳入理论层面来研究"①，更是把马克思的拜物教理论理解得太简单了。尽管鲍德里亚能够意识到时至今日，拜物教在"分散的、喧闹的、充满偶像崇拜的消费领域中得到了淋漓尽致的显现"，而变得更加明显耀眼了。

2. 辩证看待使用价值和符号价值的关系

鲍德里亚对交换价值的论述是十分有限的，他并没有重视交换价值，而是绕过这一环节，直接将商品的使用价值和符号价值两者相对接。因此鲍德里亚本质上是将使用价值跟符号价值相对接来阐明符号价值的内容，但可惜的是中间这个交换价值的缺失给他整个理论体系带来了很大影响，注定了他的思想只能是一种文化学的分析。鲍氏自己也承认他采取的就是这样一种分析方法，他所分析的消费活动受到"来自文化的限制"，这就使基础性的概念假设从与需求有关的使用价值转移到"象征性交换价值、社会回馈的价值、竞争的价值以及阶级区分的价值"②。当然，我们还必须得承认，马克思并没有谈到符号价值的问题，那能不能脱离符号价值来研究交换价值呢？恐怕也不行。当人们拥有了更多的货币，追求无限多的物的时候，是什么样的动力驱使人们疯狂购买？最终还是要绕到物的符号价值层面才能说得通，这也正体现了文化的味道。换言之，只有当消费成为一种习惯，成为一种符号时才会成为消费文化理论的研究对象。鲍德里亚认为"马克思没有看到的方面是，那时的商品—市场经济交换过程同时也是一个广泛地将经济交换价值转变为符号交换价值的转换过程。这是

---

① 〔法〕鲍德里亚：《符号政治经济学批判》，夏莹译，南京大学出版社，2015，第99~100页。

② 〔法〕鲍德里亚：《符号政治经济学批判》，夏莹译，南京大学出版社，2015，第5页。

一个作为符号交换价值体系的超大写的'消费'过程"①。马克思之所以没有研究这一部分，是因为他当时还基本处在一个人们需要大量购买生活资料的阶段中间，而不像现在，假如说人们基本的生活资料已经完全能够得到满足，再增加消费，那就需要靠文化的力量，所以这一点马克思确实没看到。

在资本主义体系高度发展了符号价值的新阶段，鲍德里亚在马克思的使用价值、交换价值概念之外续写了符号价值部分，就这一意义而言，鲍德里亚的符号价值理论是有他的理论贡献与时代贡献的。在资本增殖过程中，资本家的确越来越看重商品的交换价值，而使用价值却被直接忽略掉了，因为他们所关心的是产品能够卖多少钱，能够给资本家带来多少利润，而至于产品是一种交通工具还是女士的化妆品，只有在它们能否为资本家获得利润这一点上才被关心。这也就是鲍德里亚说"交换价值创造了使用价值"的原因。资本家忽略了商品的使用价值，取而代之以符号价值，而符号价值是一种虚无的东西，在没有具体所指的前提下是空洞无物的，所以才会导致品牌产品较之一般的商品更贵，也因此能够创造更多利润。这是在生产相对过剩的情况下，资本在文化上发挥指导和引领作用以进一步促进生产和消费相结合的一种策略。物的世界无法逃脱由生产过剩产生的压迫感，正是不断地消费物承担起社会再生产的功能，而为激发起人们的消费欲，原本对物的使用价值的消费就被扭曲为对空无的符号的消费，符号的空无由文化上指向人人都向往的金字塔顶层的社会地位来填充。鲍德里亚深刻地指认了这一逻辑程式："物从来都不存在于它

---

① 张一兵：《反鲍德里亚：一个后现代学术神话的祛序》，商务印书馆，2009，第136页。

们所发挥的功能之中，而是存在于它们的过剩之中，其中凸显了威望。它们不再'指认'这个世界，而是指认拥有者的存在以及他们的社会地位。"①

但问题是这种从文化理论与经济理论的互相结合上来考察消费社会的思路实则给人们制造了一种假象，好像商品的价值是由品牌、文化力、神话决定的，好像这种文化是凌驾于商品之上的，可以超脱马克思主义的政治经济学，但实际上从深层次去挖掘，去批判它，会发现它并没有脱离马克思的政治经济学，而只是政治经济学的极端变种。马克思是从商品生产出发谈论消费问题的，而物品要成为商品，从而成为承担交换价值的承担者，一定是以物自身的有用属性具有满足人们的某种社会需求为前提的。符号消费归根结底仍要依托物品的使用价值，它只是把使用价值压至最低，而突显出由文化内涵所赋予的价值，或者是科技创新性价值，以及品牌自身的价值等。任何一种商品都一定要借助于物质的"肉身"，且永远也摆脱不了物品的使用价值。无论把物品的使用价值挤压得多低，都一定还要有使用价值，绝不能完全脱离了商品的使用价值来打造一种符号－物，否则一定是虚无之物。马克思反击瓦格纳将其"列在那些主张'使用价值'应该完全从'科学'中'抛开'的人中间"，认为"这一切都是胡说"。"只有对我的'资本论'一窍不通……才会做出结论说：既然马克思在第一版的一个注释中驳斥了德国教授们关于'使用价值'一般的胡说，介绍那些希望知道一点实际的使用价值的读者去读'商品学指南'，所以使用价值对他说来就没有任何作用。"② 使用价值是

---

① 〔法〕鲍德里亚：《符号政治经济学批判》，夏莹译，南京大学出版社，2015，第 7 页。

② 《马克思恩格斯全集》第 19 卷，人民出版社，1963，第 412～413 页。

马克思全部政治经济学批判的基础性概念，正是通过使用价值，马克思才发现了彻底批判自由主义交换价值观念的根本依据。而所谓的符号价值依然是建立在"物质"经济基础上的，如果没有经济上雄厚的物质作基础，符号价值根本无从谈起，所以归根结底还是要回到当下真实的物质产品使用中来，回到"所指"，但这个所指并不是一个可以自我复制的超现实。① 总而言之，使用价值的基础性地位和符号价值的衍生性这种关系不能被颠覆，对此应该辩证地看待。

3. 正确区分不同语境中的符号用法之别

拜物教本是马克思在分析资本主义生产关系时发现的，不仅"人与人之间的社会关系转化成了物与物之间的交换关系"，而且在生产过程中，当事人就像宗教徒一样在观念上对这一物化现实持虔诚的接受和认可态度。②可是鲍德里亚却将马克思这一对资本主义社会现实的指认安在了马克思自己头上，认为马克思是使用价值拜物教。而无论如何，我们都没能找到马克思使用价值拜物教的丝毫倾向。归根结底，鲍德里亚还是没有认真研读马克思的著作，尤其是代表了马克思思想巅峰的三卷本《资本论》，甚至极有可能他连《资本论》第1卷都没有认真读过。因为在这部著作的第1篇"商品和货币"部分，马克思就对使用价值有了较为清晰的描述。只有在一物对他人而言具有使用价值的情况下，就是说有人对这一物有所需求，物品所有者才会将其拿到市场上去进

---

① 胡大平：《马克思主义能否通过文化理论走向日常生活？——试析 20 世纪 70 年代之后国外马克思主义的"文化转向"》，《南京大学学报》（哲学·人文科学·社会科学版）2006 年第 5 期。
② 唐正东：《马克思拜物教批判理论的辩证特性及其当代启示》，《哲学研究》2010 年第 7 期。

行交换。而对于物品所有者自身而言，他并不需要此物，否则就会自己享用，而不必拿到市场上去出售了。一旦交换成功，商品所有者就获得了物的价值而丧失了对它的使用价值的拥有。这就是资本主义非常矛盾的地方，它本来是为了生产出产品的使用价值，因为没有使用价值，产品不可能作为商品而存在。但其最主要的目的还是把产品作为交换价值卖出去以获得价值，直白说，就是换取货币。一旦产品不作为交换价值而仅作为使用价值，不能成功售出，那就意味着大量商品的堆积。资本家不能获取货币，也就不能将货币转化为资本，以此实现资本生产的不断运行，这就会使资本家陷入绝境。

这里面的一个隐含逻辑就是对于生产者而言，交换价值才是他最在意的，因为这直接决定了产品能卖多少钱，资本家能从中赚取多少利润。所以马克思才会风趣地说："假如商品能说话，它们会说：我们的使用价值也许使人们感到兴趣。作为物，我们没有使用价值。作为物，我们具有的是我们的价值。我们自己作为商品物进行的交易就证明了这一点。我们彼此只是作为交换价值发生关系。"① 接下来，马克思就要揭示我们肉眼所能见到的现实存在中的物背后具有的谜一般的性质究竟是怎么一回事了。他将其分为简单商品交换和发达的商品交换（或者是复杂的商品交换）两块来论述。在简单商品流通中，也就是"在 W—G—W 循环中，始极是一种商品，终极是另一种商品，后者退出流通，转入消费。因此，这一循环的最终目的是消费，是满足需要，总之，是使用价值"②。就是两个具有不同使用价值的商品进行交换，其中以货

---

① 〔德〕马克思：《资本论》第 1 卷，人民出版社，2004，第 101 页。
② 〔德〕马克思：《资本论》第 1 卷，人民出版社，2004，第 175 页。

币为中介，商品所有者卖出自己拥有的产品，换取了货币以后，又用来购买他所需要的东西的过程。但是资本家不会满足于仅取得一次利润，他也不会把使用价值看作是直接目的，而是要无休止地谋取更多利润，这样就进入到复杂的商品流通阶段。它是以劳动力成为特殊商品被出售，资本家获取劳动力的使用价值为前提的。

劳动力这种特殊的使用价值不仅能对生产资料进行加工，生产出产品的价值，而且还能为资本家生产剩余价值，实现价值增殖。"纱不用来织或编，会成为废棉。活劳动必须抓住这些东西，使它们由死复生，使它们从仅仅是可能的使用价值转化为现实的和起作用的使用价值。"① 可见，每个商品的诞生都凝结了无差别的人类劳动，都是有目的的生产活动的结果。而炼铁和加工棉花这些完全不同的劳动之间之所以有对等和互换关系，就是因为抽取了它们的实际差别，转化成"作为人类劳动力的耗费、作为抽象的人类劳动所具有的共同性质"②。商品的价值形态不仅遮蔽掉了它的自然形成的使用价值的一切痕迹，而且也将创造它的那种特殊有用劳动的痕迹一并擦除掉，"蛹化为无差别的人类劳动的同样的社会化身"③。这样，马克思就发现了商品形式的一切奥秘所在，"商品形式在人们面前把人们本身劳动的社会性质反映成劳动产品本身的物的性质，反映成这些物的天然的社会属性，从而把生产者同总劳动的社会关系反映成存在于生产者之外的物与物之间的社会关系"④。在此基础上，马克思才进一步深入揭示劳动力

① 〔德〕马克思：《资本论》第 1 卷，人民出版社，2004，第 214 页。
② 〔德〕马克思：《资本论》第 1 卷，人民出版社，2004，第 91 页。
③ 〔德〕马克思：《资本论》第 1 卷，人民出版社，2004，第 130 ~ 131 页。
④ 〔德〕马克思：《资本论》第 1 卷，人民出版社，2004，第 89 页。

如何创造了剩余价值，以及资本对劳动力的剥削本质阶段。所以，这之后马克思主要谈论劳动力的使用价值，而将商品作为实在物的使用价值剥离掉了。也正是在这一意义上，马克思才说"在纯经济存在中，商品是生产关系的单纯符号，字母，是它自身价值的单纯符号"①。

这里，马克思说商品在纯经济的条件下是一个符号，指商品只是交换价值量的一个符号化，作为商品，它的内容可以消解。因为正如上面我们所分析的，在商品经济条件下，无论是生产者还是消费者，值多少钱才是他们共同关心的问题。但是，不能因此就将其理解为马克思不讲使用价值了，在这一点上，鲍德里亚直接将商品等同于符号的做法的确过头了。应该理解为马克思在讲商品关系内在逻辑的时候，不重点谈作为自然属性的使用价值，而是讲使用价值的消解，也可以说是交换价值数量的一种符号化。在马克思看来，劳动力作为商品的特殊使用价值才能真正说明问题。我们还会发现这样的说法，"把价值的纯粹象征性的表现——价值符号撇开，价值只是存在于某种使用价值中，存在于某种物中"②。这里，马克思将价值也看作一种符号，而在《1857—1858年经济学哲学手稿》"货币章"中，我们还能发现有几处马克思将货币称为符号，"货币对一切其他商品来说，代表一个商品的价格，或者对一个商品来说，代表一切商品的价格。就这种关系来说，货币不仅是商品价格的代表，而且是货币本身的符号"③；"货币只有在流通中才是这种物质符号；货币一旦脱离流通便又成为已实现的价格；但是，在这一过程中，正如我们所看到的，货币单位的这一物质符号的量，这一符号的数目是重要的……因为货

---

① 《马克思恩格斯全集》第 46 卷（上），人民出版社，1979，第 85 页。
② 〔德〕马克思：《资本论》第 1 卷，人民出版社，2008，第 235 页。
③ 《马克思恩格斯全集》第 46 卷（上），人民出版社，1979，第 162 页。

币只是代表这些单位的一定数目的一种符号……当作为金银的货币只是流通手段或交换手段的时候，可以由表现一定量的货币单位的任何其他符号来代替"①；等等。我理解马克思是在以下两个层面的意义上指认货币就是一种符号的：（1）货币是人加工过的产物，是随着人们之间交换不同物品规模的不断扩大而逐步确立的，是人们的社会产物；（2）货币是交换过程的中介，突出表现在资本主义商品生产这种特殊生产形式中的交换过程。

商品实际上只是使用价值，而交换价值、价值、符号价值等都是应社会发展需要从人的头脑中抽象出来的产物。而鲍德里亚却不加区分地将实实在在的商品也看成了虚化的符号存在，一切"真实"在他那里都不存在了，这就犯了严重的唯心主义错误。对此，马克思已经做过深刻批判，18 世纪流行的启蒙方法把商品作为符号来看待，"因为它作为价值只是耗费在它上面的人类劳动的物质外壳"，"其目的是要在人们还不能解释人的关系的谜一般的形态的产生过程时，至少暂时把这种形态的奇异外观除掉"②。但是，"当人们把物在一定的生产方式的基础上取得的社会性质，或者说，把劳动的社会规定在一定的生产方式的基础上取得的物质性质说成是单纯的符号时，他们就把这些性质说成是人随意思考的产物"③。由此可见，鲍德里亚的理论水平还停留于 18 世纪流行的启蒙方法阶段，根本没有达到马克思的理论水平，更别提对马克思的超越了。所以，应该严格区分马克思政治经济学语境中通过对资本主义生产过程的详细分析而使用的符号概念和鲍德里亚社会学语境中把符号看作等级化社会秩序所追求之物的用法。不

---

① 《马克思恩格斯全集》第 46 卷（上），人民出版社，1979，第 163 页。
② 〔德〕马克思：《资本论》第 1 卷，人民出版社，2004，第 111 页。
③ 〔德〕马克思：《资本论》第 1 卷，人民出版社，2004，第 110～111 页。

能一谈符号，就将其放在同一个话语体系中。马克思把握住了资本主义生产关系中使用价值的内在矛盾性，并将其放回到现实的社会历史过程中来加以批判。对于马克思而言，"使用价值"是一个社会历史概念，而不是文化概念。只有放到现实历史之中来考察商品的使用价值才有意义，一个人躲在屋子里把面包吃掉是没有意义的。关于这一点，马克思在《政治经济学批判导言》中尤其作了说明。由此，他关注的是商品使用价值的社会关系内容，也就是使用价值的社会规定性。物质规定性的意义是在社会规定性上获得的，但社会规定性一定不能脱离物质规定性，它是在此基础上才获得的。

通过以上分析，我们可以发现，表面看来，奢侈消费的确不同于一般的商品消费，马克思所论述的一般商品交换符合等价交换的原则，即不同使用价值的商品按照它们各自具有的价值量进行交换，商品的价值是由生产商品的社会必要劳动时间决定的，价格围绕价值上下波动，同时还会受到供需关系的影响。这些规则在奢侈消费面前似乎全都失去了权威性，奢侈品能卖出远远高于成本几十倍的价格，例如，在一般情况下，一辆自行车的价格再高也不会高过一辆汽车的价格，但一辆作为奢侈品的自行车的价格就有可能高过一辆普通汽车的价格。由意大利自行车制造商Montante生产的奢华黄金系列自行车售价在46000美元（约合29.73万元人民币）左右，已经超过一辆普通大众汽车的价钱。但笔者的结论是，奢侈品的消费归根结底仍要依托物品的使用价值，只是把使用价值压至最低，而凸显出奢侈品之为奢侈品那一方面的价值，如由历史和文化内涵赋予的附加值、科技创新性的价值，以及品牌自身的价值等，它不过是在价格围绕价值上下波动过程中达到波峰时的最高值。奢侈消费并不是对马克思价值规律的背离，而只是其中的极端表现。对此，我们应该保持清醒认识，由此才能面对鲍德里亚的一整套符号价值理论，而不是跟着掉进他的这一逻辑中。

更为关键的是，鲍德里亚试图动摇马克思历史唯物主义原则的基础，否认使用价值对交换价值的客观优先性地位。他指责马克思没有意识到使用价值本身也只是交换价值系统的一个产物而已，也即是说使用价值并非无辜的自然有用性，而是交换价值系统生产出来的一个被操纵的理性化的虚假需求与客体系统，因此比马克思商品拜物教逻辑更神秘的是使用价值拜物教，后者增强和加深了前者。之所以如此，是因为使用价值的神秘性"植根于人类学之中，根植于一个自然化的过程之中，被视为一个无法超越的原初指涉物。在此，我们在目的的秩序性之中发现了真正的价值的'神学'——由有用性的概念所暗含的一种'理想化的'平等、'和谐'、经济以及平衡的关系"①。也就是说使用价值通过需求、满足和有用性将人整合进商品交换的结构之中。使用价值甚至比交换价值更为隐蔽，因为正是它"将生产和交换的体系以意识形态的方式遮蔽起来，使用价值和需要借助于唯心主义的人类学逃离了历史的逻辑，并将自身以形式的永恒性被铭记：这是物的有用性的永恒性，拥有需要的人对物的占有的永恒性"②。鲍德里亚将马克思所说的使用价值的客观性与自然性指认为最大的人类学幻象与意识形态，所以他认为马克思的政治经济学分析成了一种"神话"，③ 必须被改造升级为符号政治经济学批判。

---

① 〔法〕鲍德里亚：《符号政治经济学批判》，夏莹译，南京大学出版社，2015，第 183 页。

② 〔法〕鲍德里亚：《符号政治经济学批判》，夏莹译，南京大学出版社，2015，第 182 页。

③ 〔法〕鲍德里亚：《符号政治经济学批判》，夏莹译，南京大学出版社，2015，第 176 页。

鲍德里亚进一步将使用价值指认为一种大写形式的指涉物，其中物的功能性以及有用性的道德符码被资本主义交换价值的等价逻辑所控制，从而走向衰落。于是鲍德里亚试图取消使用价值与交换价值的对立，将交换价值/使用价值等同于能指/所指，"交换价值和能指处于明显的支配地位，而使用价值与所指不过是交换价值的一种实现而已。……最终它们不过是被交换价值和能指的游戏所生产出来的拟真模型"①。这里，索绪尔的语言学成了鲍德里亚的靶子，鲍德里亚指出能指与所指并非处于一种平等性之中，商品的使用价值与交换价值隐含着一种形而上学的同构性，其中使用价值被交换价值所调控，成了后者的"自然主义的保障"，能指与所指和指涉物也具有相似的形而上学的结构，后者成为能指的实体性保障。也正是在这里鲍德里亚真正与马克思和列斐伏尔分道扬镳了，鲍德里亚认为所指与指涉物之间并没有根本的区别，指涉物并非是现实中实体性的存在物，而是抽象中的存在，即由符号建构出来的一种"拟像"。

（三）对历史唯物主义颠倒的体系：资本逻辑分析遮蔽资本主义批判

鲍德里亚指认了当代资本主义商品生产已经从直接的对商品使用价值的垄断生产走向对个性和差异的垄断，也就是符号价值的垄断。由符号消费产生的差异成为我们现实阶级分化的根源，"消费被符号所操控，这构成了消费社会的深层逻辑。符号操控消费的目的，在于社会区分原则，即通过对符号－物的占有和消费，个体将自己的社会地位凸现出来，使自己与他人不同，符号－物

---

① 〔法〕鲍德里亚：《符号政治经济学批判》，夏莹译，南京大学出版社，2015，第 180 页。

的意义就在于这种社会区分的逻辑中"①。然而，虽然鲍德里亚准确地描述了当代资本主义等级制的社会现实，但他只是把这一现象从社会历史过程中孤零零地拉出来加以研究，直接追问是什么导致了这一问题的产生，而没有将其放回到整个社会历史过程中从源头上进行深层剖析。为什么过去的等级性社会关系跟现在不一样？为什么现在的等级性社会关系是以目前的这种形式表现出来的？对于这些问题鲍德里亚全然不去理会。这正是脱离了马克思历史唯物主义的方法论指导，代之以文化学研究方法的缺陷所在。而同样针对这一现象，马克思主义理论一定会把它当作一个完整的整体来对待，并且思考什么是导致这一结果的最本质的动因。

马克思从他思想的早期就在一步一步地探索，最终确定了物质生产过程，包括生产方式的变化为问题的根源所在。针对消费问题，马克思首先回答了在历史发展的不同阶段消费是如何发生、发展的，这样就会发现没有脱离宏观权利的微观权利。好像我们看到了由广告媒介建立起来的奢侈消费这样一种微观权利，实则不然，它背后仍然是有宏观权利在起作用的。马克思讲的是宏观权利基础之上的微观权利。但在鲍德里亚看来，"在媒体和信息社会里，权力已沦落为四处飘荡的死权力（dead power of floating sign），成为一种分散的、抽象的、脱离了物质基础的现象，因而根本无法去描绘其轨迹、结构、关系及效应"②，由于鲍德里亚忽略了政治经济学，而"无法分析生产方式和社会关系如何产生了权力关系亦即统治与屈从关系"。现在很多西方学者讲的都是脱离宏观

---

① 仰海峰：《走向后马克思：从生产之镜到符号之镜》，中央编译出版社，2004，第141页。

② 〔美〕道格拉斯·凯尔纳、斯蒂文·贝斯特：《后现代理论：批判性的质疑》，张志斌译，中央编译出版社，2001，第161页。

权力的微观权力，他们把对当代某些看起来耀眼的社会现象的分析投射到整个社会，并对此作唯心主义式的文化主义分析，反过来还批评马克思只懂宏观上的国家镇压，实际上并非如此。马克思完整地论述了生产与再生产过程，以至在面对经济、政治、社会、文化以及日常生活等多向度时，也能够说清楚它们之间内在的联系以及它们是如何形成复杂的社会体系的。

在马克思写作《1844 年经济学哲学手稿》时，就开始研究劳动的异化过程。异化就是被某种权力制约的，人类劳动成为异己的物的性质，人在劳动中不是实现自身，而是丧失自身，劳动产品也成了和人异在的东西。只不过他当时并不是从历史唯物主义的角度，而是一种人本主义的思路来理解异化的，但毕竟他看到了这一现象。在后来的《资本论》时期，马克思对异化的基本现象作了如下描述："可见，商品形式的奥秘不过在于：商品形式在人们面前把人们本身劳动的社会性质反映成劳动产品本身的物的性质，反映成这些物的天然的社会属性，从而把生产者同总劳动的社会关系反映成存在于生产者之外的物与物之间的社会关系。由于这种转换，劳动产品成了商品，成了可感觉而又超感觉的物或社会的物。……这只是人们自己的一定的社会关系，但它在人们面前采取了物与物的关系的虚幻形式。"① 马克思从对经济学的分析入手，意在揭示在商品生产成为普遍现象的资本主义社会里出现的工人在劳动过程中不自觉地受到强制与同一化的现象。它并不表现为显性的、普遍的物质匮乏或者是超负荷劳动，而是更多地表现为在较为隐蔽与温和的状态下工人所承受的心智疲劳。马克思指出：异化是现代资本主义社会的一个特有问题。这就意味着异化现象的发生有其特有的滋生环境，在资本主义以

① 〔德〕马克思：《资本论》第 1 卷，人民出版社，2004，第 88～89 页。

前的社会形态里是不会发生的。但在鲍德里亚看来异化这个概念用得不对，因为异化本身标示着人还有清醒的时候，他认为现实生活中的人实际上讲不出异化，因为现实生活中的人就处在这个异化的世界中而不可能脱离这个世界。所以导致没有清醒的意识来引领人的行动——作为理智的人的行动，最终只能通过 1968 年五月风暴中无政府主义的暴死来寻找出路。

在《路易波拿巴的雾月十八日》中，也有马克思关于微观权力的阐述，当然，主要还是体现在后期的《资本论》中。物质的东西一方面是生产过程的前提，另一方面也是生产过程的结果。生产过程也一样，一方面是被一个前提所制约的，另一方面它也是被创造出的一个结果。这就是生产力再生产的过程。所以马克思的再生产理论是跟生产理论紧密联系在一起的。马克思正是透过整体的劳动过程来思考资本主义的权力建构的，也因此，他的微观权利建构理论更显全面且深刻，而西方学者讲的只是再生产过程，而不谈论生产过程。就鲍德里亚所描述的人们对奢侈品的盲目追捧而言，就是资本主义经济运行的一种再生产方式。直接的再生产过程不问目前的状况是如何产生的，它的再生产目标就是去谈论权力的建构过程，最后凭借现实状况本身就完成了统治。而马克思是把资本的统治放回到整个历史过程之中，由此他才看到了资本的统治是如何被资本主义经济过程建构起来的。孤立地谈论再生产过程最后一定会导致资本的统治通过教育、文化、意识形态、广告、空间等表达出来，这就是鲍德里亚以消费文化理论的方法论为指导所形成的根本性理论缺陷之所在。

二　西方消费文化理论的方法论缺陷

文化社会学的思路在今天的学术界大行其道，人们不再对研究整体的核心的线索、本质的线索感兴趣，而是热衷于去描述某一种特定的现象，然后再将之作为文化维度上的一个现象来加以分析。就像鲍德里亚在《物体系》中所讲的，他关注的是当代工业文明中，在文化维度上的一种作用模式的消费。他把奢侈消费行为称为一种作用模式，也就是人们通过奢侈消费如何完成了对不平等社会关系的再生产过程。通过这样一种独特的消费，社会好像在不断地变得平等，实际上是社会在不断地把它所创造的不平等表现出来。鲍氏研究的就是奢侈消费这一特定的消费文化，他所采用的也是一种简单的、非此即彼的逻辑，而并非是一种多视角的研究方法。"鲍德里亚只是从经验社会学的角度来认知消费社会这一对象，而没有把消费的社会化理解为资本主义生产与再生产过程的结果，即没能看到消费社会的出现其实只是资本巩固与拓展其雇佣关系的一种手段，这便使他不可能超越个人的视角，站在阶层或阶级的视角上来理解消费社会。"①

以文化的角度为出发点对奢侈消费的解读首先假设了资本主义存在的合理性，在此基础上研究它的运作机制。就像"经济学家们都把分工、信用、货币等资产阶级生产关系说成是固定不变的、永恒的范畴……经济学家们向我们解释了生产怎样在上述关系下进行，但是没有说明这些关系本身是怎样产生的，也就是说，没有说明产生这些关系的历史运动"②。当代西方奢侈消费批判就是这种思路：整个消费社会是自成一体的，然后再研究它建构的如此完善的机制是什么。而马克思是把资本主义时期放在一个历史过程中来研究的，他研究所谓的一个天然状态是如何演变来的，

① 唐正东、孙乐强：《资本主义理解史》第 4 卷《经济哲学视域中的当代资本主义批判理论》，江苏人民出版社，2009，第 234 页。

② 《马克思恩格斯全集》第 4 卷，人民出版社，1958，第 139 ~ 140 页。

要推向何方，这是内在矛盾的思路。我们来看看鲍德里亚对马克思的批评："甚至在今天，'马克思主义的'文化批判、消费批判、信息批判、意识形态批判、性欲批判等，也只是根据'资本主义卖淫'原则来进行的，也就是说，是根据商品、剥削、利润、货币和剩余价值等概念来完成的"[①]，这种荒诞无稽之言实为武断之举。马克思讲由生产关系的发展所决定的特定阶段的消费，消费是与生产、分配、交换各环节联系在一起的，也就是特定生产关系条件下的消费。消费的特定历史条件决定了消费的内容，所以必须面对资本主义时期的消费问题。所谓的习惯了的消费是被建构出来的，是资本发展逻辑的需要。文化向经济的大规模渗透这一现象本身，很大程度上恰恰是经济（物质生产力水平）发展到一定程度时才会出现的，对于正在进入"符号性"消费社会的我们，对此应保持清醒的认识。再怎么文化符号化的商品，其物质性的部分总要有人去制造——通过技术标准、商品品牌及贸易、金融政策等策略。因此，单纯从文化、意识形态的角度来审视，恰恰会掩盖很多或许更为实质性的东西。

另外，从理论发展史的角度来看，强调"文化"的"西方马克思主义"已经开始逐渐脱离"经济基础"而只谈"意识形态"，后现代文化研究更是对这一框架中所谓的"经济决定论"或"经济主义"进行不遗余力的批判和清理，但似乎依然没有抛弃马克思的"意识形态"分析法。在价值论（世界观）上，马克思哲学的理论特点是始终在对资产阶级形形色色的意识形态的批判中发展自己。马克思理论的重要特征是在政治经济学或者说广义的经济哲学语境中讨论包括政治、经济、文化等人类社会现象。"像马

[①] 〔法〕鲍德里亚：《生产之镜》，仰海峰译，中央编译出版社，2005，第105页。

克思在《资本论》中所做的那样，深入到资本主义社会历史过程的内部去寻找其内在矛盾的根源，去寻找社会危机的真正可能性，去寻找文化批判或文化反击的社会经济基础并梳理出文化反击的现实可能性路径，这才是我们基于历史唯物主义视角来思考文化批判问题时所应该持有的方法论立场。"① 事实上，消费文化理论的分析思路对马克思的相关理论资源也多有借鉴，它虽以其神话式的解释方式博得诸多眼球，但也不过是脱胎于马克思的政治经济学，却又极力掩盖这一事实罢了。

（一）回归"象征交换"的解放出路是一场虚无

以鲍德里亚为代表的当代西方学者准确地描述了 20 世纪 50 年代由英美国家率先引领的消费社会对资本主义发展新阶段的揭示，然而遗憾的是他采取了文化学的研究方法，这就决定了他们终究无法找到社会历史中的解放道路。因为文化理论的整个前提和框架根本就不是在研究具体的社会问题，而是在研究一种文化现象，这就掩盖了很多更为实质性的东西。"消费文化中的趋势就是将文化推至社会生活的中心，不过它是片段的、不断重复再生产的文化，难以凝聚成为占主导地位的意识形态。"② 文化向经济的大规模渗透这一现象本身，很大程度上恰恰是经济发展到一定程度时才会出现的，而单纯从文化、意识形态的角度来审视消费社会，就会导致他们无法看到现实解放的可能性，因为"在编码层次上

① 唐正东：《历史唯物主义的方法论视角及学术意义——从对西方学界的几种社会批判理论的批判入手》，《中国社会科学》2013 年第 5 期。
② 〔英〕迈克·费瑟斯通：《消费文化与后现代主义》，刘精明译，译林出版社，2000，第 166 页。

是不可能有革命的"①。鲍德里亚发现"媒体的过度生产导致了文化的超负荷，从而引起了意义的爆炸，产生了一个仿真世界和超现实空间，人们由此超乎规范性与分类之上，从而生活在一个关于实在的审美光环之中"②。他只抓住了没有深度的、完全表层化的超现实，只看到了形式，没有内容，而这个超现实，或者是符号又是一种高度物化、神秘化的客体，而客体背后的主体消失了。这就导致鲍德里亚绝望地以为"在一个超片段化的、到处充斥着媒体的社会中，根本不可能区分出影像与实体、符号与指示物，……我们所能做的充其量只是生活在一个解体了的社会秩序的片段里"③。至此，他宣布：在仿真和超真实的新纪元中，马克思主义的政治经济学已经过时了，最后鲍德里亚选择了莫斯、巴塔耶的"象征交换"这样一种原始方式作为他的理论出路。象征交换始终被视为是鲍德里亚理论批判的一个阿基米德点，他认为只有这种最原始的对物的破坏式耗费才能用来对抗功用化了的世界。

在鲍德里亚眼里，马克思主义理论的庞大体系完全可以被简化为"人是历史的；历史是辩证的；辩证法是物质生产过程；生产是人类存在的活动；历史是生产方式的历史，等等"④ 这样一套公式，以至与象征交换的丰富性相比，马克思由劳动和生产构建出的政治经济学体现出了极端的理性化，是一种抽象，是一种形而上学的东西。鲍氏为我们提供的象征交换的方式虽然可以取代

---

① 〔法〕鲍德里亚：《消费社会》，刘成富、全志刚译，南京大学出版社，2014，第 89 页。

② 〔英〕迈克·费瑟斯通：《消费文化与后现代主义》，刘精明译，译林出版社，2000，第 49 页。

③ 〔美〕道格拉斯·凯尔纳、斯蒂文·贝斯特：《后现代理论：批判性的质疑》，中央编译出版社，2001，第 332 页。

④ 〔法〕鲍德里亚：《生产之镜》，仰海峰译，中央编译出版社，2005，第 31 页。

雇佣奴隶制，但却是一种倒退，而倒退恰恰不解决任何问题。他的这一想法就是马克思所说的小资产阶级的幻想，向原始社会的倒退将使整个社会处于一种中庸状态，而这是不可能的，也是反动的，是空想。因为人类正是从象征交换走向价值交换的，历史已经向前发展了，倒退回去以后还是要再继续向前发展，断不可否定历史的发展与进步性。真正解决问题的还是前进式的取代，而取代雇佣劳动的也不会是象征交换，它将是超越了雇佣劳动，超越象征交换和价值交换的人的自我实现和自我发展，也就是马克思主义理论最后为我们提供的自由王国设想。

鲍德里亚选择了一种非批判的、实证的方式来叙述当代资本主义的统治现实，这是他作为一名理论学者的无奈，亦是人类无法摆脱的命运。当现实的解放没有可能性的时候就会去寻求一种乌托邦的解放，但这是一种简单拒绝社会现实的情愫，终究将是一场虚无。"他把西方马克思主义哲学逻辑的失败原因归溯到马克思主义起点上，并借助于结构主义、精神分析和相关人类学成果构建了一种从象征关系入手对当代资本主义文化和意识形态的批判话语，但是在根本上'象征之镜'却是资本主义'生产之镜'话语之外的另一种非历史话语，批判本身成为与历史生成具体情境无关的一种话语反对另一种话语的斗争。在直接的意义上，鲍德里亚式的批评是当代左派激进文化批判的困境表现。"① 所以不管是列斐伏尔的节日乌托邦，德波的无理论的实践，还是鲍德里亚整个社会的内爆都存在很多漏洞，基本上没有什么实质性的意义。他们普遍认为无产阶级已经丧失了革命主体性，而堕入到资

---

① 胡大平：《象征之镜的生产和生产之镜的象征，或马克思和鲍德里亚》，《现代哲学》2007年第2期。

本主义的统治秩序中，因此寄希望于一些偶发事件来引发革命性的变革。也就是"平日断裂处历史呈现"。历史是不可能直接到场的，而是通过日常生活呈现自身。但是一个悖论就是日常生活恰恰掩盖了历史。因此，生活在爆发了两次世界大战时期的捷克新马克思主义者科西克认为，只有当生活被迫中断，一种生活被另一种生活所代替时，历史才突破平日的"伪具体性"显现自身，也只有在这时候，人才会意识到生活背后是历史。

科西克以战争为例指出，战争完结了一个时期的惯常生活，在战争中，人们的生活和命运充满了不确定性，人的每日活动不再是出于对自身的考虑，而颇有在混乱时代超越个人"小我"，实现更崇高的"大我"的一种牺牲精神。战争的爆发引发人们真正开始思考历史，人们突然意识到，原来那种平日是假的，平日表面上是自在的，实际上是被历史所构成的。平日表现为对历史的遗忘，战争就是对历史的呼唤。战争过后将重新生成另外一种不同以往的平日生活。平日是历史的碎片似的存在，它并不显现实在之整体，而只是零星地闪现其中的某些方面，对平日的直观只能达及真实世界的表层。人类真实的本质世界潜藏在伪具体现象世界的背后，要达到对真实世界的解蔽首先就要掀开"伪具体"世界的假面。在资本主义社会中，人一旦进入经济的王国，对经济利益的追求就成为人们实践活动的全部内驱力，实践不再是人变革世界的能动性活动，而是"物对人的操控"，人降低为抽象客体。缜密的经济系统把人牢牢地控制其中，人的活动附和着机械的工作节律，而丧失了创造性、自主性。平日是一个有规则的节律世界，而人沉溺于被操控的现象世界，人之为人的主体性也一并消失其中，与这个"伪世界"沦为一体。只有当一些特殊事件发生的时候，生活在日常生活中的人们才能够意识到问题的所在，意识到资本的统治逻辑。这里，科西克又提出另外一种实践活动——革命实践。革命实践要求反对物化的伪实践，彻底颠覆物质的统治和表面自主性，追求人的真实的生存状态，从而生成本真的历史具体实在，它是摧毁"伪具体"世界的方式。"物象化了的平日只有通过在实践中消除平日拜物教和历史拜物教才能克服，亦即通过实践从现象和本质两方面摧毁物象化实在。"① 革命性实践活动同时将资产阶级当事人的日常生活现象，资产阶级总的生活过程，总的生产的本质联系起来，使人的能动的主体获得解放，使这种当事人的扬弃变成具体可理解的东西，而不是表面上自主的东西。理论上总体的呈现社会生活，让社会生活的本质和现象统一起来。让现象世界通过对本质的反省而拥有本质上的意义，现象也就没有了表面上那种非本质性。这就是科学的任务，这就是具体的辩证法。

但无论是科西克的具体辩证法还是鲍德里亚的符号政治经济学批判，他们都反对马克思的劳动本质论、劳动价值论，认为马克思的辩证法过时了，是形而上学的东西，这直接导致他们的理论最终走向了极端的道路。鲍德里亚最后回归象征交换的出路貌似深刻，但却是无望的，任何人都清楚，退回到原始社会是不可能的。而坚持现象和本质、形式和内容、主体和客体的辩证统一，是马克思主义历史观的基本观点。历史唯物主义首先确定现实的个人的实践活动及其展开为历史的真实基础，把生产力和生产关系的矛盾运动当作历史整体的本质线索，把社会发展的一切活动纳入历史之中。人类社会的历史就是在人对自然的对象化关系过

---

① 〔捷克〕卡莱尔·科西克：《具体的辩证法——关于人与世界问题的研究》，傅小平译，社会科学文献出版社，1989，第56页。

程中展开的，其中还体现为人与人之间社会关系的建立过程。在历史唯物主义的观点看来，社会存在本身就是历史性的存在，历史就产生于每一个个体的社会存在之中。我们无法离开对真实社会生活的把握来理解历史。总之，一定要把马克思的经济学理解为物化的人类实践活动的矛盾，在这个基础上才能理解必然王国向自由王国的飞跃。比较而言，"布希亚是从外部、从象征性交换的立场来批评资本主义。相反，马克思主义则可以被视为是从内部、从受剥削和被异化的无产阶级的立场来批评资本主义"①，这就必然得出两种不同的解放路径，而鲍德里亚企图回归"象征交换"的解放出路注定是一场虚无。

（二）符号价值是文化消费的衍生物

在鲍德里亚那里，"消费社会"的准确意思应该是"社会化的消费"。阿格里塔曾指出"社会化"有两个意思：一是这种消费是历史发展的产物，是随着社会发展而不断生成的；二是重点不在于消费什么，而在于通过这种社会化的消费来实现某种目的，来实现资本的经济增殖和对资本主义社会文化的认同。资本实际上是在有目地建构大众消费，这样一方面可以保证经济的相对稳定，平衡内需；另一方面也可以通过大众消费来让社会公众在享用社会成果的同时，增强对社会的认同感。但鲍氏的重点是在讲通过奢侈消费来构建起等级性的社会关系，而不是说消费本身是被建构的。实际上，消费的模式、消费的内容、消费的规定性都是被建构的。对此，马克思在《1857—1858 年经济学哲学手稿》

---

① 〔美〕乔治·瑞泽尔：《后现代社会理论》，谢立中等译，华夏出版社，2003，第 123 页。

导言中对消费的规定性就讲得很清楚了，他说是生产决定了消费：第一，生产为消费提供对象；第二，生产决定消费的方式；第三，消费的规定性是被决定的。① 为什么现在的消费是被精心设计的？马克思认为，资本主义时期的消费在他所处的那个时代都是很低下的，因为资本主义的消费主要是生产资料的消费，每一个人的消费能力本身都是被规定的，而关于这一点，鲍氏并未提及。马克思是在一个更加宽泛的社会化层面来面对消费问题的，是在历史观上或者哲学层面来谈论消费的社会内容的，相比之下，鲍氏则是在一个比较小的社会化层面进行讨论的。另外，鲍氏本身是从社会学、文化学的角度进行分析的，他就是要去解释这样一个奢侈消费现象的社会效应。但吊诡的是，他往往又会越出奢侈消费来谈消费问题。而只以奢侈品来谈论消费社会不管是理论上还是实践上都是不对的，整个的消费社会是大众消费构建起来的消费社会，只攫取其中一种非常特殊的消费——奢侈消费——来谈论所谓的消费社会，有严重的理论视域上的偏差。消费社会不是只由奢侈消费就能构建起来的，奢侈消费只是包含在消费社会中的一个部分，这跟消费社会实际上是不一样的。准确地说鲍德里亚谈论的是奢侈消费及其社会文化效应。在理论的最后，他把消费扩展到等级区划这样一个层次上，进而拓展到整个社会中间，这样就出问题了。总体而言，鲍氏就是在解释奢侈消费的文化效应，而单从消费本身来说他的消费解释是远远不够的。

虽然当代西方的奢侈消费批判和马克思针对消费现象的分析采取了截然不同的理论方法和路径，且相比较而言前者的这一文化学分析方法较之马克思的历史唯物主义分析方法存在诸多不尽

① 《马克思恩格斯全集》第30卷，人民出版社，1995，第33~34页。

如人意之处，但单从他们所谈论的这一共同话题而言，却也有着十分相似的理论程式。目前国内学者已经关注到了这一点，并将其总结为"物化—幻化—异化"的模式。具体来讲就是他们对资本主义拜物教逻辑的批判都是"从人类精神现象学的角度关注物化问题，把物化视为人类缺乏生命整体关照和丧失类意识的严重精神痼疾；对物化的描述，都伴随着由资本世界物的流转关系所衍生的社会意识形态系统的深刻批判"[1]。商品这一"就商品是使用价值来说，不论从它靠自己的属性来满足人的需要这个角度来考察，或者从它作为人类劳动的产品才具有这些属性这个角度来考察，它都没有什么神秘的地方"[2] 的东西，却把人弄得神魂颠倒，并且随着资本主义的进一步发展而越发让人无所适从，成为资本主义意识形态控制的最恐怖之处。在当代资本主义时期，商品的异化进一步向奢侈消费的异化演进，这正是鲍德里亚所主要阐述的，而对于马克思的商品拜物教来讲，这确是其不曾认真对待的。

鲍德里亚自以为捕捉到了当代资本主义社会的合理运行逻辑，即随着大众媒介的广泛普及，原本只处于经济领域中的拜物教已经扩展至社会生活的各个方面，并且进一步把马克思的拜物教理论发展为符号拜物教。"当代拜物教已经将整个社会体系中的特权和差异作为符号价值，变成了自己的崇拜对象，这是马克思的政治经济学与哲学理论中没有涉及的问题。"[3] 鲍德里亚对自己的这一理论自信满满、扬扬得意，但他把奢侈消费看作当代资本主义全新的阶级划分模式却是其理论中的一个致命性硬伤。在传统政

---

[1]　张雄、曹东勃：《拜物逻辑的批判：马克思与波德里亚》，《学术月刊》2007 年第 12 期。

[2]　〔德〕马克思：《资本论》第 1 卷，人民出版社，2004，第 88 页。

[3]　仰海峰：《拜物教批判：马克思与鲍德里亚》，《学术研究》2003 年第 5 期。

治经济学理论中，社会的差异或者不平等只可能产生于交换（重商主义者的主张）或者生产的过程中（斯密以来的古典政治经济学以及马克思的主张），以往消费水平的差异并不能显示一个人的身份地位。鲍德里亚消解了物的使用价值，而当意义性价值附加到物之上的时候，这种平等就仅仅变成了一种形式上的平等。因为意义的灵活性使得每件具有相同使用价值的物本身会产生完全不同的意义性价值。换句话说，只有当意义性消费处于一种比较的体系之中，这一消费内涵才可能获得真正的表达。这种基于文化理论与经济理论的相互结合来考察奢侈消费的思路实则给人们制造了一种假象，好像商品的价值是由品牌、文化力、神话来决定的，甚至这些元素成为凌驾于商品之上的存在，好像可以超脱马克思主义的政治经济学，但如果从深层次去挖，去批判它，会发现实际上它并没有脱离马克思的政治经济学。奢侈消费是马克思政治经济学的极端变种，而绝非脱离。奢侈品一定要借助于物质本身，永远也摆脱不了物品的使用价值。无论物品的使用价值被挤压得多低，都一定是存在的，绝不可能完全脱离商品的使用价值来打造一种奢侈品。此外，资本主义的周期性经济危机也会影响到奢侈品的获利模式，"危机使（IIb）v 到货币资本的再转化延缓和停滞，使这种再转化只能部分地进行，从而有一部分生产奢侈品的工人被解雇；另一方面，必要消费资料的出售也会因此停滞和减少"[1]。危机比瘟疫还要可怕，它会对资本主义的经济发展造成严重的破坏。鲍德里亚以符号政治经济学取代马克思的政治经济学的企图实则是蚂蚁撼大树——不自量力。

---

① 〔德〕马克思：《资本论》第 2 卷，人民出版社，2004，第 456 页。

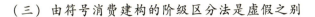

（三）　由符号消费建构的阶级区分法是虚假之别

鲍德里亚认为是生产关系的变化才导致了政治关系，乃至文化关系的变化，从而才导致了我们现在所看到的一种等级制的社会现实的出现。"基于生产方式的两极对立阶级模式是马克思阶级分析中具有基础性意义的宏观抽象分析层次"[1]，他所讲的生产关系是最基础、最本质的层面。而根据马克思的理论观点，等级性的社会区分是在生产过程中就被建构出来的，正是不同的社会等级才有了不同的消费层次，社会等级不是由消费建构起来的，鲍德里亚的实证性研究结论恰恰把问题搞反了。企图以购买不同价位的商品来实现不同身份地位的区分，这种方式是徒劳的。只有"'粗俗的'人的理智把阶级差别变成了'钱包大小的差别'……钱包的大小纯粹是数量上的差别……现代的阶级差别绝不建立在'行业'的基础上"[2]。由金钱向等级特权、权力和文化特权的转化并不能起到决定性作用，而且已经出现"经济特权率下降倾向"。因为这是主动获取地位的方式，是随着人们购买力的不同而随时会发生改变的一种方式，而不是固定不变的。如果一段时间内维持在较高的消费水平上，就会被认为是处于与这一消费力相符的社会阶层，而一旦不能保持这种消费力，降低了消费水平，那也就相应地跌入下一等级中。再不存在一种物，不管发生怎样的变化，都始终忠于最初的等级，以及对最初文化的固守。"社会地位的上升与下降都必然体现在区分符号持续的涌现与消退之间。一个既定的阶层不会持续地与某类既定的物对应（或者与某种既

---

[1]　刘洪刚：《理解马克思的阶级分析》，《当代世界与社会主义》2012 年第 4 期。
[2]　《马克思恩格斯全集》第 4 卷，人民出版社，1958，第 343 页。

定的服饰风格相对应）：相反，所有的阶层都在变动中……"① 这种极不稳定性明显带有人为的色彩，是当代资本主义的一种统治方式。同时，也体现出资产阶级颠倒的意识形态性，正是资产阶级的意识形态才制造了这种假象。在今天，消费成为虚假的等级区分的标志，它实际上是被资本家制造出来的，是变动的、不稳定的，是为资本运行服务的。为获取利润，资本不断地制造出时髦的、令人垂涎的商品，要想始终与低等级的社会阶层保有一定的社会距离，上一阶层的人就不得不经常性地投入到对新产品的购买之中，而且还要谨防下层群体"暨越"，购买标志上层社会的商品，这就形成了一种"犬兔越野追逐似的游戏"。"在资本主义社会中，影响标志性商品使用的一个重要因素是，为获得'地位性商品'、为获得表明步入了上流社会的商品而展开的斗争，使得新商品的生产率不断提高。而这使人们通过标志性商品获得上层社会地位的意义，反而变得只具有相对性意义了。"②

鲍德里亚所讲的等级次序不是现在我们所讲的经济上的等级次序，而是一种文化等级。社会等级不可能由消费所决定，相反，消费本身的规定性正是由已经成为事实的社会等级所决定的，"当然，工人买马铃薯和妇女买花边这两者都是根据本人的意见行事的。但是他们意见的差别就是由于他们在社会上所处的地位不同，而这种社会地位的差别却又是社会组织的产物"③。如果不这样去思考，不把它还原到社会的历史过程中，那就会不可避免地误以

---

① 〔法〕鲍德里亚：《符号政治经济学批判》，夏莹译，南京大学出版社，2015，第35页。
② 〔英〕迈克·费瑟斯通：《消费文化与后现代主义》，刘精明译，译林出版社，2000，第27页。
③ 《马克思恩格斯全集》第4卷，人民出版社，1958，第86～87页。

为社会等级是由消费建构起来的。在马克思看来，消费本身不会自主地去建构出一个社会等级，因为消费行为本身就是由生产关系所决定的，有什么样的生产关系就有什么样的消费关系。因此，马克思才不把重点放在消费上，而是放在研究生产上，尽管他并不忽视消费的利益。马克思"是把消费当作资本主义生产过程的一个要素来看待，进而从生产方式的历史发展的角度来谈论资本主义消费问题的。这种历史唯物主义的解读方法决定了他不可能相信社会等级是由消费活动所建构起来的，因为能够建构社会等级的那种消费活动的规定性本身就是由资本主义生产方式的性质所决定的"①。历史唯物主义相信人们的行动方式是由他们所处的社会关系决定的，等级性社会差异跟消费没有关系。相比较而言，一个是社会学意义上的社会内容，一个是历史哲学意义上的社会内容；一个是通过人的活动去创造出的社会内容，一个是决定人的活动的社会内容。对此，我们必须要保持清醒的认识：消费社会形式上的民主与平等实际上从深层次上遮蔽了资本主义社会占有关系和分配制度的不平等。马克思主义的社会分层理论仍然是我们观察资本主义社会的基础。

通过以上分析，我们能够意识到，当代西方奢侈消费批判主要是在研究某一种社会文化现象，而不是在研究完整的社会问题，这就在研究主题、研究目的、研究方法等诸多方面与马克思有不对应之处。马克思最终的使命是完成人类的解放，因此他不可能就单独的问题来谈论，而是用一种历史唯物主义的方式在谈论人的解放问题，谈论人的实践活动的发展问题。

①　唐正东：《马克思历史唯物主义消费观的生成路径及理论特质》，《哲学研究》2014 年第 5 期。

三 重思马克思政治经济学批判的方法论意义

马克思政治经济学批判面对奢侈消费问题首先要回答的就是奢侈品是否符合马克思的劳动价值论。劳动价值论与剩余价值理论构成马克思政治经济学批判的核心内容。一种观点认为，奢侈品不符合马克思劳动价值论的规定，其价值来源和价值实现名不副实，于是呼吁社会取缔奢侈。这种观点对马克思的政治经济学批判构成严峻挑战。劳动是否还是创造价值的唯一源泉？这是今天我们急需在理论上作出回应的。我们认为该观点误解了马克思的劳动价值论，因而不能正确把握马克思对奢侈品的范畴规定。马克思劳动价值论的分析对象是劳动产品从生产到获得商品形式的整体过程。就作为物化了这一过程的全部劳动的商品而言，奢侈品和生活必需品拥有相同的价值源泉。奢侈品的使用价值是充当资本交际信用的再现手段，也由此带来了奢侈品拜物教的消极效应。

（一）奢侈品是否符合马克思的劳动价值论

马克思的劳动价值论能否解释奢侈品的价值来源？一种普遍流行的观点倾向于给出否定的答案。从直接的生活表象来看，生产一方普通丝巾所耗费的劳动的量同生产一方品牌丝巾所耗费的劳动的量大致相当，可后者的定价却远高于前者。这仿佛成为马克思劳动价值论不适用于分析奢侈品的有力证据。于是，西方左翼涌现出一批试图离开劳动价值论，单从交换领域分析奢侈品价值来源的修正学说。我们知道，马克思的劳动价值论不仅具有解释经济现象的功能，它还为商品的价值来源提供了合理性的地基。

说奢侈品的价值源自交换领域而非来源于人的辛勤劳动，无异于指责奢侈品名不副实，批评它不过是商业逻辑对消费者欲望操纵的结果。由此得出的结论必然是呼吁社会整体毁奢入俭、回归自然。我们认为，这些观点既曲解了马克思的劳动价值论，也不能充分理解奢侈品在整个商品生产体系中的正面作用。在马克思成熟的政治经济学批判语境下，奢侈品消费并非生活必需品消费的对立面，它反映出人类超越其动物性的直接需要、对更美好的生活的追求。同时，奢侈品生产在社会经济内循环中还承担着促进价值实现和吸收剩余劳动力的重要功能。奢侈品有其积极的、正面的使用价值，也有其合法的、与生活必需品无异的价值源泉。我们主张重新回到马克思劳动价值论的地平，以期廓清马克思奢侈消费批判思想的历史原像。

1. 马克思劳动价值论的理论对象

恩格斯曾在 1885 年为德文版《哲学的贫困》所作的序言里概括道："劳动决定商品价值，劳动产品按照这个价值尺度在权利平等的商品所有者之间自由交换，这些——正如马克思已经证明的——就是现代资产阶级全部政治的、法律的和哲学的意识形态建立于其上的现实基础。"① 由此可见，劳动价值论是有其特定的理论内涵和适用对象的。劳动所创造的是"商品"的价值，而非所有产品的价值；劳动创造的内容是商品交换的"价值尺度"，而不仅仅是商品的物质性肉身。在马克思的政治经济学批判视域中，商品和价值是两个相互规定的范畴。价值是区别商品和一般劳动产品的本质性要素，而价值本身又是通过商品的交换形式才得以表现出来的。

---

① 《马克思恩格斯全集》第 21 卷，人民出版社，1965，第 210 页。

在人类历史的长河里，劳动产品具有多种多样的存在形式，商品只是其中之一。在传统社会，许许多多的劳动产品是不能相互交换的，例如祭礼所用的法器、皇室御赐的荣誉品。劳动产品的普遍商品化，是随着资本主义生产关系的普遍建立才发生的。把商品无条件地同劳动产品混同起来，则陷入了资产阶级意识形态的迷雾。劳动所创造的商品的价值，不能等同于劳动产品的使用价值，或者说其区别于其他劳动产品的质的规定性。马克思对此作了特别说明："如果把上衣、麻布等等包含的各种不同的有用劳动的总和除外，总还剩有一种不借人力而天然存在的物质基质……因此，劳动并不是它所生产的使用价值即物质财富的唯一源泉。正像威廉·配第所说，劳动是财富之父，土地是财富之母。"[1] 恰恰相反，商品的价值，是"把劳动产品的使用价值"抽去而获得的"幽灵般的对象性"。价值范畴是抽象的，单从商品体的物质形式中是无法解剖出来的。从一个商品用料多少、耗工几何来断定其价值，绝不是马克思劳动价值论的分析路径。另外，离开可见可感的物质形式，并不意味着它是一个纯粹思辨的范畴。因为在现实的商品交换体系中，交换行为在实打实地以价值尺度为基础进行着。依照马克思的正面界定，"在商品的交换关系或交换价值中表现出来的共同东西"[2]，就是商品的价值。价值是商品超越其个体性、在同其他商品进行交换的过程中而获取的规定。不可换的、未被商品化的劳动产品是不具有价值的。

从理论发展史的角度来看，马克思的劳动价值论与效用价值论从一开始就是根本对立的。效用价值论认为，价值取决于使用

---

① 〔德〕马克思：《资本论》第 1 卷，人民出版社，2004，第 56 ~ 57 页。
② 〔德〕马克思：《资本论》第 1 卷，人民出版社，2004，第 51 页。

价值，归根结底取决于商品对主体的有用性。《资本论》指出了效用价值论应有的哲学方法："想根据效用原则来评价人的一切行为、运动和关系等等，就首先要研究人的一般本性，然后要研究在每个时代历史地发生了变化的人的本性。"[①] 但秉持效用价值论的理论家并不能遵循正确的方法，相反他们往往把现代的市侩当成标准的人性，把具体的历史的人性的表现当成永恒不变的抽象规范。后来的边际效用价值论仅仅细化了主体衡量有用性的心理学标准，并没有超出前人总的理论框架。事实上，今天许多流行的奢侈消费批判话语实际采取的是效用价值论的立场。奢侈消费的反对者认为，奢侈品在满足人们生活实际需要方面与日用品无异，可见它实际上并不具备那么高的价值。奢侈消费的支持者则宣称，奢侈品本身就是为了满足人们享受或者交际的需要，它的价值与它的有用性是能够匹配的。这样一来，问题的争论就转变为人们本质上具有何种需要，转变为是否天生就具有享受、交际等生存需要以外的伦理问题。这种讨论已经完全与马克思主义的政治经济学南辕北辙了。

劳动创造商品的价值，与劳动创造商品的使用价值，是同一个经济过程的两个不同方面。马克思将前者称为抽象劳动，将后者称为具体劳动。马克思曾说："商品中包含的劳动的这种二重性，是首先由我批判地证明了的。这一点是理解政治经济学的枢纽。"[②] 抽象劳动无关于劳动的种类和劳动者的特殊性，它是凝结于商品中的无差别的人类劳动。商品的价值量是由生产该商品的社会必要劳动时间内的劳动的量来衡量的。对于马克思抽象劳动

---

① 〔德〕马克思：《资本论》第 1 卷，人民出版社，2004，第 704 页。
② 〔德〕马克思：《资本论》第 1 卷，人民出版社，2004，第 54~55 页。

概念的理解同样存在两个误区。第一个误区是认为社会必要劳动时间只是具体劳动时长的数学抽象，人们完全可以在实证的意义上把生产某个商品所需的社会必要劳动时间计算出来。然而在实证意义上所把握的商品，只是商品的物质形式，而非把物质形式排除在外的价值形式。实证的统计充其量只是衡量生产某种使用价值的社会平均劳动时间，与价值并不直接关联。第二个误区则是前一个误区的反面。20世纪70年代以来，随着西方左翼对马克思《资本论》的种种"新读新解"，一些宣称抽象劳动只是资本主义交换体系特有产物的观点浮出水面。① 按照他们的观点，抽象劳动与具体劳动毫不相干，只是商品交换过程中回溯地建立起来的、用以表示商品可交换性及交换标准的范畴。当马克思说两件上衣代表两个工作日时，跟人们现实地耗费两个工作日制造出上衣无关；而是说在市场交换体系里，两件上衣同其他商品相比，其价值就是两个工作日。也就是说，商品的价值完全可以用其他的单位来衡量。马克思之所以制定抽象劳动范畴，是因为其批判的意义大于分析的意义，更多是为了反映资本逻辑下颠倒的主客体关系。由此，马克思主义政治经济学分析就完全被解读为物化批判的哲学理论了。事实上，将马克思的劳动价值论矮化为只适用于资本主义社会的特殊理论，将资本逻辑夸大为统治全部社会生活的绝对主体，不仅是思想懒散无视具体现实的体现，也会在实践中"把孩子和洗澡水一同倒掉"，导致激进地否定一切社会建设成果的错误。

---

① 相关的代表作包括〔法〕让·鲍德里亚《生产之镜》，仰海峰译，中央编译出版社，2005；〔英〕克里斯多夫·阿瑟《新辩证法与马克思的〈资本论〉》，高飞等译，北京师范大学出版社，2018；〔加拿大〕莫伊舍·普殊同《时间、劳动与社会统治》，康凌译，北京大学出版社，2019。

　　抽象劳动既不等同于具体劳动，也不能脱离具体劳动来理解。没有具体劳动对商品体的塑形，也就不会有凝结抽象劳动的物质形式。离开具体劳动创造的使用价值，商品交换的发生便会欠缺必要的前提。抽象劳动的理论意义在于，打破具体劳动与劳动产品间的独立性联系，在价值形式中来理解不同劳动产品的可换性和不同种类具体劳动的可通约性。这里的抽象并不是把生产交换双方的具体劳动时间单拎出来，然后予以对比和计算的理论的抽象，而是发生在现实的交换行为之中的现实的抽象。两个劳动产品在交换中画上等式，并由此获得其商品属性和价值形式。商品之不同于劳动产品的本质规定性，是在交换行为中才得以实现的。商品的概念包含着从劳动产品转变为价值形式的过程，包含着劳动产品跨越时间、空间、观念等种种障碍，从而具备同另一个劳动产品进行交换的整体过程。与此对应的，物化于商品体中的劳动的量，实际上是由发生在劳动产品从生产到流通再到交换的整个环节中各类具体劳动所共同创造的。

　　《资本论》多处运用了作为过程的商品概念。例如第 2 卷分析资本的流通环节时，马克思提及运输劳动"把价值追加到所运输的产品中去"[①] 的问题。运输劳动以及生产特定商品的劳动是不同的具体劳动，它们所创造出来的价值内容何以能够同质性地相加呢？马克思暗含的前提是，在流通的终点，在劳动产品的商品形态的规定中，两种具体劳动才被抽象为无差别的人类劳动而凝结其中。不宜把劳动产品转化为商品的环节等同于商品实现价值的环节，前者指的是产品从生产出来到进入市场的商品化过程，后者指的是既有的商品转化为货币形式的过程，在后者中是没有任

---

① 〔德〕马克思：《资本论》第 2 卷，人民出版社，2004，第 168 页。

何新的价值被生产出来的。前者描述的是劳动者如何发生交换关系、如何在参与社会分工中实现其价值的过程，其伦理取向是对劳动主体以及各行各业具体劳动的积极颂扬。只有当价值实现的环节支配了整个经济过程，当价值转化为仿佛能够自动增殖的资本，价值的劳动源泉才被掩盖起来。应当说，马克思的劳动价值论兼具价值创造和价值实现两个环节，单单抓住其中任何一个环节，都无法全面地评价奢侈品在社会生活中的应有地位。

2. 奢侈品的价值源泉

什么是奢侈品？奢侈消费是否必然意味着浪费？就马克思本人的思想发展历程而言，他曾在巴黎手稿里给出肯定的答案，并把穷奢极欲视为交往异化的极端表现。但此时，马克思还停留在从交换领域来批判奢侈消费的阶段，贸然地套用他初习政治经济学时期的观点是不够科学的。到后来的《资本论》第3卷，马克思才对奢侈品下了一个正面而明确的定义："这里所说的奢侈品生产，是指一切对劳动力的再生产不是必需的那种生产。"[①] 这个定义，同马克思在《资本论》第2卷中把社会总产品分为生产资料和消费资料两大部类，再把消费资料分为必要生活资料和奢侈品是遥相呼应的。也就是说，马克思在此采取了非此即彼的定义方式，即不是生活必需品，就是奢侈品。奢侈品不单指售价不菲的名牌挎包或首饰等高档奢侈物。但是，仅用概念演绎的方法来理解奢侈品，把它简单地当成排除在生活必需品规定性以外的对立范畴是不够的。

鲍德里亚则陷入另一种错误。鲍氏认为，所谓需要——不论是生活必需的需要，还是奢侈消费的需要——统统都是社会符号

---

① 〔德〕马克思：《资本论》第3卷，人民出版社，2004，第121页。

体系操纵的产物。任何需要都是被制造的，任何消费都是"奢侈"的。奢侈品不外乎人们展现身份和地位、实现社会区隔的中介。离开整个符号体系，奢侈消费也就失去了意义。从鲍氏的观点出发，必然只能看到奢侈品经济操弄社会阶层分立、煽动消费欲望等阴暗面。奢侈消费永远只能被解读为上层阶级对下层阶级、资本逻辑对主体的统治与压迫。奢侈品相对于生活必需品更为多样的价值源泉，以及奢侈产业对提升社会生产力、满足人们对更美好生活需要的正面效应，则处于鲍氏的视野之外了。

诚然马克思说过："奢侈品……工人阶级是无法购买的，尽管这种奢侈品和那种生产资料都是这些工人的产品。"① 这个论断仅仅是就大部分的情形而言的。通常情况下，收入拮据的工人们无力消费高档奢侈品。但是，在经济向好的情况下，工人阶级"也暂时参加了他们通常买不起的各种奢侈品的消费"②。可见，奢侈消费甚至是高档奢侈品的消费，只能反映居民的收入支配情况以及社会经济的整体水平，不能简单地拿来当作阶级划分的依据。事实上，马克思的"生活必需品"本身是动态发展着的范畴，与此相对的奢侈品范畴也应用历史的眼光才能把握其规定性。

在《德意志意识形态》里，马克思勾勒出人类创造历史过程中的两个基本事实。第一个事实是人必须能够生活，满足其衣食住等基本需求，为此第一个历史活动必然是生产必要的生活资料。第二个事实是，已经得到满足的需要以及为满足需要所使用的工具又将引起新的需要。③ 可见，生物学意义上的、静态的生存需要，不能概括马克思生活必需品的范畴，随着历史进程的不断推

① 〔德〕马克思：《资本论》第 2 卷，人民出版社，2004，第 448 页。
② 〔德〕马克思：《资本论》第 2 卷，人民出版社，2004，第 456 页。
③ 《马克思恩格斯全集》第 3 卷，人民出版社，1960，第 31~32 页。

进，生活必需品的内容也将越来越丰富。到《资本论》具体地探讨维系劳动力再生产的必要生活资料时，马克思指出，"所谓必不可少的需要的范围，和满足这些需要的方式一样，本身是历史的产物"①，它取决于国家的文化水平以及工人群体所形成的生活习惯。在一定时期一定区域，必要生活资料的平均范围是相对恒定的；但放在历史的长河来看，奢侈品与必需品的界限就不是固定不变的了。尤其是处于生产力大发展大变革的时代，许多奢侈品很快失去其特殊地位。例如 20 世纪七八十年代的"三大件"（自行车、缝纫机、电视机），经过短短十来年的工夫已不再被视作奢侈品了。以历史唯物主义的观点看来，奢侈品从出现到降格，反映出社会的进步与人民群众生活水平的提高，而不仅是一个远离所谓自然本性的异化过程。

马克思进一步指出，奢侈品的广泛涌现，是以生活必需品的富余为前提的。一方面，富余意味着维系劳动力再生产的必要生活资料是足够的，经济循环体系中的劳动力要素已经具备。另一方面，生活必需品的过剩又意味着大量的剩余产品不能重新转化为资本要素投入再生产。这时候，奢侈品作为剩余产品"精致和多样的形式"②，已改变了过去作为一般的生活必需品的商品形式。它以新的使用价值满足了人们产生的新需要，进而实现其价值，再度进入社会总资本的流通过程中。在这种情况下，当我们分析"奢侈品"的内容时，就不能囿于它作为生活必需品的原始形式，而要把全部的劳动以及这些劳动所追加的全部价值计算在内。从直接的生活经验来看，一般奢侈品，即在生活必需品以外的、质

---

① 〔德〕马克思：《资本论》第 1 卷，人民出版社，2004，第 199 页。
② 〔德〕马克思：《资本论》第 1 卷，人民出版社，2004，第 512 页。

量更高或更美观的商品，其价值来源是相对容易追溯的。这类奢侈品的生产者在产品研发方面预先投入了大量的资本，在选料用材上也趋于尽善尽美，它的终端商品是各个环节价值不断转移的结果，实则凝结了整个生产过程的全部抽象劳动。

那么，对于那种选材不够精良、制作工艺马马虎虎，主要依靠"品牌"而价格不菲的奢侈品，劳动价值论又是怎样看待的呢？必须看到的是，品牌不是从其诞生之际就为消费者所认可的，对品牌的运营同样需要付出辛勤的劳动。这种劳动同包装、运输、仓储等服务性劳动一样，其创造出来的价值最终都汇聚为商品的价值。离开这些中介环节的作用，奢侈品就不足以完成其概念规定性。马克思曾举例说："一个国家借助出口贸易可以使奢侈品转化为生产资料或生活资料，或者相反。"[1] 劳动产品的生活必需品形态在生产过剩的情况下，无法直接地成为商品，亦即失去其现实的可交换的规定。只有当新的劳动物化其中，才能重新塑造其商品形式以及激活其潜在价值。也就是说，奢侈品不是对作为商品的生活必需品的价值扭曲，它的奢侈的规定同它的商品的规定是一齐获得的。马克思劳动价值论的批判对象准确说来应是"奢侈商品"，而不包括不可被交换的，尤其是原始社会和封建时代的文化象征意义上的奢侈性用具。在奢侈品普遍商品化的社会条件下，奢侈品生产部门不是对生活必需品生产部门的补充或异化，它本身有其独特的生产对象和生产规律。

同其他生产部门的生产和再生产一样，奢侈品的价值也是由其产业工人的劳动所创造的。奢侈产业的资本家同样从产业工人身上榨取剩余价值，并将这些剩余价值用于产业再生产。奢侈产

---

① 〔德〕马克思：《资本论》第 1 卷，人民出版社，2004，第 670 页。

业遵循着一般产业的经济运行规律。当社会经济普遍萧条或经济危机发生的时候，人们普遍缺少闲钱用以奢侈消费，引起奢侈品过剩时，奢侈产业的资本循环将被中断或延缓，从而导致生产奢侈品的工人失去工作。而一旦这部分工人失去工作，资本家也不必购买维系这部分劳动力的生活必需品，从而又反过来影响生活必需品产业的价值实现。[①] 在马克思笔下，生活必需品和奢侈品是辩证统一的、共同构成消费资料部类的有机整体。工人阶级和资本家阶级同时参与到两个生产部门的经济循环当中，产业分工的对立不能等同于阶级层面的对立。

奢侈品主要是对社会过剩的生活必需品的精细化和再加工。就其生产特性而言，较之生活必需品的生产部门，奢侈品生产部门对活劳动的需求更大。因此马克思认为，以奢侈产业为代表的新产业，能够将其他产业的过剩劳动力吸纳进来，从而缓解劳动者失业的社会困局。[②] 但是，也不宜过高估计奢侈产业的劳动力容量。就《资本论》第 3 卷的篇章结构来看，马克思谈论奢侈产业吸纳劳动力的部分收录于第三篇第十四章，是作为一般利润率趋于下降的反作用因素而提出的。平均利润率下降是资本积累的必然趋势，也是资本主义经济不可避免的内在矛盾。奢侈产业对相对过剩人口的吸收只能暂时地缓解这一趋势，而不能从根本上予以解决。奢侈产业在吸收过剩人口的同时，也在谋求着技术进步和资本集中，最终同其他产业部门一样不断提升其固定资本的比率而减少用以雇用活劳动的可变资本。因此在资本主义生产条件下，奢侈品和生活必需品的生产部门是一丘之貉，任何一方都不

---

① 参见〔德〕马克思《资本论》第 2 卷，人民出版社，2004，第 456～457 页。
② 参见〔德〕马克思《资本论》第 3 卷，人民出版社，2004，第 263 页。

能扬弃另一方。再者，奢侈品生产部门对工人的劳动技能提出了更高的要求，被生活必需品生产部门所排挤的剩余劳动力在多大程度上能转变为新产业的合格劳动者，仍然是一个有待考察的问题。

商品的价值实现不等于使用价值的实现，却要以使用价值为前提。"商品在能够作为价值实现以前，必须证明自己是使用价值。"① 产品质量或使用便利度优于生活必需品的一般奢侈品，其使用价值是比较容易洞悉的。我们主要分析的是高档奢侈品的使用价值。马克思将其概括为"资本的交际费用"②。

资本并不是天然地就需要交际费用。在自产自销自营的资本主义生产欠发达阶段，资本家将生产出来的商品直接运到市场上销售，商品的价值便得以实现，资本便完成了一次简单的增殖过程。但是，这一过程是相对抽象的，它没有考虑到价值实现的空间和时间要素。就时间而言，劳动产品并不是只要从生产线上被生产出来，就理所当然地成为现实的价值形式。随着市场范围的不断扩大，流通环节所占据的地位日益显著，资本家内部也发生了产业资本家和商业资本家之间的分工。商业资本家向产业资本家预付了部分价值，从而把劳动产品转移到自己手里，并促成价值的最终实现。无论是产业资本与商业资本的交际，还是商业资本与消费者的交际，归根结底都影响着资本增殖的快慢，也影响着处于现实的时间之流中的资本家所能谋取的利润的多少。再从空间的角度看，当资本增殖的周期不变时，单个资本家所拥有的资本的数量越大，它在单位时间里所能获得的价值增殖的量也就

---

① 〔德〕马克思：《资本论》第 1 卷，人民出版社，2004，第 105 页。
② 〔德〕马克思：《资本论》第 1 卷，人民出版社，2004，第 685 页。

越大。这就催生了只投资而不直接参与生产的银行资本家阶层。不论是产业资本还是商人资本，都有着与生息资本交际的需要。

任何交际都需要依赖于特定的物质中介。在商业逻辑中，交际最重要的是信用。马克思认为，在资本主义经济的发达阶段，"奢侈本身现在也成为获得信用的手段"[①]。这一论断归根结底是以奢侈品的普遍商品化为根基的。奢侈品的商品化使得人们能直观地看到其交际对象所拥有的资产。资本家利用这一特征，将其穿戴首饰、居住空间和日常活动转变为展现其财富和信用的重要中介。至于晚近奢侈经济打出的"定制、限时、限量"等旗号，也只不过是商品化逻辑的延续而已。穿金戴银、浑身名牌就其充当资本交际中介的使用价值来说，不外乎是集中表现其财力的手段而已。就这个层面而言，奢侈品的使用价值，同资本流通过程中所发生的其他中介性服务（例如运输、仓储、包装）的使用价值并无差异。奢侈消费也不应天然地就遭受伦理层面的非难。

部分投机者误以为拥有更多的奢侈品，就拥有了更多的信用，就能在经济社会中占据更有利的地位。这种盲目的对奢侈品的崇拜反过来对奢侈产业释放了错误的需求信号，大量的资本涌入高档奢侈消费行业，进一步加剧了生活必需品与一般奢侈品的生产部门利润率的下降。与此同时，奢侈品拜物教也对社会整体风气产生了错误的诱导。人们把奢侈消费而非财富的真正积累，误认为提升社会地位、获得他人认同的根本手段。简言之，美好生活的标准被奢侈消费所绑架了。

与奢侈品相比，现代社会对信用更为直接也更为广泛的再现手段是金融票据。因此有学者指出，奢侈品拜物教实际上只是金

---

① 〔德〕马克思：《资本论》第3卷，人民出版社，2004，第498页。

融符号拜物教的精神现象之一。① 这个说法相对来说是更合理的。吸收大量生息资本的产业资本和商业资本，其单位时间内能获得更大的资本增殖的量，在竞争中也处于更有利的地位。在马克思生活的年代，生息资本的虚拟化已经初露端倪，银行开始发行超过其实际拥有货币量的"空头汇票"，这种汇票所能兑现的依据是，现有资本的未来增殖的量能够偿付当前所发行的汇票的总量。也就是说，银行在当下所能吸纳的资本的量，事实上是未来得到了增殖的资本的量。这样一来，比起仅用当前实际拥有的货币量去参与投资，将处于更加有利的地位。而到 20 世纪 70 年代，本来已经虚拟化的金融票据发生了二重虚拟化，或者甚至进行多重虚拟化，大量的金融衍生品如雨后春笋般纷纷涌现。金融资本以其未来的增殖的次方作为许诺，用数倍乃至数百倍的杠杆吸收民众的货币。它以其庞大的体量，反过来表现出对产业资本和商人资本的支配性地位。金融行业在事实中也在人们的观念里，成为利润最高、社会地位最高的行业。奢侈品作为资本交际的中介物，作为信用的再现物，同金融票据这种直接再现物相比，其功能性只能算是小巫见大巫了。

另外，我们也要注意到，金融资本作为后来居上的资本类型，其中有很大部分是由过去的大产业资本、大商人资本转化而来的。同样的道理，这些大资本家在与小资本家争夺金融资本市场时，也处于更加有利的竞争地位。再往上追溯，早期的资本家又由旧时代的地主贵族转化而来，他们的阶级成分和经济角色虽然发生了翻天覆地的改变，但其文化观念仍保留着相对的稳定性。承载着这些文化观念的奢侈品，发挥着那些由后来新兴文化主导的奢

---

① 鲁品越：《虚拟经济的诞生与当代精神现象》，《哲学动态》2015 年第 8 期。

侈品所不能承担的职能。某些后起的资本家不重视封建王朝的稀奇古玩，不懂得欣赏古典时代的戏剧绘画，即便拥有再多的金融票据甚至实体产业，也难以获得旧日贵族的真心认可。这类极端的奢侈品的使用价值受历史和文化的影响，其价值的源泉和实现也蕴于不断保存、维系、学习和发扬这类文化的种种活动中。要深入地理解这一过程，仅仅停留在政治经济学的宏观分析又是不够的了，必须切实地把握特定文化语境下资本家阶层内部的身份区隔以及相应的观念体系。单就此类奢侈品而言，西方消费社会批评理论对观念变迁细致的文化社会学的分析是可圈可点的。但是这类奢侈品仅仅是马克思奢侈品概念的部分外延，也是现代奢侈产业的局部现象，以偏概全是万不可取的。

通过以上的分析，我们澄清了奢侈品的价值来源。奢侈品生产部门的工人同样是创造价值的合法劳动者，他们也应与其他部门的工人一样受到同等的认可和尊重。只有回到马克思必要生活资料与奢侈品两大生产部门辩证统一的基本观点，才能对工人阶级的概念外延作出全面的把握，以免把阶级矛盾扩大化。

从奢侈品的价值实现来说，它既有合理的使用价值，也会带来奢侈品拜物教的消极效应。但这种消极效应不是奢侈产业本身所具有的，使用其他的再现手段也会导致同样的情况。克服对奢侈品的盲目崇拜，应以正确的文化观念引导为手段，而非以取消奢侈产业本身为代价。

(二) 马克思奢侈消费批判的整体视域

马克思讲问题不在于某个范畴在历史上是什么样子，而在于它在当代资本主义结构中的具体样态。今天的资本主义已经发展到占支配性统治地位的逻辑就是消费逻辑，消费主义意识形态成为统治我们的最大现实，成为最显著的异化形态，而消费意识形态中最耀眼、最强烈的当属奢侈消费。在当代资本主义结构中，奢侈品作为隐匿了使用价值的交换价值，在整个生产过程、消费以及意识形态控制中的地位与在早期帝国主义时期和垄断资本主义时期相比截然不同，其表现方式和运作方式也发生了很大的变化。对此的理解一定要建立在马克思政治经济学批判的基础之上，通过马克思对一般商品消费的分析来看他是如何理解奢侈消费的。马克思对消费的政治经济学批判里确实谈到了奢侈消费问题，但只是钩玄提要，其中还潜藏着巨大宝藏，亟待我们去挖掘。

资本主义的内在矛盾决定了资本主义形态的历史展开，从而产生不同的发展阶段，而在任何阶段都有它基本的矛盾，以及在这个基本矛盾基础之上所产生的主导矛盾。辩证法必须坚持从事物内部的矛盾入手来观察事物本身的变化，在这一点上，鲍德里亚缺少一个历史的维度。他没能抓住资本主义生产方式的内在机理，而是擦除了消费社会所代表的资本主义生产方式的原发矛盾，从外在的角度对资本主义生产方式作历史分期。当鲍德里亚在研究当代资本主义表现时，把资本主义最核心的一般机制抽离掉以后，就开始脱离物质生产实践的现实大地，编造出符号、拟像、超真实等玄而又玄的东西，而落入文化之网中，以致最终和许多后现代主义的文化理论研究者如鲍曼、詹明信、利奥塔等人一样，由于过分关注细枝末节而忘了根源。我们在强调马克思的生产过程中不能忽视由生产资料的垄断性生产所衍生出的其他一些新形式的垄断。一味地围绕生产资料大做文章而对它最新的表象不加重视是不对的；只围绕微观表现做蜻蜓点水似的研究，不去把握它的深层机理也是不对的。这就是马克思唯物主义辩证法的真谛之所在。

通过对鲍德里亚消费社会理论的全新阐释，我们可以发现以鲍德里亚为代表的 20 世纪西方"消费社会"理论家在研究视域上大大越出了马克思以生产为主导的逻辑前提。但同样我们应该意识到：虽然马克思并没有直接为我们提供有关消费社会的详细分析，但他对现代资本主义生产方式的分析仍然是我们理解当代资本主义消费现实的理论前提和基础，是我们面对今天种种新现象的科学方法论。

马克思是从劳动主体和物质世界客观运动这两个维度，同时从这两个维度内部以主客体相统一的方式来叙述资本主义社会的内在矛盾的。就前一个维度而言，一方面，资产阶级意识形态塑造了自由而自律的劳动主体，而剥削、异化日益严重的现实却与此格格不入，最后资本主义社会的发展必将成为劳动主体"不堪忍受"的力量而激起劳动主体的反抗；另一方面，资产阶级意识形态的虚假特性仅仅反映出当前现实与启蒙主义承诺的不相切合，在生产力的高度发展和人们的普遍交往之上，自由的劳动主体仍具备实现的可能，劳动主体对资本主义的反抗也必须建立在这些成熟的现实条件基础上。换言之，劳动主体既具有保守性——它是业已形成的意识形态结构的同谋，并在资本主义社会结构中发挥着现实的功能；也具有开放性——它所许诺的自由主体的观念，虽是当前的资本主义社会所不能提供的，却能够在未来的共产主义社会成为可能。因此，既不能像马尔库塞那样脱离具体的历史条件来谈论劳动主体的先天自由，也不能像鲍德里亚那样将之完全降格为资本主义的虚构。

就后一个维度而言，资本主义社会以劳动的个体主体为基本单位，以私人占有为法权基础，就不可避免地面临生产资料私有制和生产社会化之间的矛盾。其中，劳动主体与机器之间的辩证关系是该矛盾最为集中的体现，马克思也于此埋下了资本主义自身崩溃逻辑的伏笔。马克思的设想是，随着生产力的进步，机器在资本构成中的比重越来越大，机器对人的挤压使得资本主义爆发周期性的失业、生产资料过剩等经济危机，尽管其内部会出现暂时的调节或缓和，但最终必然因一般利润率的大幅度下降而终结自身。而这一过程同样不能脱离劳动主体的能动性来理解，"对资本来说，只有在机器的价值和它所代替的劳动力的价值之间存在差额的情况下，机器才会被使用"①。没有劳动主体性的发挥，没有劳动经验的积累和劳动者的发明创造，机器不可能自发地变得更有效率。尽管资本主义必将灭亡，但在其所能容纳的生产力全部发挥出来之前绝不会灭亡。劳动主体正是持续不断地通过自身的创造力来提升生产力，最终在条件成熟时变革生产关系，从而实现历史的更替的。当马尔库塞不顾历史条件地用主体性来扬弃客体性，当鲍德里亚把一切劳动都贬损为意识形态的抽象时，现实的历史进程是处于他们的视野之外的。归根结底，他们在根本上放弃了马克思的生产实践本体论，而以一种物化的、异化的资本统治逻辑取代了使人的活动的主客体统一的历史本体论。相比之下，马克思主义哲学革命则始终坚持了生产活动、生产关系的本体论。

虽然马克思并没有直接为我们提供有关消费社会的详细分析，但他对现代资本主义生产方式的分析仍然是我们理解当代资本主义奢侈消费现实的理论前提和基础，是我们面对今天种种新现象的科学方法论。马克思在对消费社会的分析上并非是毫无话语权的，"在一切社会形式中都有一种一定的生产决定其他一切生产的

---

① 〔德〕马克思：《资本论》第 1 卷，人民出版社，2004，第 451 页。

地位和影响，因而它的关系也决定其他一切关系的地位和影响。这是一种普照的光，它掩盖了一切其他色彩，改变着他们的特点。这是一种特殊的以太，它决定着它里面显露出来的一切存在的比重"①，这是今天我们用来分析所有问题的指南。一切关系在今天万物商品化阶段都打上了资本的烙印，虽然这个现象在马克思时代没有出现，但也并不意味着马克思主义理论无法理解它。在马克思时期，他主要完成的是对资本主义生产方式的批判，尽管资本主义的历史性形式不断深化，但万变不离其宗，只要资本生产这样一个基本结构没有发生改变，那么它就仍然处在马克思所分析的一般逻辑上。而我们首要做的事情就在于基于马克思对现代社会的批判来解释消费问题，如果一味地跟着后现代的文化风气走，那只能游荡在历史之外。在这一问题上，杰姆逊看的是比较透彻的，他说历史唯物主义的基本观点"是综合，暗示着一种将社会当作整体考虑的模式或一幅图画"，但消费文化理论却是把资产阶级社会切割为各个部分，然后选取了消费这一层次进行分析的，这样就把消费从资本主义生产总过程中剥离出来，最终得出的结论也不免武断、片面。②

---

① 《马克思恩格斯全集》第46卷（上），人民出版社，1979，第44页。

② 〔美〕杰姆逊：《后现代主义与文化理论》，唐小兵译，陕西师范大学出版社，1987，第86页。

结　语

　　本书着重研究了以下几个问题：（1）运用马克思主义政治经济学批判的方法剖析奢侈品这一商品存在形式在今天的特殊生成机制，从更广阔的历史角度指出传统马克思主义在对奢侈消费的批判上失语的原因与表现，以此深化对马克思政治经济学批判的理解和认识。（2）拓展20世纪后西方马克思主义、后现代马克思主义消费社会理论的研究空间。以往的研究侧重从一般商品消费的范畴来阐释西方马克思主义、后现代马克思主义的消费社会理论，而本书认为以鲍德里亚为代表的西方学者将对物"使用价值"的消费看成是"符号"消费，更适用于解释具有文化象征功能的奢侈消费。（3）持续追踪国内外学术界关于西方"消费社会"理论，特别是鲍德里亚奢侈消费批判理论在后现代理论的发展中所产生的思想效应，鲍曼、霍尔等从文化批判的角度对奢侈消费的研究，阿苏利、豪格等从审美品味角度对奢侈消费的研究，莱斯、柯布等生态马克思者对奢侈消费的诘难等相关理论的最新进展进行研究。（4）不仅仅将奢侈局限于经济问题的考量，而将其视为现代社会核心的政治问题，从整体角度、历史角度对奢侈消费问题展开研究，并将其纳入资本寻求无限扩张的过程中加以审视，从而发掘它在当代的意识形态性。

　　本书着重论述了消费社会理论对奢侈消费、对物化、对意识形态问题的独特揭示，也就是说，以鲍德里亚为代表的西方学者是如何通过奢侈消费这个问题来揭示当代资本主义意识形态新变化的。尽管他们深刻地指出奢侈消费的意识形态性是为了再造资本主义经济环境与经济关系永续存在所必需的方针策略，但可惜的是，他们是在既定的资本主义生产关系范围内功能主义地描述其中凸显出来的社会现实，在这一过程中严重缺乏具体的过程性分析和丰富的内涵评价，因此而导致诸如符号政治经济学批判、审美资本主义批判等理论并没有什么实质性的内涵。而就在大家都以为马克思对奢侈消费问题没有留下直接经验，因而指责马克思主义理论在回应这个问题是个缺陷的时候，他恰恰在方法论上为我们打开了空间视野。

马克思历史唯物主义方法论的有效性就在于它能够去面对像今天 LV 所代表的奢侈品，并且去追寻现代社会在现象变迁上所产生的需要我们去消化、去理解的问题。由此，在理解西方马克思主义的理论意义时，我们便会发现像鲍德里亚一样的很多西方后现代理论家只看到了当代资本主义的奢侈消费现实，而忽视了生产的决定性地位，认为在资本主义全新的奢侈消费意识形态控制下，人们已经无路可逃，马克思所确立的革命主体——无产阶级完全沦陷在消费过程中，成为资本家的"共谋"，由此而陷入革命的悲观主义或者是乌托邦的想象中，从而在根本上犯了颠倒生产与消费辩证关系的错误。

我们可以从工艺、技术的发展程度上比较各个不同的生产时代，从而区分出在这些不同的生产时代，哪个领域暂时起到了关键性作用。而奢侈品的生产可以说在任何时代都不是主要的、大量的、基本的生产生活资料的生产，或者说只有大量的、基本的物质生活资料的生产才是最为主要的。当鲍德里亚说奢侈消费在当代起到决定性作用的时候，奢侈品本身就已经转化为生活必需品了，因为奢侈品就是以少数人群拥有来标榜自己的，而一旦大多数人都拥有，那它自然就变成生活必需品了。总之，奢侈品就是社会的冗余部分，它根本无法对社会起到决定作用，而只有必需品才是一个社会的基本工艺，决定了社会的基本特征、基本生活方式等方面。尤其是在当前大多数人还以谋生活动为主的阶段，奢侈消费根本不可能在社会中起决定作用，它仍然是剩余劳动的产物，始终处于人们的需求之上。所以，当下我们只能从阶级对立，从奢侈品与必需品的历史演变等角度来强调它的重要性，切不可赋予其过大的意义，特别是将其视作剖析资本主义现阶段矛盾、危机的主导因素就更加不可取了，这是马克思主义关于生产和消费的一般关系判断所告诫我们的。

总体而言，奢侈消费的盛大狂欢成为人们繁重劳动之外的补偿机制，但同时也是一种新的奴役人的方式。它一方面吞噬了作为个人的自主性，对人们的价值选择、道德审美和文化认同等方面产生影响；另一方面也吞噬了文化的独立性，对人类文明造成一定的打击和破坏。对当代奢侈消费意识形态性的批判，并不在于我们真的能够发现一个真实的世界。历史唯物主义的核心含义不在于我们能够认识，能够把握住一个真实的外部世界，而在于它可以帮助我们用批判的、历史的方法走出原来意识形态认知的误区，让我们发现意识形态误区所遮蔽的、所神秘化的、所无法包容的那样一种异质性的现实存在。换言之，历史唯物主义的逻辑、真理不是对客观世界的一种正确的主观反映，而是在批判旧世界中发现新世界。不批判旧世界，我们就发现不了新世界，而这个旧世界首先是一个固有的、主体的、意识形态的世界。遮蔽我们认识现实的最主要力量，最内在的力量不是政治压迫，不是经济压迫，而是一种意识形态的控制和压迫。这就要求我们在更深层、更隐藏的现代性异化统治形式中寻找未来人类更高级、更全面的自由发展的可能性，在批判旧世界中发现新世界，在改造旧世界中认识新世界，这在今天仍然是一个具有广泛感召力的真理。

遗憾的是，本书虽然主要传承了马克思主义理论的批判传统，并从理论的高度切入到对当代资本主义奢侈消费意识形态性的批判分析上来，但这也只是借助于鲍德里亚或者是其他一些当代西方马克思主义、后马克思主义思潮的代表人物对资本主义消费社会的批判所形成的二手资料来达到对资本主义意识形态性的理解，没有这样的理论中介，笔者很难认识资本主义社会。而简单地把以鲍德里亚为代表的西方学者们的理论当作一面镜子——反映了当代资本主义奢侈消费社会现实的镜子也是有问题的，那就是缺少建设性的思考维度，这是今后需要进一步去研究的方面。

参考文献

中文译著

《马克思恩格斯全集》第 1~50 卷，人民出版社，1956~1986。

《马克思恩格斯选集》第 1~4 卷，人民出版社，1995。

《休谟经济论文选》，陈玮译，商务印书馆，1984。

《拉康选集》，褚孝泉译，上海三联书店，2001。

〔德〕马克思：《资本论》第 1~3 卷，人民出版社，2004。

〔意〕安东尼奥·葛兰西：《狱中札记》，曹雷雨等译，中国社会科学出版社，2000。

〔英〕安东尼·吉登斯：《现代性与自我认同》，赵旭东等译，生活·读书·新知三联书店，1998。

〔英〕安东尼·吉登斯：《现代性的后果》，田禾译，译林出版社，2000。

〔法〕奥利维耶·阿苏利：《审美资本主义：品味的工业化》，黄琰译，华东师范大学出版社，2013。

〔英〕埃里克·克拉克：《欲望制造家——揭开世界广告制作的奥秘》，刘国明等译，河南人民出版社，1991。

〔美〕艾瑞克·弗洛姆：《健全的社会》，欧阳谦译，中国文联出版社，1988。

〔美〕艾里希·弗罗姆：《逃避自由》，陈学明译，工人出版社，1987。

〔加拿大〕艾伦·梅克森斯·伍德：《民主反对资本主义——重建历史唯物主义》，吕薇洲等译，重庆出版社，2007。

〔美〕比尔·麦吉本等：《消费的欲望》，朱琳译，中国社会科学出版社，2007。

〔荷〕伯纳德·曼德维尔：《蜜蜂的寓言：私人的恶德，公众的利益》，肖聿译，中国社会科学出版社，2002。

〔法〕达尼埃尔·罗什：《平常事情的历史》，吴鼐译，百花文艺出版社，2005。

〔美〕道格拉斯·凯尔纳：《后现代转向》，陈刚等译，南京大学出版社，2002。

〔美〕道格拉斯·凯尔纳：《媒体奇观：当代美国社会文化透视》，史安斌译，清华大学出版社，2004。

〔美〕道格拉斯·凯尔纳：《波德里亚：一个批判性读本》，陈维振等译，江苏人民出版社，2008。

〔美〕大卫·哈维：《后现代的状况》，闫嘉译，商务印书馆，2003。

〔美〕大卫·哈维：《跟大卫·哈维读〈资本论〉》第1卷，刘英译，上海译文出版社，2014。

〔美〕大卫·哈维：《跟大卫·哈维读〈资本论〉》第2卷，谢富胜等译，上海译文出版社，2016。

〔美〕大卫·里斯曼：《孤独的人群》，王崑等译，南京大学出版社，2002。

〔美〕丹尼尔·贝尔：《后工业社会的来临》，王宏周等译，商务印书馆，1984。

〔美〕丹尼尔·贝尔：《意识形态的终结》，张国清译，江苏人民出版社，2001。

〔美〕丹尼尔·贝尔：《资本主义文化矛盾》，蓓雯译，江苏人民出版社，2007。

〔美〕杜宁：《多少算够——消费社会与地球的未来》，毕聿译，吉林人民出版社，1997。

〔比利时〕厄尔奈斯特·曼德尔：《晚期资本主义》，马清文译，黑龙江人民出版社，1983。

〔法〕费尔南·布罗代尔：《文明史纲》，萧昶等译，广西师范大学出版社，2003。

〔法〕费尔南·布罗代尔：《15 至 18 世纪的物质文明、经济和资本主义》第 1～3 卷，顾良等译，生活·读书·新知三联书店，1993。

〔美〕詹明信著，张旭东编《晚期资本主义的文化逻辑：詹明信批评理论文选》，陈清桥等译，生活·读书·新知三联书店，1997。

〔德〕黑格尔：《法哲学原理》，范扬、张企泰译，商务印书馆，1979。

〔法〕亨利·列斐伏尔：《日常生活批判》第 1～3 卷，叶齐茂、倪晓辉译，社会科学文献出版社·当代世界出版分社，2018。

〔美〕赫尔曼·达利、小约翰·柯布：《21 世纪生态经济学》，夏莹等译，中央编译出版社，2015。

〔德〕赫伯特·马尔库塞：《爱欲与文明》，黄勇等译，上海译文出版社，1987。

〔德〕赫伯特·马尔库塞：《单向度的人》，张峰等译，重庆出版社，1988。

〔德〕赫伯特·马尔库塞：《审美之维》，李小兵译，生活·读书·新知三联书店，1989。

〔德〕赫伯特·马尔库塞：《现代文明与人的困境》，李小兵等译，生活·读书·新知三联书店，1989。

〔法〕居伊·德波：《景观社会》，王昭凤译，南京大学出版社，2006。

〔法〕吉尔·利波维茨基、埃丽亚特·胡：《永恒的奢侈：从圣物岁月到品牌时代》，谢强译，中国人民大学出版社，2007。

〔德〕康德：《判断力批判》，邓晓芒译，人民出版社，2002。

〔捷克〕卡莱尔·科西克：《具体的辩证法》，傅小平译，中国社会科学出版社，1989。

〔德〕克里斯托夫·霍洛克斯：《鲍德里亚与千禧年》，王文华译，北京大学出版社，2005。

〔德〕卡尔·曼海姆：《意识形态与乌托邦》，黎鸣等译，商务印书馆，2000。

〔法〕克里斯蒂安·布朗卡特：《奢侈：爱马仕总裁回忆录》，纪江红、徐碧茗译，广西师范大学出版社，2014。

〔美〕克里斯托弗·贝里：《奢侈的概念：概念及历史的探究》，江红译，上海世纪出版集团，2005。

〔美〕李查德·康尼夫：《大狗：富人的物种起源》，王小飞等译，新世界出版社，2004。

〔日〕铃村和成：《巴特：文本的愉悦》，戚印平等译，河北教育出版社，2001。

〔匈〕卢卡奇：《历史与阶级意识》，杜章智译，商务印书馆，1995。

〔法〕吕西安·戈德曼：《隐蔽的上帝》，蔡鸿斌译，百花文艺出版社，1998。

〔法〕路易斯·阿尔都塞:《保卫马克思》,杜章智译,商务印书馆,1984。

〔法〕路易斯·阿尔都塞:《读〈资本论〉》,李其庆等译,中央编译出版社,2001。

〔美〕罗伯特·弗兰克:《奢侈病:无节制时代的金钱与幸福》,蔡曙光等译,中国友谊出版公司,2002。

〔法〕罗兰·巴特:《符号学原理》,李幼蒸译,生活·读书·新知三联书店,1988。

〔法〕罗兰·巴特:《罗兰·巴特随笔选》,怀宇译,百花文艺出版社,1995。

〔法〕罗兰·巴特:《神话:大众文化诠释》,许蔷蔷等译,上海人民出版社,1999。

〔法〕罗兰·巴特:《S\Z》,屠友祥译,上海人民出版社,2000。

〔法〕罗兰·巴特:《流行体系:符号学与服饰符码》,敖军译,上海人民出版社,2000。

〔美〕马克·波斯特:《信息方式》,范静晔译,商务印书馆,2000。

〔美〕马克·波斯特:《第二媒介时代》,范静晔译,南京大学出版社,2001。

〔法〕米歇尔·福柯:《疯癫与文明》,刘北成等译,生活·读书·新知三联书店,1999。

〔法〕米歇尔·福柯:《规训与惩罚》,刘北成等译,生活·读书·新知三联书店,1999。

〔法〕米歇尔·福柯:《词与物》,莫伟民译,生活·读书·新知三联书店,2001。

〔德〕马克斯·韦伯：《新教伦理与资本主义精神》，赵勇译，陕西人民出版社，2009。

〔法〕马塞尔·莫斯：《礼物》，汲喆译，上海人民出版社，2005。

〔加拿大〕马歇尔·麦克卢汉：《理解媒介》，许道宽译，商务印书馆，2000。

〔美〕马歇尔·萨林斯：《文化与实践理性》，赵丙祥译，上海人民出版社，2002。

〔美〕马歇尔·萨林斯：《石器时代经济学》，张经纬等译，生活·读书·新知三联书店，2009。

〔英〕迈克·费瑟斯通：《消费文化与后现代主义》，刘精明译，译林出版社，2000。

〔美〕迈克尔·R.所罗门、南希·J.拉博尔特：《消费心理学：无所不在的时尚》，王广新等译，中国人民大学出版社，2014。

〔美〕迈克尔·西尔弗斯坦、约翰·巴特曼、尼尔·菲斯克：《奢华，正在流行：新奢侈时代的制胜理念》，电子工业出版社，2005。

〔西班牙〕曼纽尔·卡斯特：《网络社会的崛起》，夏铸九等译，社会科学文献出版社，2001。

〔法〕孟德斯鸠：《波斯人的信札》，梁镛译，商务印书馆，2010。

〔法〕米歇尔·舍瓦力耶、热拉尔德·马扎罗夫：《奢侈品品牌管理》，格致出版社、上海人民出版社，2008。

〔法〕米歇尔·谢瓦利埃、卢晓：《奢侈中国》，徐邵敏译，国际文化出版公司，2010。

〔英〕尼克·史蒂文森：《认识媒介文化》，王文斌译，商务印书馆，2001。

〔德〕诺贝特·埃利亚斯：《文明的进程》，王佩莉等译，上海译文出版社，2009。

〔比利时〕欧内斯特·孟德尔：《〈资本论〉新英译本导言》，仇启华等译，中共中央党校出版社，1991。

〔法〕皮埃尔·布尔迪厄：《文化资本与社会炼金术——布尔迪厄访谈录》，包亚明译，上海人民出版社，1997。

〔法〕皮埃尔·布尔迪厄：《区分：判断力的社会批判》（上下册），刘晖译，商务印书馆，2015。

〔美〕帕米拉·N. 丹席格：《流金时代：奢侈品的大众化营销策略》，上海财经大学出版社，2007。

〔英〕佩里·安德森：《西方马克思主义探讨》，高铦等译，人民出版社，1981。

〔法〕乔治·巴塔耶：《被诅咒的部分》，刘云虹等译，南京大学出版社，2019。

〔德〕齐奥尔格·西美尔：《时尚的哲学》，费勇等译，文化艺术出版社，2001。

〔德〕齐奥尔格·西美尔：《货币哲学》，朱桂琴译，光明日报出版社，2009。

〔英〕齐格蒙特·鲍曼：《全球化》，郭国良、徐建华译，商务印书馆，2001。

〔英〕齐格蒙特·鲍曼：《流动的现代性》，欧阳景根译，生活·读书·新知三联书店，2002。

〔英〕齐格蒙特·鲍曼：《工作、消费、新穷人》，仇子明、李兰译，吉林出版集团有限公司，2010。

〔美〕乔治·瑞泽尔:《当代社会学理论及其古典根源》,杨淑娇译,北京大学出版社,2005。

〔美〕瑞安·毕晓普、道格拉斯·凯尔纳等:《波德里亚:追思与展望》,戴阿宝译,河南大学出版社,2008。

〔法〕让·雅克·卢梭:《论人类不平等的起源和基础》,张露译,台海出版社,2016。

〔法〕让·鲍德里亚:《拟像与拟真》,洪凌译,时报文化出版公司,1998。

〔法〕让·鲍德里亚:《完美的罪行》,王为民译,商务印书馆,2000。

〔法〕让·鲍德里亚:《生产之镜》,仰海峰译,中央编译出版社,2005。

〔法〕让·鲍德里亚:《象征交换与死亡》,车槿山译,译林出版社,2006。

〔法〕让·鲍德里亚:《冷记忆》(1—5),张新木等译,南京大学出版社,2009。

〔法〕让·鲍德里亚:《论诱惑》,张新木译,南京大学出版社,2011。

〔法〕让·鲍德里亚:《美国》,张生译,南京大学出版社,2011。

〔法〕让·鲍德里亚:《消费社会》,刘成富、全志钢译,南京大学出版社,2014。

〔法〕让·鲍德里亚:《符号政治经济学批判》,夏莹译,南京大学出版社,2015。

〔法〕让·鲍德里亚:《为何一切尚未消失》,张晓明、薛法蓝译,南京大学出版社,2017。

〔法〕让·鲍德里亚:《恶的透明性:关于诸多极端现象的随笔》,王晴译,西北大学出版社,2019。

〔法〕尚·布希亚:《物体系》,林志明译,上海人民出版社,2001。

〔斯洛文尼亚〕斯拉沃热·齐泽克:《意识形态的崇高客体》,季广茂译,中央编译出版社,2002。

〔斯洛文尼亚〕斯拉沃热·齐泽克:《图绘意识形态》,方杰译,南京大学出版社,2002。

〔斯洛文尼亚〕斯拉沃热·齐泽克:《易碎的绝对》,蒋桂琴等译,江苏人民出版社,2004。

〔英〕斯科特·拉什、约翰·厄里:《符号经济与空间经济》,王光之等译,商务印书馆,2006。

〔英〕施奈特:《消费文化与现代性》,林祐圣等译,(台湾)弘智出版社,2003。

〔英〕斯图亚特·霍尔:《编码,解码》,王广州译,中国社会科学出版社,2000。

〔日〕汤浅博雄:《巴塔耶》,赵汉英译,河北教育出版社,2001。

〔英〕特伦斯·霍克斯:《结构主义与符号学》,瞿铁鹏译,上海译文出版社,1997。

〔美〕提勃尔·西托夫斯基:《无快乐的经济:人类获得满足的心理学》,高永平译,中国人民大学出版社,2008。

〔美〕托斯丹·邦德·凡勃伦:《有闲阶级论》,李华夏译,中央编译出版社,2012。

〔英〕托马斯·孟、尼古拉斯·巴尔本、达德利·诺思:《贸易论》,顾为群等译,商务印书馆,1982。

〔德〕威廉·罗雪尔：《历史方法的国民经济学讲义大纲》，朱绍文译，商务印书馆，1981。

〔德〕维尔纳·桑巴特：《奢侈与资本主义》，王燕平等译，上海人民出版社，2000。

〔德〕沃尔夫冈·弗里茨·豪格：《商品美学批判：关注高科技资本主义社会的商品美学》，董璐译，北京大学出版社，2013。

〔德〕沃夫冈·拉茨勒：《奢侈带来富足》，刘风译，中信出版社，2003。

〔日〕星野克美等：《符号社会的消费》，黄恒正译，（台湾）远流出版事业公司，1988。

〔奥〕西格蒙德·弗洛伊德：《文明及其缺憾》，傅雅芳等译，安徽文艺出版社，1987。

〔英〕亚当·斯密：《国富论》，杨敬年译，陕西人民出版社，2011。

〔英〕约翰·斯特罗克编：《结构主义以来——从列维－斯特劳斯到德里达》，渠东、李康、李猛译，辽宁教育出版社，1998。

〔英〕约翰·斯图亚特·穆勒：《政治经济学原理》（上下），华夏出版社，2009。

〔德〕尤尔根·哈贝马斯：《作为意识形态的科学与技术》，李黎等译，学林出版社，1999。

〔德〕瓦尔特·本雅明：《机械复制时代的艺术作品》，王才勇译，中国城市出版社，2002。

中文专著

陈坤宏：《消费文化理论》，（台湾）扬智文化事业公司，1996。

陈昕：《救赎与消费——当代中国日常生活中的消费主义》，江苏人民出版社，2003。

陈学明等编《痛苦中的安乐——马尔库塞、弗洛姆论消费主义》，云南人民出版社，1998。

戴阿宝：《终结的力量——鲍德里亚前期思想研究》，中国社会科学出版社，2006。

高领：《商品与拜物：审美文化语境中商品拜物教批判》，北京大学出版社，2010。

何怀远：《欧洲社会历史观：从古希腊到马克思》，黄河出版社，1991。

胡大平：《崇高的暧昧》，江苏人民出版社，2002。

胡大平：《后革命氛围与全球资本主义》，南京大学出版社，2002。

孔明安：《物·象征·仿真：鲍德里亚哲学思想研究》，安徽师范大学出版社，2010。

孔明安、陆杰等主编《鲍德里亚与消费社会》，辽宁大学出版社，2008。

李辉：《幻象的饕餮盛宴：西方马克思主义文化消费理论研究》，中国社会科学出版社，2012。

李明：《后马克思主义意识形态理论研究》，人民出版社，2011。

刘方喜：《消费社会》，中国社会科学出版社，2011。

刘方喜：《审美生产主义：消费时代马克思美学的经济哲学重构》，社会科学文献出版社，2013。

刘怀玉：《现代性的平庸与神奇——列斐伏尔日常生活批判哲学的文本学解读》，中央编译出版社，2006。

刘怀玉：《历史的解构与空间的想象》，江苏人民出版社，2013。

罗钢、王中忱：《消费文化读本》，中国社会科学出版社，2003。

罗建平：《破解消费奴役：消费主义和西方消费社会的批判与超越》，社会科学文献出版社，2015。

孙伯鍨：《探索者道路的探索》，安徽人民出版社，1985。

孙伯鍨：《卢卡奇与马克思》，南京大学出版社，2000。

唐正东：《当代资本主义新变化的批判性解读》，经济科学出版社，2016。

汪民安：《谁是罗兰·巴特》，江苏人民出版社，2015。

王迩淞：《奢侈态度》，浙江大学出版社，2011。

王逢振：《詹姆逊文集》第3卷《文化研究和政治意识》，中国人民大学出版社，2004。

王雨辰：《生态批判与绿色乌托邦——生态学马克思主义理论研究》，人民出版社，2009。

吴志艳：《奢侈品消费在中国：非炫耀性消费的兴起》，上海交通大学出版社，2017。

伍庆：《消费社会与消费认同》，社会科学文献出版社，2009。

夏莹：《消费社会理论及其方法论导论——基于早期鲍德里亚的一种批判理论建构》，中国社会科学出版社，2007。

闫方洁：《西方新马克思主义的消费社会理论研究》，上海人民出版社，2012。

杨魁，董雅丽：《消费文化理论研究：基于全球化的视野和历史的维度》，人民出版社，2013。

仰海峰：《〈资本论〉的哲学》，北京师范大学出版社，2017。

仰海峰：《符号之镜——早期鲍德里亚思想的文本学解读》，北京师范大学出版社，2018。

俞吾金:《意识形态论》，人民出版社，2009。

张盾:《超越审美现代性——从文艺美学到政治美学》，南京大学出版社，2017。

张亮:《"崩溃的逻辑"的历史建构》，中央编译出版社，2003。

张天勇:《社会符号化：马克思主义视阈中的鲍德里亚后期思想研究》，人民出版社，2008。

张筱薏:《消费背后的隐匿力量：消费文化权利研究》，知识产权出版社，2009。

张一兵:《回到马克思——经济学语境中的哲学话语》，江苏人民出版社，1999。

张一兵:《无调式的辩证想象——阿多诺〈否定的辩证法〉的文本学解读》，生活·读书·新知三联书店出版社，2001。

张一兵:《马克思历史辩证法的主体向度》，南京大学出版社，2002。

张一兵、胡大平:《西方马克思主义的历史逻辑》，南京大学出版社，2003。

张一兵:《问题式、症候阅读与意识形态——关于阿尔都塞的一种文本学解读》，中央编译出版社，2003。

张一兵:《文本的深度耕犁——西方马克思主义哲学文本解读》第1卷，中国人民大学出版社，2004。

张一兵:《不可能的存在之真——拉康哲学映像》，商务印书馆，2006。

张一兵:《反鲍德里亚：一个后现代学术神话的祛序》，商务印书馆，2009。

张意:《文化与符号权利——布尔迪厄的文化社会学导论》，

中国社会科学出版社，2005。

郑也夫：《后物欲时代的来临》，上海人民出版社，2007。

郑也夫：《消费的秘密》，上海人民出版社，2007。

周笑冰：《消费文化及其当代重构》，人民出版社，2010。

朱晓慧：《新马克思主义消费文化批判理论》，学林出版社，2008。

中文期刊

鲍金：《从资本逻辑的视角看现代性消费文化的缘起》，《理论导刊》2008 年第 9 期。

陈晨：《16 至 18 世纪法国奢侈品消费的发展及其对法国经济文化的影响》，《西北大学学报》（哲学社会科学版）1989 年第 3 期。

陈培永：《论鲍德里亚对拜物教理论的重构》，《中共贵州省委党校学报》2014 年第 1 期。

陈忠：《现代性的消费幻象及其发展伦理制约——对鲍德里亚消费社会理论的一种建设性批判》，《天津社会科学》2012 年第 2 期。

戴阿宝：《鲍德里亚：现代性困顿中的时尚》，《国外理论动态》2004 年第 3 期。

范玉吉：《论奢侈性消费对构建和谐社会的影响》，《东岳论丛》2006 年第 4 期。

韩立新：《异化、物象化、拜物教和物化》，《马克思主义与现实》2014 年第 2 期。

韩立新：《"巴黎手稿"：马克思思想从早期到成熟期的转折点》，《哲学动态》2014 年第 7 期。

胡大平：《马克思主义能否通过文化理论走向日常生活？——试析 20 世纪 70 年代之后国外马克思主义的"文化转向"》，《南京大学学报》（哲学·人文科学·社会科学版）2006 年第 5 期。

胡大平：《荒诞玄学何以成为革命的可能——鲍德里亚的资本主义批判逻辑》，《吉林大学社会科学学报》2008 年第 2 期。

胡大平：《在商品生产之外寻找革命的落脚点——20 世纪西方马克思主义之社会批判的逻辑转向和意义》，《马克思主义与现实》2009 年第 5 期。

胡大平：《政治经济学批判之历史叙事的视野和逻辑》，《现代哲学》2014 年第 1 期。

黄平：《生活方式与消费文化：一个问题、一种思路》，《江苏社会科学》2003 年第 3 期。

孔明安：《从物的消费到符号消费——鲍德里亚的消费文化理论研究》，《哲学研究》2002 年第 11 期。

孔明安：《从媒体的象征交换到"游戏"的大众——鲍德里亚的大众媒体批判理论研究》，《南京大学学报》（哲学·人文科学·社会科学版）2004 年第 2 期。

孔明安：《商品拜物教研究的新维度——兼论齐泽克对马克思商品拜物教理论的分析》，《马克思主义与现实》2012 年第 2 期。

孔明安：《齐泽克与当代资本主义批判——兼论精神分析视野下的虚拟资本及其功能》，《哲学动态》2014 年第 11 期。

蓝江：《对象－物、符号－物、价值－物——对鲍德里亚的 object 概念的辨析》，《现代哲学》2013 年第 2 期。

蓝江：《现时代的哲学使命——今天我们为什么需要哲学》，《南京政治学院学报》2015 年第 3 期。

李德、岳书亮：《论消费主义对我国主流意识形态的影响与对策》，《学术探索》2004 年第 3 期。

李宪堂：《奢侈的文化特质与经济机制——兼论外贸在资本主

义兴起中的作用》,《东岳论丛》2005 年第 5 期。

刘晨晔、李昭昕:《奢侈消费主体传导逻辑分析——基于桑巴特方法的中法比较》,《哲学分析》2019 年第 3 期。

刘飞:《炫耀性消费——凡勃伦与布迪厄之比较》,《消费经济》2005 年第 3 期。

刘飞:《从生产主义到消费主义:炫耀性消费研究述评》,《社会》2007 年第 4 期。

刘怀玉、伍丹:《消费主义批判:从大众神话到景观社会——以巴尔特、列斐伏尔、德波为线索》,《江西社会科学》2009 年第 7 期。

刘怀玉、章慕容:《马克思主义辩证法的一元性本质与多元化探索》,《南京大学学报》(哲学·人文科学·社会科学版)2014 年第 2 期。

刘怀玉:《哲学前提的反思与马克思主义辩证法的当代理论视野》,《创新》2015 年第 6 期。

刘怀玉:《马克思主义辩证法的重复性、回忆性与修复性》,《天津社会科学》2016 年第 1 期。

路日亮:《消费社会的悖论及其危机》,《北京师范大学学报》(社会科学版)2009 年第 1 期。

马伯钧:《论我国的奢侈品生产和消费——也论马克思〈资本论〉的奢侈品生产和消费思想》,《社会科学》2013 年第 2 期。

梅琼林:《符号消费构建消费文化——浅论鲍德里亚的符号批判理论》,《学术论坛》2006 年第 2 期。

史娟红:《关于鲍德里亚"消费与浪费"的伦理考察》,《学术论坛》2016 年第 1 期。

唐礼勇、张樱樱:《资本主义的兴起——韦伯、桑巴特之比较》,《中共浙江省委党校学报》2003 年第 5 期。

唐正东:《"消费社会"的解读路径:马克思的视角及其意义——从西方马克思主义消费社会观的方法论缺陷谈起》,《学术月刊》2007 年第 6 期。

唐正东:《历史唯物主义的方法论视角及学术意义——从对西方学界的几种社会批判理论的批判入手》,《中国社会科学》2013 年第 5 期。

唐正东:《差异性符号与等级性社会次序的建构——鲍德里亚消费社会观之反思》,《江苏行政学院学报》2014 年第 5 期。

唐正东:《马克思历史唯物主义消费观的生成路径及理论特质》,《哲学研究》2014 年第 5 期。

唐正东:《齐泽克对马克思商品关系理论的误读及其批判》,《学习与探索》2014 年第 11 期。

唐正东:《马克思意识形态理论的双重维度:政治的及历史观的》,《哲学研究》2015 年第 8 期。

唐正东:《齐泽克的犬儒主义意识形态观批判》,《江西社会科学》2015 年第 11 期。

王丹、路日亮:《消费社会物质丰盛与精神匮乏的悖论——在异化消费中诉求消费理性》,《北京交通大学学报》(社会科学版) 2013 年第 2 期。

王国富:《当代中国社会奢侈品消费的权力诉求与反思》,《马克思主义与现实》2014 年第 5 期。

王南湜:《马克思会如何回应鲍德里亚的批判?——对于鲍德里亚对马克思资本主义批判的批判所做的批判》,《吉林大学社会科学学报》2013 年第 2 期。

王鹏:《从劳动异化走向符号消费异化——对鲍德里亚符号政

治经济学批判的再批判》,《学术交流》2016 年第 4 期。

王晓升:《为什么人道主义是不人道的?——从鲍德里亚的后现代主义视角来看》,《山东社会科学》2014 年第 5 期。

王晓燕:《奢侈·禁欲·金钱——评桑巴特、齐美尔、韦伯关于资本主义动力与矛盾观点》,《理论月刊》2004 年第 10 期。

王远:《关于资本主义起源的韦伯禁欲说与桑巴特奢侈说及其逻辑关系》,《国际关系学院学报》2010 年第 6 期。

魏红姗:《炫耀消费与身份焦虑》,《文艺理论与批评》2005 年第 1 期。

夏莹:《试论马克思对物的追问方式及其激进维度》,《现代哲学》2015 年第 3 期。

夏莹:《资本概念的跨越式批判》,《社会科学辑刊》2016 年第 1 期。

夏莹:《试论当代法国马克思主义哲学基础的转变》,《哲学动态》2016 年第 2 期。

晏辉:《资本的运行逻辑与消费主义》,《中国人民大学学报》2005 年第 6 期。

杨永华:《马克思的奢侈品生产理论及其现实意义》,《经济学家》2009 年第 4 期。

仰海峰:《马克思的劳动概念:鲍德里亚的批评及其误读》,《南京社会科学》2003 年第 4 期。

仰海峰:《马克思哲学与古典政治经济学:一种后现代的挑战——鲍德里亚〈生产之境〉解读》,《理论探讨》2003 年第 5 期。

仰海峰:《消费社会批判理论评析——鲍德里亚〈消费社会〉解读》,《长白学刊》2004 年第 3 期。

仰海峰：《〈政治经济学〉批判中的资本逻辑批判与历史唯物主义的建构》，《江海学刊》2009 年第 2 期。

仰海峰：《物的嘲讽与主体消亡的宿命：鲍德里亚的思想主题》，《国外社会科学》2014 年第 5 期。

仰海峰：《欲望、生产与精神分裂症》，《天津社会科学》2014 年第 6 期。

仰海峰：《使用价值：一个被忽视的哲学范畴》，《山东社会科学》2016 年第 2 期。

于文杰：《韦伯与桑巴特资本主义精神学说之比较》，《学海》2003 年第 5 期。

张盾：《从后现代主义的挑战看马克思批判理论的当代效应——评后现代理论对马克思"使用价值"概念的批判》，《天津社会科学》2005 年第 4 期。

张盾：《交往的异化：马克思〈穆勒评注〉中的承认问题》，《现代哲学》2007 年第 5 期。

张盾：《财产权批判的政治观念与历史方法》，《哲学研究》2011 年第 8 期。

张盾：《财产权批判与资本论的主题》，《江海学刊》2011 年第 6 期。

张虎生、陈映婕：《对奢侈消费的文化解读》，《兰州大学学报》（社会科学版）2007 年第 5 期。

张巍卓：《桑巴特的奢侈研究：一个理解现代社会的视角》，《学海》2019 年第 4 期。

张筱蕙、李勤：《消费·消费文化·消费主义》，《学术论坛》2006 年第 9 期。

张雄、曹东勃：《拜物逻辑的批判：马克思与波德里亚》，《新华文摘》2008 年第 8 期。

张雄、李京京：《鲍德里亚政治经济学批判思想初探》，《世界哲学》2020 年第 4 期。

张一兵：《齐泽克、拉康对马克思的全面接管》，《江海学刊》2004 年第 5 期。

张寅：《消费主义文化领导权及其对剩余价值榨取的影响》，《哲学研究》2017 年第 10 期。

赵玲：《节俭还是奢侈——资本主义起源的消费精神透析》，《学海》2005 年第 5 期。

周思成：《论古典政治经济学的奢侈品理论与马克思奢侈品理论的古典渊源》，《马克思主义与现实》2012 年第 5 期。

朱建波：《马克思劳动异化理论视角下的奢侈消费问题解读》，《徐州工程学院学报》（社会科学版）2018 年第 4 期。

外文资料

A. Blake, "John Rae and Thorstein Veblen," *Journal of Economic Issues*, 38（2004）：765 −786.

A. Carol. , Breckenridge, *Consuming Modernity: Public Cultrue in a South Asian World*, London：University of Minnesota Press, 1998.

A. M. Cronin, *Advertising and Consumer Citizenship: Gender, Images and Rights*, London and New York：Routledge, 2000.

A. O'Cass et al. , "Exploring Consumer Status and Conspicuous Consumption," *Journal of Consumer Behavior*, 4（2004）：25 −39.

C. Campbell , *The Romantic Ethic and the Spirit of Modern Consumerism*, Oxford：Blackw ell, 1987.

D. B. Clarke, *Consumer Society and the Post − Modern City*, London and New York：Routledge, 2003.

D. Chandler et al. , *Digital Objects*, *Digital Subjects: Interdisciplinary Perspectives on Capitalism*, *Labour and Politics in the Age of Big Data*, Westminster: University of Westminster Press, 2019.

D. Eyman, *Digital Rhetoric: Theory*, *Method*, *Practice*, Michigan: University of Michigan Press, 2015.

E. D. Chung, "When Conspicuous Consumption Becomes Inconspicuous : The Case of Migrant Hong Kong Consumers," *The* Journal of *Consumer Marketing*, 18 (2001): 474 −487.

E. Miller, "Status, Goods and Luxury Taxes," *The American Journal of Economics and Sociology*, 34 (1975): 141 −154.

F. Jaramillo et al. , "Conspicuous Consumption and Social Segmentation," *Journal of Public Economic Theory*, 5 (2003): 1 −24.

G. Corneo et al. , "Conspicuous Consumption, Snobbism and Conformism," *Journal of Public Economics*, 66 (1997): 55 −71.

G. Cross, *An All − Consuming Century: Why Commerialism Won in Modern America*, New York: Columbia University Press, 2000.

G. Mainolfi , "Exploring Materialistic Bandwagon Behaviour in Online Fashion Consumption: A Survey of Chinese Luxury Consumers," *Journal of Business Research*, 120 (2020): 286 −293.

J. C. Desmond, *Staging Tourism: Bodies on Display from Waikiki to Sea World*, Chicago: University of Chicago Press, 1999.

J. L. Kincheloe, *The Sign of the Burger: McDonald's and the Culture of Power*, Philadelphia: Temple University Press, 2002.

J. N. Pieterse, *Globalization or Empire?*, London: Routledge, 2004.

J. Sekora, *Luxury: The Concept in Western Though*, Baltimore: Eden to Smollett, 1977.

K. Roberts, *Leisure in Contemporary Society*, London and Washington D. C: CAB International, 2006.

L. Carnes, *The Modern Prince: What Leaders Need to Know Now*, New Haven: Yale University Press, 2003.

L. Rosa, *The Accumulation of Capital*, New York: Routledge, 2003.

M. Featherstone, *Consumer Culture and Postmodernism*, London: SAGE Publications, 2007.

M. L. Pratt , *Imperial Eyes: Travel Writing and Transculturation*, London and New York: Routledge, 1992.

M. Khatami, *Hope and Challenge: The Iranian President Speaks*, Binghamton University: Institute of Global Cultural Studies, 1997.

M. Perelman, *The Invention of Capitalism: Classical Political Economy and the Secret History of Primitive Accumulation*, Durham, N. C. : Duke University Press, 2000.

M. R. Solomom, "The Role of Products Social Stimuli: A Symbolic Interactionist Approach," *Journal of Consumer Research*, 10 (1983): 319 – 329.

N. Aberombie et al. , *The Authority of the Consumer*, London and New York: Routledge, 2005.

N. Elias, *The Civilizing Process: The Development of Manners*, trans. by Edmund Jephcott, New York: Urizen Books, 1978.

N. Ferguson, *Colossus: The Price of American Empire*, New York: Penguin Press, 2004.

N. Mckendrick, *The Birth of A Consumer Society: The Commerciali zation of Eighteenth – Century England*, Bloomington: Indiana University Press, 1982.

P. A. Hall et al. , *Varieties of Capitalism: The Institutional Foundations of Comparative Advantage*, New York: Oxford University Press, 2001.

P. Odih, *Advertising in Modern and Postmodern Times*, Los Angeles: SAGE Publicaitons, 2007.

P. Saunders, *Social Theory and the Urban Question*, London: Hutchinson, 1981.

R. A. Pollak, "Price Dependent Preferences," *American Economic Review*, 67 (1977): 64 −75.

R. A. Pollak, "Price Dependent Preferences," *American Economic Review*, 67 (1977): 64 −75.

RetortAicted, *Powers: Capital and Spectacle in a New Age of War*, London: Verso, 2005.

Revankar N. S. , "The Theory of Consumer Behavior when Prices Enter the Utility Function and the Slutsky Conditions," *International Review of Economics*, 24 (1971): 140 −153.

Robert Albritton et al. , *Phases of Capitalist Development: Booms, Crises and Globalizations*, New York: Palgrave, 2001.

S. Edgell et al. , "John Rae and Thorstein Veblen on Conspicuous Consumption: A Neglected Intellectual Relationship," *History of Political*, 24 (1991): 731 −744.

S. Maza, Luxury, "Morality and Society Change: Why There Was No Middle −class Consciousness in Prerevolutionary France," *The Journal of Modern History*, 69 (1997): 199 −229.

S. Wearing et al. , "The Mobile Phone, A Fashion Accessory or Blanket Security: Conspicuous Consumption, Identity and Adolescent Women's Leisure Choices," Paper Presented at the International Sociological Association Congress, Brisbane, Australia, 2002.

T. Scitovsky, "Some Consequences of the Habit of Judging Quality by Price," *Review of Economic Studies*, 12 (1945): 100 −105.

致　谢

　　从本书的写作到出版，历时十年之久，感慨颇多。其间得到众多师友的帮助和指导。首先，感谢我的博士导师刘怀玉教授，正是他的悉心指导和多年来的不断匡正，才使本书得以问世。作为学生，无论是在学术研究上还是在生活上，我都让老师颇费一番心思。特别是我在博士期间结婚生子，由于长时间不能在校跟老师汇报研究进展，老师一度担心我不能毕业。恩师如父，正是老师对辩证法的开放性、深刻性理解，才使我在马克思主义哲学专业研究奢侈消费问题时游刃有余。感谢师母宋月娥女士，她是十分热心的人，时常关心我的学习和生活，在我读博期间，给予我很多温暖和支持。

　　感谢南京大学哲学系的张异宾教授，张老师才高行厚，处处体现大师风范和男神风范，让人一见倾倒，可以说，我是张老师最忠实的粉丝。唐正东教授为学严谨，他对马克思主义原著和鲍德里亚理论的深刻解读时刻推进我的学术进展。胡大平教授幽默风趣，张亮教授儒雅有内涵，蓝江教授博学睿智，他们都是我科研路上的领路人。姚顺良教授虽退休在家，却不惮其烦，我的博士论文写作多次幸得姚老师指导。学院里的每一位老师都是学术巨人，而我能成为站在巨人肩膀上的侏儒，实属三生有幸。

　　感谢吉林大学张盾教授、东南大学袁久红教授、南京政治学院何怀远教授，他们作为我的博士论文答辩专家，对书中观点提出很多有益意见，并在我博士毕业工作以后一直指导我的学术研究。此外，本书的写作还受到浙江大学刘同舫院长、复旦大学张寅老师的指导，以及陈培永、孙乐强、周嘉欣、刘荣军、张明、牛俊伟、陈硕、唐塘、王玉珏、林密、章慕容、陈中奇、韩许高、杨乔喻、郑劲超、李乾坤、鲁宝、季勇、苏振源、田笑楠、苏媛媛、韦敏等学哥学姐、学弟学妹们的指导和帮助，在此一并表示感谢。

我和爱人黄先锋同志相识、相爱于南京大学，并最终决定相守一生。老公为人忠厚踏实、吃苦耐劳、责任心强、生活乐观，他不仅在过去的几年承担着养家糊口的重担，而且同样以优异的成绩取得博士学位，并于工作以后在科研上不断精进，成为我学术上的标杆和生活上的楷模。还要感谢我的母亲和哥哥，以及其他至亲们，是他们温暖了我的人生。感谢温州大学马克思主义学院的同事们，他们是非常可爱的人，与他们一起共事十分愉悦。

最后，此书在写作过程中经受诸多磨砺，从选题到写作均经过反反复复的修改和论证。但限于本书篇幅和笔者的知识水平，书中仍有很多不尽如人意之处，敬请读者批评斧正。

吴　琼

2021 年 10 月 7 日于温州大学北校区行政楼

图书在版编目(CIP)数据

当代奢侈消费的批判与超越 / 吴琼著. -- 北京：
社会科学文献出版社，2022.4（2022.10 重印）
ISBN 978 - 7 - 5228 - 0013 - 4

Ⅰ.①当… Ⅱ.①吴… Ⅲ.①消费品 - 消费者行为论
- 研究 - 中国 Ⅳ.①F724.7②F723.5

中国版本图书馆 CIP 数据核字（2022）第 060958 号

当代奢侈消费的批判与超越

著　　者 / 吴　琼

出 版 人 / 王利民
责任编辑 / 罗卫平
文稿编辑 / 王亚楠
责任印制 / 王京美

出　　版 / 社会科学文献出版社·人文分社（010）59367215
　　　　　　地址：北京市北三环中路甲 29 号院华龙大厦　邮编：100029
　　　　　　网址：www.ssap.com.cn
发　　行 / 社会科学文献出版社（010）59367028
印　　装 / 唐山玺诚印务有限公司

规　　格 / 开本：787mm × 1092mm　1/20
　　　　　　印　张：21.5　字　数：260 千字
版　　次 / 2022 年 4 月第 1 版　2022 年 10 月第 2 次印刷
书　　号 / ISBN 978 - 7 - 5228 - 0013 - 4
定　　价 / 98.00 元

读者服务电话：4008918866